中共河北省蔚县县委宣传部
中国社会科学院历史研究所战国秦汉史研究室 编

代地历史文化论集

DAIDI LISHIWENHUA LUNJI

杨振红 /主编
邬文玲 戴卫红 /副主编

广西师范大学出版社
GUANGXI NORMAL UNIVERSITY PRESS
·桂林·

图书在版编目（CIP）数据

代地历史文化论集 / 杨振红主编. --桂林：广西师范大学出版社，2018.11
（简帛研究文库）
ISBN 978-7-5495-0641-5

Ⅰ. ①代… Ⅱ. ①杨… Ⅲ. ①文化史－蔚县－文集 Ⅳ. ①K292.24-53

中国版本图书馆 CIP 数据核字（2018）第 293266 号

广西师范大学出版社出版发行
（广西桂林市五里店路 9 号 邮政编码：541004
网址：http://www.bbtpress.com）
出版人：张艺兵
全国新华书店经销
广西广大印务有限责任公司印刷
（桂林市临桂区秧塘工业园西城大道北侧广西师范大学出版社集团有限公司创意产业园内 邮政编码：541199）
开本：787 mm × 1 092 mm 1/16
印张：13.25 字数：500 千字
2018 年 11 月第 1 版 2018 年 11 月第 1 次印刷
印数：0 001~1 500 册 定价：80.00 元

目 录

序一

杨振红

2016 年 9 月 24 日至 25 日，河北省蔚县县委宣传部和中国社会科学院历史研究所战国秦汉史研究室在蔚县联合举办了“代地历史文化学术研讨会”。本书即为此次研讨会成果之结集。

熟悉历史的人，一定知道中国历史上曾有两个称作“代”的地方，一个是今天的山西省代县，一个就是今河北省蔚县。河北省蔚县称“代”在前，山西省代县称“代”在后。

蔚县地处河北省西北部，东邻首都北京，西与山西大同接壤。这是一块山川奇美的土地。北岳恒山、太行山、燕山三座著名的山脉在县南交汇，永定河支流壶流河横贯县中部，将全县分割成南部深山、中部川谷、北部丘陵三个地貌不同的区域。南部坐落着太行山山脉的最高峰——小五台山，山脚下是绵延数十里的飞狐峪。飞狐峪又名飞狐口、飞狐陉，是“太行八陉”之一，山峰陡峭，幽谷曲折，自古是连接华北平原和塞外大漠的重要关隘通道。穿过飞狐峪，就是位于太行山山顶、面积达 36 平方公里的山上草原——空中草原。

在这块神奇的土地上，很早就有人类生活蕃息，壶流河谷地发现了许多旧、新石器时期文物遗存。今蔚县县境位于北纬 $39°34'$～$40°10'$之间，地理位置独特。众所周知，北纬 40 度是温带森林气候与草原气候的分割线，历史上的中国在这一纬度的南北两边自然区分、发展为农耕与草原游牧两个不同的文化区域。蔚县正处在这一分割带上，因此，历史上这里一直是多民族聚集、交汇地区，相继活跃着北狄、胡、匈奴、乌桓、鲜卑、羯等民族，与华夏民族一起，共同演绎了一段独特的历史。

由于地处中原文化的边缘，直至战国时期，这一地区的历史才见诸文献记载。因此，关于其早期的历史，包括生活在这里的族群、建立政权的时间等等，充满了谜团。根据文献记载，至晚在春秋时期，以今蔚县为中心，已经建立了称作“代”的国家，国都即在距今县城东北 10 公里的代王城镇。公元前 457 年，晋国权卿赵襄子灭代，封其兄子赵周为代成君，代成为赵下的封国。大约在赵惠文王统治时期（公元前

298—前266年在位)，废封国，建立代郡。[①] 代县建立的时间已不可考，但无疑早于代郡的建立，其治所也应在代王城。

公元前222年，秦始皇统一中国前夜，秦灭掉赵国公子嘉建立的代国政权，设立代郡。西汉王朝建立后，汉高祖刘邦曾先后封其兄刘喜(字仲)、子刘如意为代王，辖云中、雁门、代三郡五十三县。汉高祖十年(前197)，监管代地的赵国相国陈豨反叛，自立为代王。次年，刘邦亲自率军平叛，改封子刘恒为代王。代国南面原以恒山为国界，刘邦为了加强代国力量，对抗北方匈奴，将恒山以南原属赵国太原郡的部分地区划归代国，将都城从代王城南迁至中都(今山西平遥西南)，同时分云中以西为云中郡。公元前180年，周勃等大臣平定诸吕之乱，迎立代王刘恒为帝，是为汉文帝。汉文帝在位期间，先后封子刘武、刘参为代王。汉武帝元鼎三年(前114)，汉"广关"即向外扩展关隘，设常山关(为避汉文帝刘恒之讳，改恒山为常山)，倚靠恒山险峻的山势作为天然关隘，徙刘参的孙子代王刘义为清河王，代郡改隶中央。汉武帝元封五年(前106)设立十三州刺史，代郡属并州。据《汉书·地理志下》记载，代郡辖十八县，平帝元始二年(2)郡人口达278754人，郡治为桑干县(今河北阳原)。代县为代郡辖县之一，王莽篡汉建立新朝后，将代县降级，改称厌狄亭。

两汉之际，北方戎狄趁中原内乱，不断侵扰包括代郡在内的北方边郡。东汉建立后，光武帝刘秀被迫于建武十五年(39)将雁门、代郡、上谷三郡吏民六万余人迁到常山关、居庸关以东。次年，割据代地的卢芳乞降，光武帝封其为代王。十七年(41)，卢芳亡入匈奴，代郡重新直属中央，但改隶幽州。据《续汉书·郡国志》载，代郡辖十一县，郡治为高柳县(今山西阳高)，代县为辖县之一。顺帝永和五年(140)，代郡人口为12 6188人。东汉代郡的辖县、人口数量与西汉相比均有很大缩减。三国魏时，代郡辖五县，以代县为郡治。此后历经朝代更迭，代郡辖县范围时有改变，但代郡以代县为郡治的设置一直相沿未革，直至493年。这一年，北魏孝文帝迁都洛阳，以平城(今山西大同)为代郡，战国秦汉以来的代郡遂改称东代郡。北魏后来在东代郡设怀荒、御夷二镇。孝庄帝永安年间(528—530)，改怀荒、御夷二镇置蔚州，寄治并州郊县界，领三郡七县。这块土地遂与"代"的名称彻底剥离，而开始以"蔚"为名。

蔚县这块土地以"代"为称，至少有千年以上的历史。代的历史既是蔚县人的历

① 赵惠文王时期，代地尚为封国。《史记·赵世家》记载，赵惠文王三年(前296)，"灭中山，迁其王于肤施。起灵寿，北地方从，代道大通。还归，行赏，大赦，置酒酺五日，封长子章为代安阳君"。惠文王四年(前295)，安阳君公子章叛乱，被杀。(《史记》卷四三，北京：中华书局，1959，1813—1815页)而赵孝成王(公元前266—前245年在位)时，文献中已经出现代郡。《战国策·赵策三·齐人李伯见孝成王章》："战国齐人李伯见孝成王，成王说之，以为代郡守，而居。"(何建章：《战国策注释》卷二〇，北京：中华书局，1990，759页)由此或可推测，惠文王是在平定公子章之乱后，废代国，设立代郡的。

史，也是中华民族历史不可或缺的一部分，不应该随着时间的迁移、名称的更迭而为人们所遗忘。然而，由于受到史料匮乏、蔚州（县）政治经济地位等因素影响，代地历史研究并没有受到应有的重视。历史上，除了通史类、地理类和方志类著作对代地历史有粗略的描写外，专论性文章只有明代蔚州人尹耕（1515—?）所撰《代国考》《代郡考》《蔚废代城考》等文，但文辞简约，均不过数百字。约五百年后，2008年，中华书局出版了原蔚县县委书记、蔚县政协主席黄绍雄编著的《代国代郡通志》，这是第一部代地历史专著，填补了代地历史研究的一项空白。

中国社会科学院是中国哲学社会科学的专门研究机构，与地方政府通力合作开展各类研究，是其重要职责。此次中国社会科学院历史研究所战国秦汉史研究室与蔚县县委宣传部联合举办“代地历史文化学术研讨会”，召集来自全国的历史学、考古学等学科专家，就代地历史文化进行专门研讨，是对地方史研究的一次很好尝试。相信本次会议的举办以及会议成果《代地历史文化论集》的出版，一定会在多方面产生积极影响，并将代地历史研究推向一个新的高度。

序二　代地历史文化浅思

——写在《代地历史文化论集》出版之际

黄绍雄

一、我国幅员辽阔、历史悠久，是地域历史文化形成的主要原因。代地历史文化始于商汤所封的代国，即后世说的古代国。代地就是春秋晚期古代国强大起来之后的疆域，大体为现今的冀西北和晋东北交界地区及相邻的内蒙古一些地方，正是战国秦汉人以燕、代并称的代地。至于北魏时期“代地”的范围扩大到以平城（今山西大同）为中心的更大区域，已非原来意义上的代地。

从战国初年赵襄子灭代后直到北魏，代地只有郡、国两种建置（不含属县），无论为国为郡，名称都叫代。其中战国至西汉，国与郡四次交替：战国时期先是赵国的封国——代，晚期改为代郡；战国末年赵国灭亡，公子嘉退奔代地，自立代国，秦统一后置为代郡，是当初的天下三十六郡之一；楚汉相争期间，项羽徙赵王歇为代王，代地又建为代国，汉将韩信夺取代地后，汉王置为代郡；西汉正式建国后，汉高祖以其兄刘喜为王，封建同姓代国，辖代、雁门、云中三郡，五年后代国都城迁到晋阳，代地仍为代郡，还属代国，后归西汉中央直辖。此后至北魏的历朝，代地的建置皆为代郡。其都城、治所除东汉代郡治高柳（今山西阳高）外均在今河北蔚县代王城。

从商初到北魏，以代为名的建置在代地有始有终、不曾间断地延续了 2100 多年。这种建置名与地域名两千多年始终一致、且从未中断的情况，在我国北方上古早期邦国所在地的历史上几乎是绝无仅有的。

二、代地境域不算广，也并非富庶之地，但它的资源条件和经济发展亦足可成为立国立郡的物质基础。《史记》说：“燕、代田畜而事蚕。”[①]代地中、南部各山间盆地的河川区是古老的农耕区，并种桑养蚕。北部有广阔的草原，是古老的畜牧区，尤以代马闻名于世。春秋战国时期，这里的青铜铸造等手工业已相当发达。如上世纪二十年代以来从代地出土的春秋末或战国初的青铜器物牛尊、盖鼎、鬲鼎、簋、盖豆、壶、盘等，制作十分精美。战国遗址出土的青铜饰品带钩采用了鎏金和镶嵌工艺。战国

① 《史记》卷一二九《货殖列传》，北京：中华书局，1982，3270 页。

末年公子嘉王代时还铸造了青铜剑等兵器。这些都表明当时代地的青铜铸造技术达到很高水平。战国时商业也很繁荣，包括赵国以外的一些经济都会的人们也到代地做买卖，如所谓杨（今山西洪洞县东南）、平阳（今山西临汾市西南）“北贾种、代”①。汉魏时代郡的家庭纺织业很发达，魏文帝曹丕在诏书中称赞“代郡黄布为细”②。

战国早中期，作为赵国的封国，代的都城“仅次于赵国都”③，这应该不全是因为代地封君的政治地位仅次于赵国国君。汉初所建代王都城的城墙周长相当于西汉都城长安城的三分之一多，这也不会是代王刘喜的“形象工程”。曹魏时，虽经过东汉末年的战乱，人口大减，裴潜还对曹操说：“代郡户口殷众。”④

三、代地在历史上长期处于中央王朝或中原国家的北部边陲，与我国境内的北方部族为邻。民族关系问题成为代地历史文化的重要内容，也是它的一个突出特点。

《史记》说代地“地边胡，数被寇”⑤。这种环境造就了当时代地人的“僄悍”。“自全晋之时固已患其僄悍，而武灵王益厉之。”⑥在赵武灵王著名的胡服骑射改革中，代地（封国）不仅为组建新式骑兵提供了稳定的兵源和战马，而且成为武灵王向代地西邻的“胡地”进行扩张的基地。西汉时期，汉与匈奴的战与和对代地影响至巨。汉武帝时改变西汉早期以和亲、防御为主的政策，对匈奴进行反击和征伐，代地一方面遭到匈奴骑兵的残酷杀略，包括有的郡太守和都尉被杀。另一方面又是汉军北伐匈奴的出发地，汉将公孙敖、李息、霍去病等都曾率军从代郡出发攻打或远征匈奴。

然而民族关系并非只是战与和，也不只取决于内地政权的政策和双方的力量对比，还有别的层面的关系和其他方面的因素。如在东汉末年军阀混斗时，代郡不少人逃亡到代北的鲜卑部族。《三国志》说，自袁绍据河北，中国人多逃到强盛的轲比能部，“教作兵器铠楯，颇学文字”⑦。魏文帝黄初二年，“比能出诸魏人在鲜卑者五百余家，还居代郡”⑧。代地等边郡汉人把鲜卑部族当作避难之所，鲜卑族也由此更直接地接受汉文化。

后来出于不同的原因和境况，一些代郡士人更与鲜卑族尤其是拓跋部结下不解之缘。西晋时，是代郡士人卫操和卫雄、姬澹帮助拓跋猗卢建立了代国。十六国时，是以博学闻名的代郡士人燕凤和许谦辅佐拓跋什翼犍复兴了代国，又和其他汉人一

---

① 《史记》卷一二九《货殖列传》，3263 页。

② 《太平御览》卷八二〇《布帛部七·布》引《魏文帝诏》。

③ 黄盛璋：《新发现之三晋兵器及其相关的问题》，《文博》1987 年第 2 期，54 页。

④ 《三国志（缩印本）》卷二三《魏志·裴潜传》，北京：中华书局，1997，179 页。

⑤ 《史记》卷一二九《货殖列传》，3263 页。

⑥ 《史记》卷一二九《货殖列传》，3263 页。

⑦ 《三国志》卷三〇《魏志·鲜卑传》，220 页。

⑧ 《三国志》卷三〇《魏志·鲜卑传》，220 页。

起帮助拓跋珪建立起北魏。二人"俱授献明帝(什翼犍之子)经"①。明元帝拓跋嗣在位时,燕凤也"入讲经传,出议朝政"②。或许可以说,他们和当时的部族君主一起,为鲜卑族经历漫长过程最终融入汉族起了政治上的奠基和先导作用。这应该是《魏书》列传将卫操(连同卫雄、姬澹)列在诸王之后、众臣之首,燕凤、许谦也名列前茅的原因。

四、不同地域的历史文化,既有特点,又有共性,共性就是有共同的文化根脉,是第一性的。各地域的人们不同程度地参与创造和传承、丰富着中华民族的文化,又共同受到中华文化的浇灌和滋养。代地虽处北边,也不例外。它既是韩信说的"天下精兵处"[12],也不乏研习学术文化之士。比如代地人对属于中华文化源头的五经和儒家、墨家等学说的传承和发扬就作出了自己的贡献。

如西汉代郡人五鹿充宗是《易经》"梁丘学"承前启后的重要传人,著有《周易略说》三篇。同时他又是儒家重要经典《论语》的传述人。两汉之际的代郡人范升通晓《论语》《孝经》《易经》《老子》等,东汉初为经学博士。他修述经学,传授弟子,在刘秀文武并用、实现光武中兴中起了重要作用。

再如西晋代郡人鲁胜是一位杰出学者,他为《墨子》中的《墨经》即《经》上下和《经说》上下四篇作注,名为《墨辩注》。《墨经》汇集了墨家对逻辑学、数学、物理学等学科的研究成果,最为宏深而难读,鲁胜为之作注,可见他在学术包括自然科学方面造诣之深。尤其墨子开华夏二千年前独到之辩学,被列为世界三大逻辑体系之一,而鲁胜最早以"墨辩"名之,使其名实相副,他被现代研究《墨辩》的学者誉为"千古卓识"。

五、当代学者对代地历史文化的研究已取得丰硕的成果。拙作《代国代郡通志》仅对撰写代地历史作了一点尝试。

研究地域历史文化并非一定要新写地域史志,但如果立意要写,在体例上可以有别于旧时一般的地方志(这里且不说记述的地域范围不同)。明清时期一般的地方志(明以前的地方志全国所存极少)长于分门别类的资料汇集,而缺乏综合系统的历史叙述,内容详今略古。它们保存了当时的珍贵史料,遗憾的是无法使人弄清以往历代郡国发展演变的过程和历史事件的来龙去脉。新写地域志可以借鉴现当代史学家撰写我国国史的体例,力求准确、清晰地写出本地的历史。

作为地方志书,凡与中国历史发展直接或间接相关的本地史事,现当代国史著作中很少记述,即便写出来,也只是简略记述或一语带过。要准确具体清晰地写本地史事,就要认真研读正史、通鉴等史籍,力求把问题弄明白。同时要尽可能吸收一

① 《魏书(缩印本)》卷二四《许谦传》,北京:中华书局,1997,166 页。

② 《魏书》卷二四《燕凤传》,166 页。

些与本地有关的现代文物考古和史学、历史地理学的研究成果，这是新时期编写史志的极有利条件。

撰写地域史志要重视学风。上述拙作就有这方面的教训。如《史记·赵世家》记载，战国时期，赵孝成王十五年"以尉文封相国廉颇为信平君"①。拙稿据张守节《正义》所说"尉文盖蔚州地也"②，且后人多有引从者，便将廉颇的封邑定在代郡境内(唐代蔚州地域约当代郡)。2016 年 9 月，喜读秦进才先生此前发表的论文《肩水金关"赵国尉文"简探微》，从文中详密的考证得知赵国尉文不会在代郡。这才豁然醒悟，拙稿以唐代"证据"类先秦——而且这"证据"只是《正义》的一个或然判断——实已背离了前人的遗训和科学精神，错误就出在学风问题上。

附记：本文仅对所引文献的原文注明了出处，其他历史内容的出处参见拙著《代国代郡通志》(北京：中华书局 2015 年第二版)相关内容的括注。

① 《史记》卷四三《赵世家》，1828 页。

② 《史记》卷四三《赵世家》，1828 页。

代王城城址调查报告

蔚县博物馆

(蔚县博物馆 河北蔚县 075700)

河北省蔚县代王城城址及周边墓群已被公布为第五批全国重点文物保护单位。为做好建立科学记录档案工作，在以前文物普查的基础上，1996 年我们先后两次对此城址进行了为期 6 天的调查，发现了一些重要遗迹、遗物，现将收获报告如下。

一 地理位置与自然环境

代王城古城址，位于蔚县城正东 10 公里处的代王城镇所在地周围，东经 115°，北纬 40°20′，海拔高度 908 米。古城址南 20 公里为东西横目的恒山余脉，正南有著名的“飞狐关隘”，地势险要，成为古城的一道天然屏障。城址北为浅山丘陵区。壶流河由西南向东北绕城流过，古代城就建在壶流河盆地之中。(图一)城内有金波泉、密河二水，均由北流出城外，汇入壶流河。城西部为盐碱滩地，东部城墙内外均为耕地。代王城镇、马家寨、北门子、城墙碾四村则座落在古城区遗址之上。

二 历史沿革

《史记·赵世家》记载：赵襄子“北登夏屋(今山西代县草垛山)，请代王。使厨人操铜枓以食代王及从者，行斟，阴令宰人各以枓击代王及从官，遂兴兵平代地(蔚县一带)”。“封伯鲁(赵襄子兄)子周为代成君。”《史记·秦始皇本纪》记载：秦王政“十九年(前 228)，赵公子嘉率宗数百人之代，自立为代王”。二十五年(前 222)王贲灭燕，“还攻代，虏代王嘉”。汉高祖六年(前 201)正月以云中、雁门、代郡五十三县为诸侯国，立兄宜信侯刘喜为代王，国都今代王城。七年(前 200)匈奴攻代，代王喜弃国自归。十年(前 197)代相国陈豨反,自立为代王,劫略代地,十一年(前 196)破陈豨于当城(代王城东定安县村)。正如明代蔚县人尹耕在《代国考》中所述:山(常山)北之代,“始于商汤,历代因之,是故齐桓之所服,赵襄子所并,代成安阳所封,公子嘉之所奔,赵歇陈余之所王,夏说之所守,刘喜之所弃,陈豨所监,皆是也,所谓蔚之废城也”。《汉书·高帝纪下》载汉高祖诏说:“代地居常山之北,与夷狄边,赵乃从山南有之,远,数有胡寇,难以为国。”同年,封刘恒为代王,徙都晋阳(太原)。武帝时代国再徙清河,这就是《蔚州志》所说的入汉以来代国三迁。至于山西《代县志》所说的代国八迁,则泛指有史以来代国之变迁。

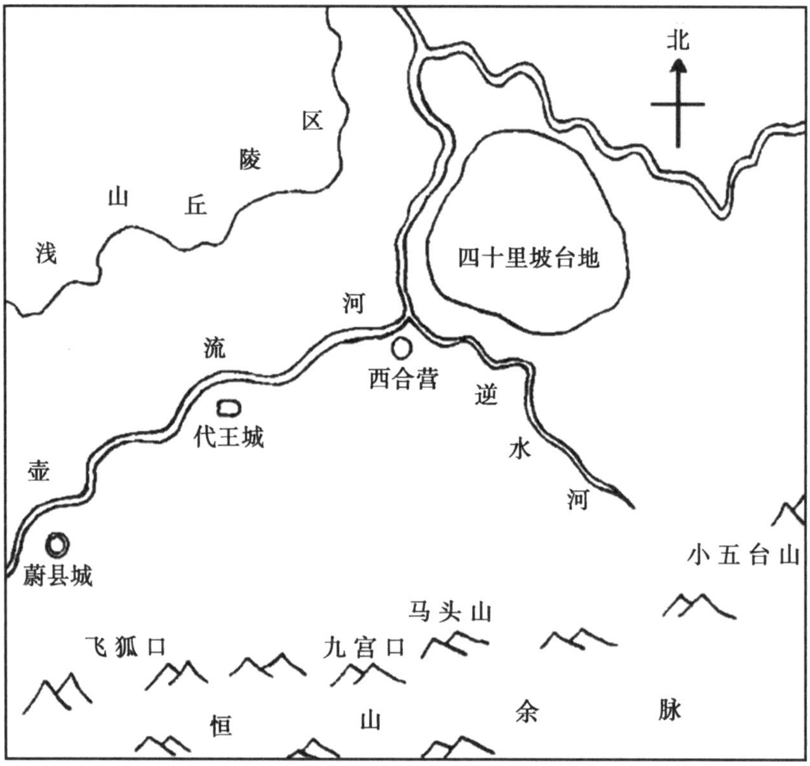

图一:代王城位置示意图

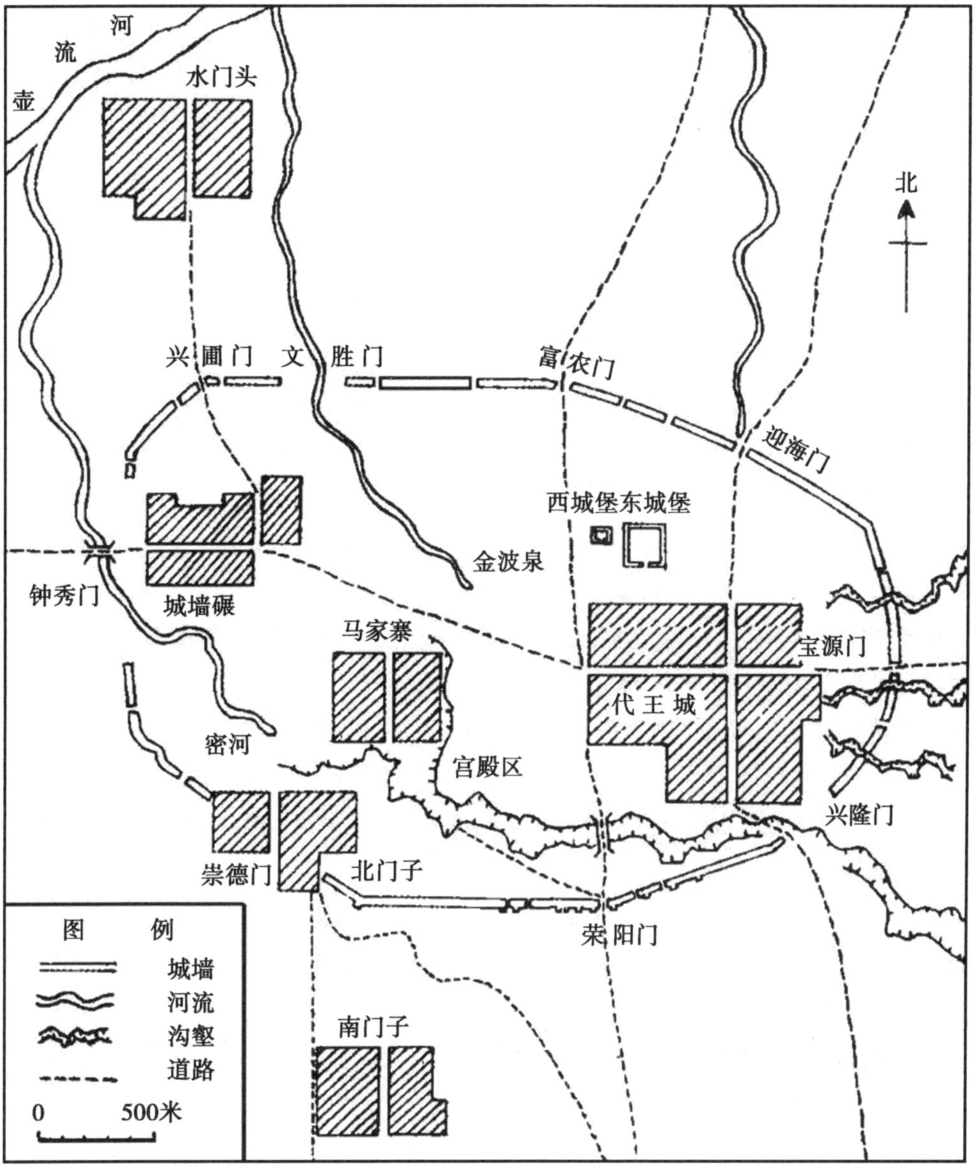

图二：代王城古城平面图

公元前423年，赵武灵王始设代郡。秦始皇统一六国后将天下分为三十六郡，代为一郡。西汉领县十八。① 公元9年，王莽篡位，改代郡曰厌狄。东汉复为代郡，属幽州，领县十一，②代县为其一，县治今代王城尹耕。尹耕《代国考》云："凡言代王、代相国，其在文帝以前者为吾土，而以后者否。凡言代郡、代守尉，则上至赵、秦，下

① 领县十八：桑干、道人、当城、高柳、马城、班氏、延陵、狋氏、且如、平邑、阳原、东安阳、参合、平舒、代、灵丘、广昌、卤城。

② 领县十一：高柳、桑干、道人、当城、马城、班氏、狋氏、北平邑、东安阳、平舒、代。

终两汉，皆吾土也。”尹耕《代郡考》亦云：“代吾蔚也，为国则都蔚，为郡则治蔚。”其国都、郡治均是代王城。东晋后燕十三年(388)废代郡。北魏以平城(山西大同)为代郡，蔚之代为东代郡。周宣帝大成元年(579)置蔚州，大象二年(580)始建蔚州城。作为历史上曾经繁荣的代国都邑、郡县治所，至此完全废弃，代无称矣。

三　城垣现状

代王城平面呈椭圆形，东西宽3400米，南北长2200米，全城周长9265米，与尹耕《两镇三关志》所记基本吻合。城墙现有大小缺口27个，从东墙北侧顺时针排列，编号为H_1～H_{27}。缺口宽度不等，最窄处1米，最宽可达800米。墙垣共有内折钝角8个，正南、正西、正北三面墙垣分布较直，东墙内弧缓曲，东南、西南、西北、东北墙垣微弧内曲。正南、东南墙垣外部筑有马面11座，由东至西编号为M_1～M_{11}。四周城垣保存基本完好，皆为土筑，夯层十分清晰，厚3～16厘米，但多为7～8厘米。现存城墙以文献记载及实地调查九门基址位置，可分八段。(图二)为叙述方便，根据城墙折角、曲直走向，将墙垣分为东、南、西、北及四个角八部分。

1.东墙：北起东北城垣拐角处，南止城垣东南拐角处，长1147米，高3～5米，底宽38米，上宽2米。缺口七道，由北至南为H_1～H_7。H_1、H_5为两条人工水渠，H_2、H_4、H_6为三条东西向自然沟壑，H_3位于东墙中部，宽30米为进出代王城镇的公路。H_7位于东墙南端，宽约300米，代王城连接下广线的油路从中经过。一条东西向河道由此进入城内，日久形成一条沟壑。缺口西城垣延至20米为城角处。

2.东南墙：东起城垣东南拐角处，西止M4马面处，长743米，高59米，下宽28～33米，顶宽1.5米。有缺口二道，编号H_8、H_9。包括城角部，共有四座马面，间距不等。由东向西400米处为M_1马面，马面土筑向外凸出1.5米，宽3.2米，夯层清晰坚硬，厚310厘米，夯层间夹有河卵石。墙体外侧较陡，内部较缓，墙外部距顶2米有一排间距1.22米的半圆孔。孔呈“⌓”形，剖面呈“⊃”，底径13厘米，高7厘米，深为1～3.2米。个别孔内存有腐朽糟木，为筑城时加固墙垣结构所用木棍。M_2马面位于西100米，马面及周围墙高9米，向外凸出1.80米，长33米。中间有向内凹回一段宽3米，将马面分为东西两部分，东段长20米，西段长10米夯层厚7～16厘米。马面周围墙垣距顶3.3米处，有一排夹棍半圆孔，孔距2～4米，孔底径30厘米，高25厘米，深3米。马面西侧为一宽2米的人工缺口H_8。墙两侧夹杂着绳纹灰陶残片，墙内夯层厚13厘米，但较外部松软。M_3马面距M_2约50米，宽8米向外凸出1.30米，高9米，有四条竖向裂缝马面西50米处有一宽2米的缺口H_9。M_4面为城角，城垣由此向正西折去。M_4距$M_3$150米，马面东西宽15米，想外凸出2.20米，有两排夹棍半圆孔，孔距 1.30 米。上排八孔距顶 1.20 米，下排三孔，交错分布，孔径 13 厘米，深 1.25 米。

图三：南城垣及马面

图四：代王城西城垣

3.南墙：东起M_4马面，止M_1马面，长1105米，高6～12厘米，下宽28～32米，顶宽1米。有三道缺口，H_{10}、H_{11}、H_{12}。包括西端角部七座马面为M_5～M_{11}，四折角西10米处有一宽20米的缺口H_{10}，为一条通往城南的道路。墙基内侧夹杂着绳纹板瓦灰陶残片，板瓦顶部有四道凸弦纹，少量夹蚌红陶片。H_{10}正西50米处为M_5马面，距$M_4$80米，长27米，高12米，向外凸出3.2米，夯层厚7～8厘米。马面东侧有一排七个筑墙夹棍半圆孔，孔径1.30米，深1.2～3.5米，M_6马面距$M_5$150米，长25米，高8米，向外凸出2米，中部有三排半圆孔，孔径为10～40厘米，夯层9厘米。M_7距$M_6$120米，马面长6米，高7米，向外凸出2.5米。M_8位于M_7西30米，长6米，高7米，向外凸出2米。M_9距$M_8$200米，长8米，高8米，向外凸出2米，夯层厚10～12厘米。马面有上、中、下三排夹棍半圆孔，孔距较远，底径10～60厘米，M_9东侧有一宽10米的缺口H_{11}，M_{10}距$M_9$100米，东侧紧临一宽15米的缺口H12。M_{10}长16米，高8米，向外凸出2.50米，夯层厚8～12厘米，中间夹河卵石。M_{11}位于南墙西端角部，与M_{10}相距400米，马面长5米，高6米，向外凸出2.5米。(图三)

4.西南墙：东起M_{11}，西止城垣西南拐角处，长1220米，高1～5米，底宽6米，顶宽1米。有两道缺口H_{13}、H_{14}。自M_{14}折角，城垣向西北折去，延伸200米为断崖。墙体断崖处夹杂着很多汉代素面灰陶片，崖下为北门子村，该村将城墙切断，形成一宽600米的大缺口H_{13}。缺口西北墙体坍毁较重，向前延伸100米为一宽30米的缺口H_{14}。H_{13}西部墙垣顶部较平坦，宽6～12米，墙内侧地势较高，墙垣高出城外地面4米。墙垣由H_{13}向西北延伸290米为城角。

5.西墙：南起西南拐角处，北止城垣西北拐角处，长1213米，高2～6米。有缺口三道，H_{15}、H_{16}、H_{17}。H_{15}缺口南为一条长100米、底宽30米、高3米左右的土埂，土埂上有一突兀耸起的土丘，高15米，底平面呈圆形，直径30米，顶宽2米，疑是一座嘹望台。城墙从H_{15}沿北偏西15°方向延伸200米处，有一条宽800米的缺口H_{16}，城墙碾村坐落在缺口内侧。缺口中有一条贯穿城内外的主要通道，密河从H_{16}处流出城外。H_{16}北部城垣向北延伸60米处有一20米的缺口H_{17}，为近年村民取土所挖，墙向北再延伸30米，向东北折去。(图四)

6.西北墙：南起城垣西北拐角，北止北城垣西拐角，长480米，高4～7米，底宽20～25米，顶宽2～4米，夯层厚7厘米。共有两道缺口H_{18}、H_{19}。H_{18}宽1米，由H_{18}向北延伸120米，接近西北角端处，有一宽40米的缺口H_{19}。墙体两侧夹杂着绳纹灰陶、夹砂红陶片。H_{19}为一条南北大道，道东垣顶部突起两个高两米的土丘，向前延伸40米为城折角。

7.北墙：西起北城垣西拐角，北止北城垣东拐角，长1530米，墙高4～13米，底宽22～25米，顶宽1米。夯层厚8厘米，夯窝密集。墙内侧有少量稀疏夹棍半圆孔，孔径13厘米，个别孔内有槽木，共有四道缺口H_{20}～H_{23}。墙最西端为H_{20}。向东350

米处有一宽280米的缺口H_{21}，金波泉水由此流出城外。H_{21}东120米处有一宽30米的缺口H_{22}，H_{22}向东延至400米为H_{23}，宽30米。H_{22}、H_{23}均为两条便道，H_{23}向东300米为城角处。

8.东北墙：西起北城垣东拐角，东止城垣东北拐角，长1504米，高8米，底宽25米，顶宽1米。有四道缺口，H_{24}～H_{27}，由西端城角向东延伸50米为H_{24}，宽30米。缺口下有一条废弃古道，被沙土淤积掩埋，但痕迹仍清晰可辨。向东260米为H_{25}，宽8米。由H_{25}向东200米为H_{26}，宽6米。H_{26}向东320米为H_{27}，H_{27}宽30米，为代王城通往水北村大道。缺口外部，西墙脚下有一泉，俗名门转泉。由此向前再延伸600米，城垣终于东北城角。

四　城与九门遗址

《水经注》记载："祁夷水（今壶流河）又东北流经代城西。"卢植[①]言："初筑此城，板干一夜自移于此，故代西南五十里大泽中，营城自护，结苇为九门，于是就以为治，城圆匝而不方，周四十七里，开九门，更名其故城曰东城。""祁夷水右会逆水，水导源将城东，西北流迳将城北，在代郡东北一十五里，疑即东代矣。"逆水河即今清水河，因河水由东向西注入壶流河，故名逆水河，在今蔚县西合营镇北。《两镇三关志》说："板干自移不经谓，当时（初筑城时），有识者见故墟形势不若，今潜移之，而托以神其说。"可见初筑代城时，并不在今代王城，而将城址确定在今代王城东15里的西合营镇北的四十里坡上。所谓四十里坡，就是高出壶流河盆地20余米的一级台地，方圆40华里，在此筑城，居高临下，势若高山建瓴，但致命要害是缺乏水源，城址的地理环境极不理想，在筑城时，便假以神说，建在现遗址之上。古代建城，多取方形，而此城呈椭圆形，以其自然走向所取。

关于城门，《两镇三关志》有这样的记载："蔚废代城，俗呼代王城，周回二十五里，九门遗址俱在。"但调查中未发现与城门有关的遗迹。1982年文物普查时，发现了一本民国二十六年杨震亚所绘的《蔚县新志参考图》，[②]图中绘制了代王城示意图，并注明九门名称，分别为宝源门、兴隆门、荣阳门、崇德门、钟秀门、兴圃门、文胜门、富农门、迎海门，对进一步了解研究古城与门，有重要的参考价值。现结合实地调查，对九门的位置，略作探讨。

---

① 卢植：东汉涿郡人，历任博士，九江、庐江太守，后任尚书。

② 杨震亚：蔚县人，1934年任蔚县县志编修馆馆长，费尽三年之力，绘制出《蔚县新志参考图》一册，因抗战爆发，未能付梓，1982年发现该书原稿。

城址现有 27 个缺口，除 H_3、H_7、H_{10}、H_{13}、H_{16}、H_{19}、H_{21}、H_{24}、H_{27} 似九门遗址外，其余均为城废后自然形成的缺口和人为所致的通道及水渠。《蔚州志》记载：“门转泉，源出古代城东门”，“密河出古代城南，西北流经城墙碾，代城之西门也”，“金波泉源出城（蔚县城）东二十里古代王城内，北流出故城北门”。根据杨震亚所绘示意图，门转泉在缺口 H_{27}，为“迎海门”旧址。城墙碾村在缺口 H_{16}，当为“钟秀门”旧址。金波泉北流出城处在缺口 H_{21}，当为“文胜门”旧址。另外缺口 H_{13} 南 500 米处有南门子村，村以城南门得名，H_{13} 应为“崇德门”旧址。至于后来建在古代城垣上的北门子村，则是以南门子村而取名的。东、南、西、北四门遗址确定后，那么，H_3 为“宝源门”，H_7 为“兴隆门”，H_{21} 为“荣阳门”，H_{19} 为“兴圃门”，H_{24} 为“富农门”，其旧址位置均可确定。

五　遗迹与遗物

（一）遗迹

在城内东北部有两座坐北朝南的古城堡，相距 80 米。东城堡方形，边长 180 米，建在一高约两米的土台上，南门外有瓮城。现仅存南门砖拱券墩基，拱券上嵌石匾，阴刻楷书“古代”二字，落款“正德十年原建，嘉靖二一年重修”。土台夯层疏松，厚 25 厘米，与廓垣夯层明显有别，不属战、汉高台建筑基址，城堡及土台应为明代所筑。西城堡方形，边长 40 米，高 8 米，黄土所筑，墙体内夹有多处辽代白釉、黑釉瓷片，表明此城为辽代以后所筑。两城堡与古代王城无涉。

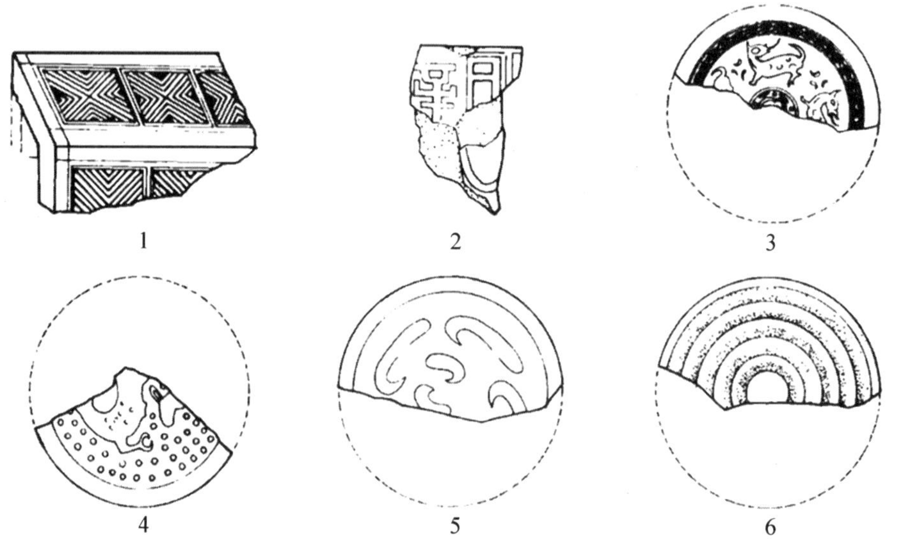

图五：1. 印花砖 2. 铭文砖 3. 瑞兽纹瓦当 4. 瑞兽乳丁纹瓦当 5. 勾连纹瓦当 6. 同心圆瓦当（1 为 1/5，余均 1/3）

在城廓内，地表多散落泥质灰陶片。H_7缺口处有一条东西向大沟壑，深 2.5 米，宽 50 余米。沟的北岸遗迹、遗物最为丰富，文化堆积厚两余米，遗物以建筑材料的筒、板瓦为主，日用陶器次之，也有一定数量的兽骨。

（二）遗物

1.砖：分印花砖、铭文砖两种。

印花砖，红陶，呈“⌒”形，砖外面模印几何纹图案，遗留草秸痕迹。每面宽 15 厘米，残长 14 厘米，厚 3 厘米。（图五：1）

铭文砖，灰陶，砖面饰阳文篆字，残长 11 厘米，厚 5 厘米（图五：2）。

2.瓦：有筒瓦、板瓦两种。

筒瓦，为泥质灰陶，子口。饰弦断粗细绳纹，有些表面饰绳纹，顶部饰数道凸弦纹，内饰小方格或素面。瓦长 37 厘米，直径 16 厘米，厚 1.5 厘米。唇长 2.4～2.6 厘米，厚 0.5～0.8 厘米。

板瓦，泥质灰陶，表面饰绳纹，内素面，宽 28 厘米，残长 35 厘米，厚 1.4 厘米。

3.瓦当：共计四种，均为灰陶圆瓦当，瑞兽纹瓦当二式，勾连纹、同心圆各一式。

瑞兽纹瓦当：Ⅰ式，直径 14 厘米，边轮较平，宽 1 厘米，高出当面 0.7 厘米，边轮内侧为一周环链纹，宽 1 厘米。中圈较宽，有 3 厘米，饰凸起四瑞兽，侧身回首作奔跑状，嘴伸长舌，头长一曲角，尾长略向上卷。内圈直径 34 厘米，因残未能窥其全貌，似为植物花叶纹。（图五：3）

Ⅱ式：瑞兽乳丁纹瓦当，夹砂灰陶，直径 15 厘米，外轮较平，宽 1 厘米，高出当面 0.5 厘米。当面微呈凸弧状，有凸出二瑞兽，兽身团曲，足为二尖爪，周围满饰小乳丁。（图五：4）

勾连纹瓦当，直径 15 厘米，外轮较平，宽 1 厘米，高出当面 0.3 厘米。当面饰凸起的勾连纹，内外两圈。（图五：5）

同心圆瓦当，直径 15 厘米，外轮较平，宽 1 厘米。当面为 5 周凸起的同心圆，中心凸起一圆珠心，瓦面饰数周凸弦纹。（图五：6）

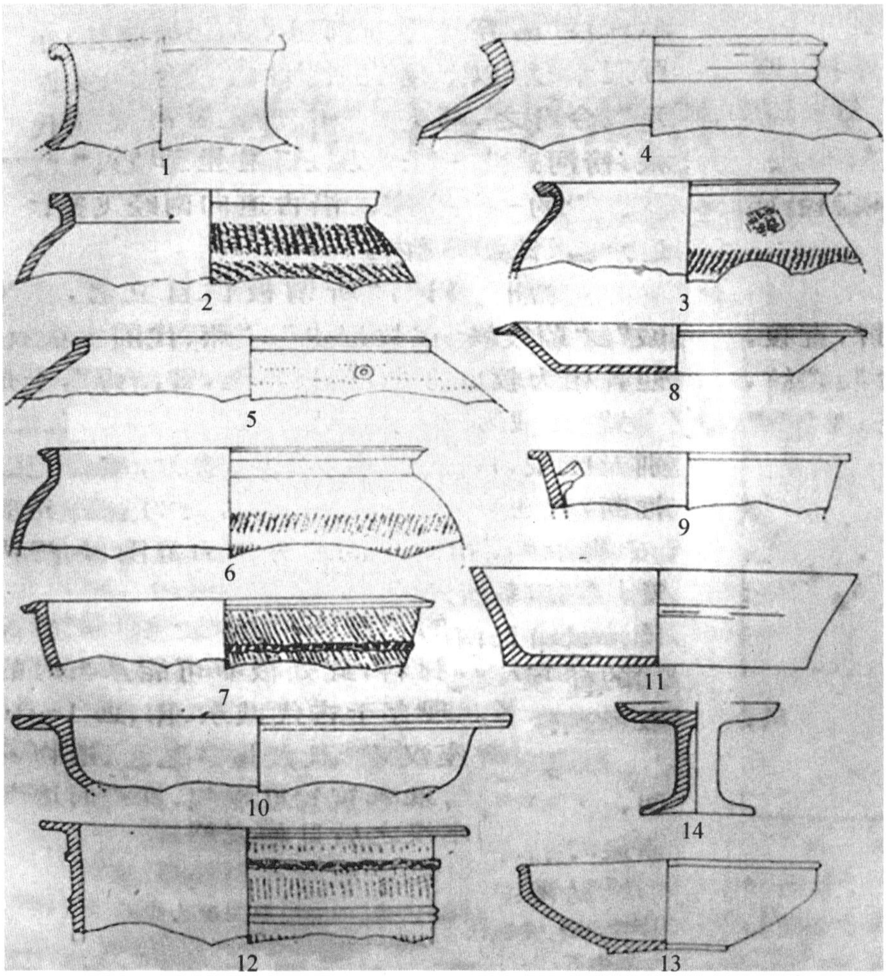

图六:1.Ⅰ式罐　2.Ⅱ式罐　3.Ⅲ式罐　4.Ⅳ式罐　5.Ⅴ式罐　6.Ⅵ式罐　7.Ⅰ式盆　8.Ⅱ式盆　9.Ⅲ炭炉　10.Ⅳ式盆　11.Ⅴ式盆　12.瓮　13 钵　14.豆（1、11、13 为 1/3,5、7 为 1/8，9、12 为 1/6，余均 1/4）

4.陶器:以泥质灰陶为主,夹砂灰陶、夹蚌红陶次之。泥质灰陶以罐、盆、钵、豆为主,纹饰有细绳纹、弦纹、附加堆纹及素面。夹砂灰陶、夹蚌红陶多为盆,夹砂灰陶饰粗绳纹,夹蚌红陶以素面为主。

①罐,均为残片,可分六式。

Ⅰ式:泥质素面灰陶,高领,圆唇外卷,口径 10 厘米。(图六:1)

Ⅱ式:夹砂灰陶,侈口方唇,沿外折,短颈,圆腹,身饰粗绳纹,腹上部磨一道弦纹,口径 24 厘米。(图六:2)

Ⅲ式:泥质红陶,侈口方唇,沿外卷,肩上部素面,有四篆字戳印,下部饰斜细绳纹,口径 20 厘米。(图六:3)

Ⅳ式:泥质素面灰陶,侈口尖唇,束颈折肩,口径 22 厘米。(图六:4)

Ⅴ式:泥质灰陶,直口方唇,身饰绳纹后抹掉,腹上部有一圆孔,口径 52 厘米。(图六:5)

Ⅵ式:泥质灰陶,直口尖唇,沿外卷,短径,身饰斜细绳纹,中间磨一道弦纹,口径 26 厘米。(图六:6)

②盆,可分五式。

Ⅰ式:5 件,泥质灰陶,敞口微敛,宽沿外折方唇,身饰斜细绳纹,腹上部饰一周附加堆纹。口径 54 厘米。(图六:7)

Ⅱ式:泥质素面灰陶,敞口,宽沿外折,方唇斜直腹,平底。口径 24 厘米,底径 17 厘米,高 4.5 厘米。(图六:8)

Ⅲ式:夹蚌红陶炭炉,素面,敞口,平沿外折,方唇,壁内上部斜出一短鋬。(图六:9)

Ⅳ式:夹蚌红陶,直口,大平沿外折,厚唇,腹微鼓,口径 28 厘米。(图六:10)

Ⅴ式:素面灰陶,敞口,平沿方唇,平底,腹壁外弧,高 6 厘米,口径 18 厘米,底径 15 厘米。(图六:11)

③瓮 1 件。

泥质灰陶,敞口微敛,大平沿外折,直腹,饰竖细绳纹,后抹掉,上部饰一周附加堆纹,中部饰二道凸出附加尖弦纹,口径 34 厘米。(图六:12)

④钵 1 件。

素面泥质灰陶,直口尖唇,折腹,平底假圈足,高 5.8 厘米,口径 15 厘米,底径 6 厘米。(图六:13)

⑤豆 1 件。

素面泥质灰陶,浅盘,空柄,喇叭形圈足,14 厘米,底径 8.2 厘米。(图六:14)

小　结

古代城作为代国都邑、代郡治所,为当时的政治、经济、军事、文化中心,古城建筑颇具规模。通过这次调查,为代王城的形制、官邸区、九门的考证工作,提供了重要资料。

《魏土地记》载:"代城东南二十五里有马头山,其侧有钟乳穴,赵襄子既害代王,迎姊(代王夫人),姊代夫人,夫人曰,以弟慢夫非仁也,以夫怨弟非义也,磨笄自刺而死。"关于磨笄山,历来说法不一,一谓在代郡东南 25 里马头山;一谓在保安州东鸡鸣山;一谓在济南府长清县;一谓在代县夏屋山。尹耕曾对磨笄山有慎密的考辨,他指出,鸡鸣山在今河北怀来县,春秋时属上谷,在代壤之外,赵襄子灭代必无舍代而死于燕地之理。代地离济南甚远，不能以济南长清县之马头山而定。赵襄子击杀代王在夏屋山，平代迎姊自刺在蔚州，夏屋、磨笄不可混淆。所以《魏土地记》曰："磨笄山在代郡东南二十五里，一名马头山。"《括地志》曰："磨笄山在飞狐县（河北涞源县）东北百五十里，以道里、方隅计之甚合，马头即磨笄。"今考之，马头山下有一条沙河，流向代王城，傍河边为一条大道，正是代王城兴隆门至马头山的一条古道。沿古道向南经飞狐口便达广昌（涞源）境内。

《蔚州志》记："所谓板亡自立者，汉筑城。""蔚废城，代故记也。""燕、代国土壤接，迎者相为救也必矣，燕报不至，喜出奔"，于是国为墟，城为废。今考县城东20里唯代王城，别无废城，根据发现的遗迹、遗物，综合记载推断，代王城当建于西汉初，大约为公元前201年，汉高祖为巩固北方势力范围、加强边塞防御体系所筑。

城内正南的马家寨村东，发现了许多春秋战国、汉代的砖瓦建筑材料，此处极有可能是当时的殿宇官邸区。现存于古代城东、南、西1～10华里处的63座汉墓①及大量的遗迹、遗物表明，在春秋时古城建筑初见端倪，秦汉时达到鼎盛时期，到东汉之后日趋衰落。

调查：韩立基、贾晓、陈善云

摄影：陈善云

绘图：贾晓

执笔：贾晓

① 指代王城汉墓26座，台子梁汉墓37座，均系河北省重点文物保护单位。

对古代国建立时间和族属的再认识

黄绍雄

（蔚县政协 河北蔚县 075700）

关于古代国（即战国初年被赵襄子吞灭的代国）建立的时间和族属，古今学者都有不同说法，大致可分为两种。一种是普遍说法：对古代国建立时间，古代学者普遍避而不言，当代学者普遍定在春秋时期；他们都说代是戎狄部族所建。另一种是少数学者的说法，认为古代国是商代或商初建立的子姓商族国，如明人尹耕、当代学者吴荣曾先生均持此说。① 笔者不揣浅陋，尝试利用一些现代文物考古和史学研究的成果、特别是蔚县考古的成果，对这一问题进行了重新探讨和再认识。所得粗浅结论是：上述普遍说法值得商榷，而少数学者的说法是可信的。探讨内容详见拙稿《代国代郡通志》第一章二、三节和序章第五节。这里仅就其中的主要依据作两点简略说明，诚请各位专家赐教。

一 《路史》等古籍提供的依据

南宋罗泌的《路史》是上古史史料的汇集考证著作，学界认为，它虽然取材芜杂，但引用和搜辑的许多文献和有关古史传说之文，包含了很多宋以后失传的古史资料，如其中的《国名纪》便分列古帝的后代以至周世各国的族姓资料，其史料价值高于皇甫谧的《帝王世纪》和胡宏的《皇王大纪》等书。② 就在《路史·国名纪》的商世之国中载有一个贷国。原文是：

① ［明］尹耕《两镇三关通志》卷五“商王汤”条说：商汤“封同姓为代子”，“国于代”（国家图书馆地方志和家谱文献中心缩微胶卷）。吴荣曾《先秦两汉史研究·周代邻近于燕的子姓邦国》说：古代国是子姓商人邦国，其历史“从商延续到西周、春秋”。北京：中华书局，1995，61—63页。

② 见吴士余、刘凌主编《中国学术名著大词典》历史学《路史》条，上海：汉语大词典出版社，2000，855页。

贷:成汤时有贷子相。[1]

这个贷,与代相通,贷国就是代国。古国名用字这样的例子并不少见,如聃与冉、郜与告、酆与豐、纪与己、邿与寺、郋与息等,都是相通的。[2] 1970年代出土的武威汉简医方中,"代赭"的"代"字写作"贷",[3]是代与贷通用的直接例证。《路史·国名纪》这条史料说明,成汤时就有了代国。

"贷子相"这种称谓如同商末的微子启一样。微子启,微是他的封国国名,启是他的名,省去名字也可简称微子。如箕子名胥馀,箕是他的封国,古籍多省略其名,只称箕子。他们名称中的"子",《史记索隐》解释为子爵,[4]而现代学者考证认为是王子之意。如傅斯年先生在《论所谓五等爵》中指出,"箕子微子之称子者,因其为王子",当时并无子爵。[5] 胡厚宣先生《殷代封建制度考》说:殷代封建,除诸妇、诸子外,归纳起来只有侯、田两种,而"子者王之子也"[6]。丁山先生《商周史料考证》也说,微子、箕子的子,"是'王子''公子'的简称,不是爵名"。[7]

同样,代子相应是商汤时的一个王子,代是他的封国国名,相是他的名,也可简称代子。既是王子,当然与商王同姓,也就是子姓。"成汤时有代子相",表示商汤将代地封给相,建立了代国。

需要一提的是,明尹耕《两镇三关通志》中已明确提出商汤封代说,[8]但清乾隆《宣化府志》却用《路史·国名纪》这条资料否定了尹说。理由是:"《路史》虽云汤时有贷子相,然作贷,且无同姓说。"[9]即认为《路史》之贷非代国之代,且并未说贷子相与商王同姓。这种解读既有《府志》作者自身认识的局限,也与当时尚无现代考古和史学研究的成果有关。

《路史》保存的这条上古史料,还可在某些先秦文献中得到印证。如《逸周书·

---

① [南宋]罗泌:《路史·国名纪》卷己二之"商世侯伯"国,北京:中华书局,据清光绪年刻本校刊。

② 见顾德融、朱顺龙《春秋史》第一章第一节《西周—春秋的封国和与国》表,上海人民出版社,2001,27—37页。

③ 见张延昌主编《武威汉代医简注解》第三章第一节,北京:中医古籍出版社,2006,126页。

④ 见《史记》卷三《殷本纪》、卷三八《宋微子世家》相关索隐,北京:中华书局,2014,135、1944页。

⑤ 傅斯年:《民族与古代中国史》五"论所谓五等爵",石家庄:河北教育出版社,2002,111页。

⑥ 胡厚宣:《甲骨学商史论丛初集·殷代封建制度考》,北京图书馆出版社,2008,33页。

⑦ 丁山:《商周史料考证》之十二,北京:中华书局,1988,169页。

⑧ 见前页注①。其中尹耕说的"封同姓为代子",一个"为"字,实际上也把王子之子当作子爵了。

⑨ [清]吴廷华修,王者辅等纂:《宣化府志》卷四二《订误》,台北:成文出版社据清乾隆八年修、二十二年订补重刊本影印,1968,801页。

王会》所附《伊尹朝献》说，正北有“代翟”，古人注其为国名，在蔚州。[①] 即今蔚县在商汤时为代国。至于称代为翟，乃是加入了后人的看法。再如《世本》（清秦嘉谟辑补本）《氏姓篇》中，在“子姓，契后”下有“代氏”，说是“代王为赵襄子所灭”之后的“遗族”。[②] 表明代王族为子姓，是商人始祖契的后代。

总之，商汤封代和代为子姓商族国，是有文献可证的。

二　蔚县考古提供的证据

1979至1982年，在国家文物事业管理局的支持下，河北省文物管理处、吉林大学历史系考古专业和张家口地区博物馆组成的张家口考古队，在蔚县壶流河流域开展了大规模考古工作，各遗址出土的主要遗存分别属于仰韶前期至早商的各个时期。据考古队和参与主持考古工作的张忠培先生的论述，这里夏时期居民的文化遗存，主体成分属夏家店下层文化；早商较早阶段遗存的面貌与夏时期“既有相似之处，又有较大的差别……主体成分似乎受到某种因素影响而急剧变化”，夏时期的“葬式、葬俗依然存在，表明了其间的继承关系”（即居民成分基本没有变动）；早商较晚阶段的遗存，属二里岗上层文化。[③]

二里岗上层文化，即早商时期的商文化或称早商文化，可能在早商较早阶段就开始进入此地，到早商较晚阶段这里已变成商文化分布区，说明今蔚县当时是商王朝势力范围以内的地区。这与前述商汤封代的史料是基本吻合的。

蔚县考古的一项专题研究成果，更为考订今蔚县夏商时期居民的族属提供了可靠证据。这项成果见于张家口考古队《蔚县夏家店下层文化颅骨的人种学研究》。[④] 该文说，考古队研究人员从蔚县三关、前堡两处遗址的人类遗骨中选取了可供测量和观察的颅骨共二十二例，其中男、女各十一例，均属夏家店下层文化，年代略有先后，分为早、晚两期。经用科学方法进行比较分析，两遗址出土的颅骨属于同一体质类型，合并为一组，称蔚县夏家店下层文化合并组，简称蔚县合并组。这次研究以蔚县合并组与蒙古人种的有关类型进行了诸项比较。其中一项研究从“中国北方”，即

---

① ［南宋］王应麟：《〈周书王会〉补注》卷一，南京：江苏广陵古籍刻印社，1986；［清］何秋涛：《王会篇笺释》卷下，上海古籍出版社，1996。

② ［汉］宋衷注，［清］秦嘉谟等辑：《世本八种》卷七《氏姓篇》，上海：商务印书馆，1957，265页。

③ 张家口考古队：《蔚县夏商时期考古的主要收获》第六部分，《考古与文物》1984年第1期；张忠培：《论蔚县周以前的古代遗存》第二部分，田昌五、石兴邦主编：《中国原始文化论集——纪念尹达八十诞辰》，北京：文物出版社，1989，229—233页。

④ 此文见《北方文物》1987年第1期。

"黄河流域及其以北的广大地区"选用了与蔚县合并组在年代上较为接近的八个对照组进行比较。通过应用科学方法进行大量数据的比较和分析，结果是：蔚县合并组的颅面形态与安阳①组（殷墟中小墓组）最为接近，其次为庙底沟组，而与其他六个组的关系则相对疏远。该文明确说："蔚县合并组与安阳①组颅面形态特征比较接近的事实，说明……蔚县夏家店下层文化居民，在体质上与中原地区的殷代居民具有较多的一致性，而与分布在长城以北的其他古代青铜文化居民之间的关系相对较为疏远。"

这一研究结果表明，蔚县夏时期的居民是商族人，或者说是商人的一支。据考古资料，进入商代，居民的成分没有变动。与《路史》中保存的史料联系起来看，代地原有居民是商人，商汤封代，新来到这里的当是中原腹地商王朝的一些贵族和军队，他们与当地原住民曾因徙居于不同地区而属于不同的考古学文化，但追根溯源，族属相同。因此可以说，古代国从一般居民到统治者（代国建立者）都是商人，都是华夏族，而不是戎狄族。

春秋战国东代城地望蠡测

孙继民

（河北省社会科学院 河北石家庄 050051）

春秋战国至两汉有各类以代为名的代国（包括方国、王国和封国）、代郡、代县和代地等，作为地名使用的情况相当复杂，因此，“代”作为地名在不同时期、不同场合具有不同的含义，有时指独立的地区实体，如春秋时期的狄人代方国和赵嘉为代王的代王国；有时指半独立的政权实体，如刘喜、刘桓为代王的封国；有时指地方政区实体，如代郡、代县；有时指作为区域政治中心城市实体，如明人尹耕《代国考》所说的蔚废城；有时指区域地理单元，如泛指常山以北的代地。“代”一词含义如此不定，用法如此广泛和复杂，为了避免误会和歧义，本文所称的东代城专指一度作为赵国政治中心的城市实体，即战国赵桓子立都的代城而言。

关于桓子代都地望问题，以往诸家多认为即今蔚县代王城遗址，按：自春秋至汉初，至少有数百年的时间，代国屡兴屡灭，难道它的政治中心都城就一直是长盛不衰，无所改徙吗？郦道元《水经注》在记述今蔚县一带水道时，至少提及三座与代有关的旧城遗址，今代王城遗址只是其中的一座，尹耕虽然首倡汉文帝之前代国都在今代王城遗址说，但没有对其进行系统考察，光绪本《蔚州志》作者及今人杨润平《代国新考》，都对尹耕观点提出过不同意见，①但没有系统论证。本文拟专就《水经注》所涉及与代有关的三座旧城遗址之一的东代城地望问题，谈一些推测性的意见，希望大家指正。

有关代都方位记载的早期文献首推《水经注》，考察东代城地望的具体方位需要从分析《水经注》的相关资料入手。《水经注疏》卷一三《漯水》记支流祁夷水称：

> 漯水又东流，祁夷水注之。水出平舒县，东径平舒县之故城南泽中（中略）《魏土地记》曰：代城西九十里有平舒城（中略），西南五里（中略），代水所出，东北流，言代水，非也（中略）。祁夷水又东北，径兰亭南，又东北，径石门关北（中

① 见光绪本《蔚州志》卷五《地理志・古迹》代县故城条下按语。

略），旧道出中山故关也。又东北流，水侧有故池。按《魏土地记》曰：代城西南三十里有代王鱼池（中略），池西北有代王台，东去代城四十里。祁夷水又东北，得飞狐谷。（中略）《魏土地记》曰：代城南四十里有飞狐关，关水西北流（中略），径南舍亭西，又径句琐亭西，西北注祁夷水。祁夷水又东北流，径代城西。卢植言：初筑此城，板干一夜自移于此。故代西南五十里大泽中（中略），营城自护，结苇为九门，于是就以为治，城圆匝而不方，周四十七里，开九门，更名其故城曰东城（中略）。赵灭代，汉封孝文帝为代王（中略）《魏土地记》曰：城内有二泉，一泉流出城西门，一泉流出城北门，二泉皆北注代水。祁夷水又东北，热水注之，水出绫罗泽，泽际有热水亭。其水东北流，注祁夷水。祁夷水又东北，谷水注之，水出昌平县故城南，又东北入祁夷水。祁夷水右会逆水，水导源将城东，西北流径将城北，在代城东北十五里，疑即东代矣，而尚传将城之名。卢植曰：此城方就而板干自移。应劭曰：城徙西南，去故代五十里，故名代曰东城。或传书倒错，情用疑焉，而无以辩之。逆水又西，注于祁夷之水，逆之为名，以西流故也。祁夷水东北径青牛渊（中略）祁夷水又北径一故城西，西去代城五十里，又疑是代之东城，而非所详也。又径昌平郡东，魏太和中置，西南去故城六十里。又北，连水入焉。（以下叙连水源流，称连水西径王莽城，当城，最后）又径故代东而西北流注祁夷水。祁夷水西有随山，山上有神庙，谓之女郎祠，方俗所祠也。祁夷水又北径乾故城东，而北流于漯水。[1]

注文所述祁夷水和支流的源流分合及沿河古迹多在今蔚县境内，其中注文所谓祁夷水亦称代水，即今壶流河，所谓逆水即今清水河，所谓连水即今定安河。注文有关上述河流的方位、流向的记载与今天诸河状况几乎无异，因此，它为我们探讨注文古迹的方位问题提供了一个比较可靠的坐标。根据这个坐标，我们就可以确定有关代城、将城、东代（后曰东城）的方位。

根据注文所述，祁夷水出平舒城后，“东北径兰亭南，又东北径石门关北”。按：兰亭在今何地，不详；石门关则在今山西省广灵县东与蔚县交界处，[2]由此知注文以下所述均在今蔚县境内。注文所述今蔚县境内祁夷水干流上共有代城、将城、东城三处古城，今分述如下：

关于代城的方位，注文称：“祁夷水又东北流，径代城西。”这个代城应即蔚县东北偏南二十里处的代王城遗址，理由如下：

---

① ［北魏］郦道元注，杨守敬、熊会贞疏，段熙仲点校，陈桥驿复校：《水经注疏》，南京：江苏古籍出版社，1989，1164页。

② 《河北省地图集》：“阳原县、蔚县图”显示蔚县西侧邻县的山西广灵县东缘有“西石门”村，位于壶流河南岸，此石门村应即古石门关所在。124—125页。

第一，注文中代城与祁夷水的相对位置同今代王城遗址与壶流河的相对位置一样。如注文所言，祁夷水是“东北流径代城西”，说明祁夷水是呈西南——东北流向自代城之西（确切说应是自代城西北）流过。今壶流河自进入蔚县境至汇合清水河之间，基本是西南——东北流向，代王城遗址即位于壶流河的东南侧。这与文献记载一致。

第二，注文有关代城的描述与今代王城遗址的状况基本相符。注文称代城圆匝而不方，周回四十七里，开九门；城内有二泉，一泉流出城西门，一泉流出城北门。今代王城遗址平面呈椭圆形，城墙周长一说是“周长约 8000 米”①。一说为“9.7 公里”②。两者比照，可见城址平面形状与注文所述完全相符（在蔚县一带，代王城遗址是唯一的椭圆形城址）。至于城墙周长的差异，或是注文有误，或是古今度制不一，也可能二者兼而有之。关于城内水泉，从地图看，代王城村东有一处，村西南数里处亦有一泉。泉水是否都在遗址内，不详。这也与注文基本相符。

第三，注文中代城的方位与今代王城遗址的方位一致。注文称“代城南四十里有飞狐关”，飞狐是古道路名，亦即注文所言之“飞狐谷”，位于今河北涞源县北蔚县南之间的崇山峻岭，两崖峭立，一线微通，蜿蜒百余里，为古代河北平原与北方边郡间的交通咽喉。飞狐关显然是这条谷道北端的关城。今蔚县有北口峪，即飞狐道黑石岭以北部分，峪口有一村，名北口，北口村位于代王城南偏西，约有四十里的距离，应是古飞狐关所在，③这与注文所述一致。又，《水经注》卷一三在述及漯水支流协阳关水时，还引《魏土地记》说：“代城东南二十五里有马头山。”据《蔚县地名资料汇编》所收《蔚县标准地名图》，④今代王城遗址东南方向仍有“马头山”一名，山下并有马头山村。按地图比例尺计算，代王城遗址与马头山相距约 20 余里，方位、里距与《水经注》所记相合。飞狐关和马头山一在代城南（偏西），一在东南，《水经注》有关二者与代城的方位、里距无疑提供了一个坐标参考系，代王城遗址与之相符，确切无疑地证实了代城即今代王城遗址所在。

关于将城，注文称：“祁夷水右会逆水，水导源将城东，西北流经将城北，在代城东北十五里，疑即东代矣，而尚传将城之名。”“尚传将城之名”，说明当时当地人传称此城为“将城”。“疑即东代”，是郦道元推测此城应为东代城。今从当时人传说，称为将城。关于东代城称谓问题，下面将要涉及，此处暂略。对于将城方位，光绪刻本《蔚州志》认为在西合营村。西合营在今代王城遗址东北，处于清水河注入壶流河的河口之南，距离约 20 里。虽然方位与注文所述相合，而里距超过 15 里（并且北魏里

---

① 刘华：《张家口地区战国时期古城址调查发现与研究》，《文物春秋》1993 年 4 期。

② 河北省地方志编纂委员会：《河北市县概况》上册，1986，607 页。

③ 《蔚县志》卷五《地理志・古迹》代县故城条有作者按语，称“飞狐口即北口”。

④ 蔚县地名办公室编：《蔚县地名资料汇编》（内部发行），1984。

的长度较今为短),因此将城应在西合营以南的四碾、夏源、三关等村一带。清水河就发源于这些村庄以东的山地,并从这些村庄北侧流过,符合注文所述“西北流径将城北”的特点。

关于东代城,问题比较复杂,注文提到两处都有可能是东代城,一处是上文已提到的将城,另一处是注文所说“祁夷水又北径一古城西,西去代城五十里。又疑是代之东城,而非所详也”。作者对这两处究竟哪处是真正的东代城没有把握,所以既说将城“疑即东代”,又说后一处故城“疑是代之东城”。对于真正的东代城,郦道元尚且无法判断,我们自然更是无能为力,但为了研究的方便和区别前两处古城的称谓,我们不妨姑且将这后一座故城称为东代城。

东代城在今何地?《蔚州志》卷五《地理志》代故城(即我们所说的东代城)条认为在今织锦疃,按:织锦疃位于定安河北岸。从注文所述看,祁夷水北径东代城西,说明东代城位于壶流河右岸或曰东岸。祁夷水径东代城之后,又北径昌平郡东,又北而“连水入焉”,说明东代城还是位于连水左岸或曰南岸。这就排除了东代城位于今定安河右岸织锦疃的可能,《蔚州志》一说不足为据。[①] 又,连水下游是自东南而西北注入祁夷水,则东代城应位于祁夷水和连水之间的三角地带,连水“又径故代东而西北流注祁夷水”,既可以证实东代城是位于祁夷水和连水之间的三角地带。也说明这个“故代”与我们所称的东代城实为一地。对于东代城位于两水之间的三角地带这一点,还可以从青牛渊方位的确定得到证实。《水经注》称祁夷水“北径青牛渊,水自渊东注之”,又说“兹浦形类青牛”,“潭深不测而水周多莲藕”,说明青牛渊是位于祁夷水左侧并与之相通的长条形湖泊。青牛渊作为一个湖泊名今已不存,但从现存聚落地名仍可看出它曾经存在的痕迹。今壶流河与定安河汇流处西南方向有莲花池村。据《蔚县地名资料汇编》第193页介绍,莲花池村于“明初建村,名清牛园。清末年间该村于郎清在河南为官时,运来莲花根栽入村东池内,村名亦更为莲花池”。莲花池原名“清牛园”,显然是“青牛渊”的讹写。今莲花池村以南,自北而南依次有下利台、上利台、利台庄、北洗冀等村,这一线以东至壶流河河道之间是一块宽约1—2公里的狭长形河滩地,这一条形河滩地应即古青牛渊所在。我们知道,祁夷水注入青牛渊之后又北径东代城,说明东代城与青牛渊是隔河相对。而现在莲花池以南一线诸村隔壶流河相对的地域正是两河交汇的三角地带,这足以印证东代城确位于二水三角地带。

东代城的大体方位虽然已初步推定,但两河之间三角地带这个范围仍嫌宽泛,不过根据东代城距代城五十里这个记载,可以将这个范围进一步缩小,即东代城应

① 《蔚州志》之所以认为东代城在织锦疃,可能纯粹是按“西去代城五十里”推导而出。但古人记载的里距多依据道路计算,而道路又往往曲折迂回,因此推测东代城方位不能光根据文献记载的里距,还必须考虑其与河流的方位关系,首先确定它是在河流的右岸或左岸。

在三角地带内的北大坪村至任家庄、小枣堡一带。[1] 而且从北大坪村名的来历及含意也能看出这一带曾是东代城的痕迹。《蔚县地名资料汇编》第198页“北大坪”条称该村：“明初建村，因村南庙内有尊大神像，故取村名北大神，1956年据村址居于坪台之上，更名为北大坪。”据该书介绍，以大坪命名的村共有三个，除北大坪外，还有南大坪和西大评，知“北”“南”“西”原指方位，则北大坪原名是“大神”。“大”字旧多读为“dai”，例如“大夫”等。笔者的家乡邯郸古有“大赵”一村，[2]现在已写作“代召”二字，显然是“大赵”二音的讹写。邯郸之东有大名县，20世纪70年代以前，当地人多读“大名”为“dai ming”。五台山旧有大螺顶，前年笔者曾前往游览，而当地编印的“导游图”已写成“黛螺顶”，可见过去民间多读“大”为“dai”。因此，我们将该地曾是东代城所在联系起来考虑，推测“大神”一名可能本作“代神”，所谓“大神”起意于庙内一尊大神恐怕是出于附会。又，据《畿辅通志》卷五二《疆域图说七·蔚州图》，[3]大神等村东侧有“凤凰台”。联想到古代往往台、城相连或相近，似乎也透露着此地确为东代城的信息。无论如何，按照《水经注》所载，北大坪、小枣堡、任家庄一带理应是东代城所在。这就是我们所推测的战国时期的东代城地望所在。当然，这一推论是否成立，最终需要通过这一带的考古工作来验证，本文只是起一个抛砖引玉的作用。

① 如果按五十里计算，北大坪、任家庄、小枣堡距代王城遗址直线距离皆不及50里，但古人所称里距皆为大数，并非准确，又其里的长度、里距的计算方法如何，皆不详，因此综合总体资料只能推断位于北大坪一带。

② 如《元丰九域志》卷二河北路磁州邯郸县条记有“大赵”一镇，见《元丰九域志》，北京：中华书局，1984，85页。

③ 《畿辅通志》，石家庄：河北人民出版社，1989，544—545页。

古代国史事小考

杨振红

（湖南师范大学历史文化学院 湖南长沙 410006）

一 建国时间

代国建国时间不详。[①] [宋]乐史《太平寰宇记·河东道十二》载：

> 按代地，本北狄，姜姓之国，周末强大，在七国前称王，以今云中、马邑、五原、安边、定襄，皆为代国之北地焉。[②]

说代是北狄姜姓建立的国家，周末时强大，在战国七雄之前已经称王。宋代时的云中、马邑、五原、安边、定襄都属于代国北部领土。其所说的"周末"不知具体指何时，或指西周末。此外，[宋]徐天麟《西汉会要·方域一·郡国沿革》载：

> 代郡，春秋为代国，秦置代郡。[③]

其追溯代郡的历史只溯到春秋时期代国。这两本书都是宋人所撰，不知其所据。

[明]尹耕《代国考》载：

> 考之代，自入汉以来，其国数易，大抵有三：曰山北也，山南也，山东也。山北之代，旧国也，始于商汤，历代因之。是故，齐桓之所服，赵襄之所并，代成、安阳之所封，公子嘉之所奔，赵歇陈余之所王，夏说之所守，刘喜之所弃，陈豨之所监，皆是也，所谓蔚之废城也。山南之代，徙都也，始于高帝十一年分山北为郡，

① 以往研究可参看黄绍雄《代国代郡通志》，北京：中华书局，2015年。

② [宋]乐史撰，王文楚等点校：《太平寰宇记》卷五一，北京：中华书局，2007，1065页。

③ [宋]徐天麟：《西汉会要》卷六四，文渊阁四库全书本电子版。

而稍割太原地益之，以自为国。是故，文帝之始封，中年之所徙，入继之所自，临幸之所履，以及子武、子参之所分，后武徙淮阳，子参之所合，皆是也。所谓晋阳，中都也。东山之代，再徙也，始于武帝元鼎中，汉广关以常山为阻，徙代于清河，后王莽继绝，改号广宗。是故，王义之所都，子年之所废，如意之所复，皆是也。所谓清河也，语其都。则始为代，继为晋阳、中都，终为清河，前后三变也。语其号，则始为代，继为代、太原，复为代，终为广宗，前后四变也。故夫凡言代王、代相国，其在文帝以前者为吾土，而以后者否。凡言代郡、代守尉，则上自赵、秦下终两汉，皆吾土也。执是以往，可以迎刃于古牒矣。[1]

说西汉以后，代国屡次改封，大抵上可分为三个地域和时期：一、山北的代国；二、山南的代国；三、山东的代国。其所说的“山”即恒山，汉文帝刘恒即位以后，为避其讳，改称常山。山北的代国是古代国，始于商汤，一直延续到高帝十一年（前196）将代国迁徙到山南，而以此地为郡。其故城后来被废，即“所谓蔚之废城也”。因此，传世文献记载的“齐桓之所服，赵襄之所并，代成、安阳之所封，公子嘉之所奔，赵歇陈余之所王，夏说之所守，刘喜之所弃，陈豨之所监”，都指的是古代国。尹耕的归纳总结，对于后人理解历史上复杂的代国名实问题很有帮助。他说古代国始于商汤，但未明言其所据，[2]或本于《韩诗外传》中提到的“汤学乎贷子相”。

尹耕提到的古代国史事第一件即“齐桓之所服”，此当指《管子·轻重戊》的下列记载：

桓公问于管子曰：“代国之出，何有？”管子对曰：“代之出，狐白之皮。公其贵买之。”管子曰：“狐白应阴阳之变，六月而壹见。公贵买之，代人忘其难得，喜其贵买，必相率而求之。则是齐金钱不必出，代民必去其本而居山林之中。离枝闻之，必侵其北。离枝侵其北，代必归于齐。公曰今齐载金钱而往。”桓公曰：“诺。”即令中大夫王师北将人徒载金钱之代谷之上，求狐白之皮。代王闻之，即告其相曰：“代之所以弱于离枝者，以无金钱也。今齐乃以金钱求狐白之皮，是代之福也。子急令民求狐白之皮，以致齐之币，寡人将以来离枝之民。”代人果去其本，处山林之中，求狐白之皮。二十四月而不得一。离枝闻之，则侵其北。代王闻之，大恐，则将其士卒葆于代谷之上。离枝遂侵其北，王即将其士卒，愿

---

① ［清］李卫修：《（雍正）畿辅通志》卷一一〇，文渊阁四库全书本，中国基本古籍库。亦见［清］黄宗羲编：《明文海》卷一一九《考》，清涵芬楼钞本，中国基本古籍库。

② 据黄绍雄《对古代国建立时间和族属的再认识》（见本书），国家图书馆地方志和家谱文献中心缩微胶卷所拍［明］尹耕《两镇三关通志》卷五“商王汤”条：商汤“封同姓为代子”，“国于代”。

以下齐。齐未亡一钱币，脩使三年而代服。[①]

其文载，代国特产狐白之皮，管子建议齐桓公（公元前685—前643年在位），派人高价求购狐白之皮，让代国人放弃本业，都到山林中去猎杀白狐，代国的国力因此削弱，离枝会趁机侵犯代国的北边，齐国可就此臣服代。桓公听从了管子的建议，代王果然中计，离枝攻击其北边，代不得不求助齐国，向齐臣服。

《管子》的这段记载是传世文献有关古代国的最早记载。因此，或可以推测，《太平寰宇记》和《西汉会要》有关代国始于春秋或西周末年的说法，即本于这段记载。

二　代国是否曾臣服齐

然而，《管子》的成书年代存疑，故一些学者认为其关于代国的这段记载系后人伪造。如吴汝纶、张佩纶认为，战国文献中始出现代国的名称，赵襄子时灭代，春秋时期齐国和代国不接壤，故此是战国时人伪托。[②] 但黎翔凤不同意这种看法，他认为："秦伐郑，晋伐虢，皆不接壤。用兵何必接壤。此迂儒之见。"[③]

关于代臣服齐桓公之事，不见于其他文献。但文献中有齐桓公北伐离枝、西攘白狄、登太行山、涉流沙的记载。《国语·齐语六》："（桓公）即位数年，东南多有淫乱者，莱、莒、徐夷、吴、越，一战帅服三十一国。遂南征伐楚，济汝，逾方城，望汶山，[④]使贡丝于周而反，荆州诸侯莫不来服。遂北伐山戎，[⑤]刜令支，斩孤竹而南归，[⑥]海滨诸侯莫不来服。与诸侯饰牲为载，以约誓于上下庶神，与诸侯戮力同心。西征，攘白狄

---

① 黎翔凤撰，梁运华整理：《管子校注》卷二四，北京：中华书局，2004，1524页。

② 《管子·轻重戊》黎翔凤校注："吴汝纶云：'代'，战国时始见，《史记》赵襄子杀代王。张佩纶云：《汉书·地理志》：'代郡，代，莽曰厌狄亭'，应劭曰：'故代国代谷。'《梅福传》福上事曰：'代谷者，恒山在其南，北塞在其北，谷中之地，上谷在东，代郡在西。'是其地也。赵始灭代，春秋之齐不与代境相接，明是战国伪托。"（黎翔凤撰，梁运华整理：《管子校注》卷二四，1524页。）

③ 黎翔凤撰，梁运华整理：《管子校注》卷二四，1524页。

④ 韦昭注："汝，汝水也。方城，楚北之阨塞也。谓师至于陉时也。在鲁僖四年。汶山，楚山也。"

⑤ 韦昭注："山戎，今之鲜卑，以其病燕，故伐之。"

⑥ 韦昭注："二国，山戎之与也。刜，击也。斩，伐也。令支，今为县，属辽西。孤竹之城存焉。"

之地，[1]至于西河，方舟设泭，乘桴济河，至于石枕，[2]悬车束马，逾大行与辟耳之谿拘夏，[3]西服流沙、西吴。[4] 南城周，[5]反胙于绛。[6] 岳滨诸侯莫不来服，[7]而大朝诸侯于阳谷。[8]"[9]《史记·齐太公世家》亦载："是时周室微，唯齐、楚、秦、晋为强。晋初与会，献公死，国内乱。秦穆公辟远，不与中国会盟。楚成王初收荆蛮有之，夷狄自置。唯独齐为中国会盟，而桓公能宣其德，故诸侯宾会。于是桓公称曰：'寡人南伐至召陵，望熊山；北伐山戎、离枝、孤竹；西伐大夏，[10]涉流沙；束马悬车登太行，至卑耳山而还……'"[11]

关于《史记·齐太公世家》中的离枝、孤竹，《集解》："《地理志》曰令支县有孤竹城，疑离枝即令支也，令离声相近。应劭曰：'令音铃。'铃离声亦相近。管子亦作'离'字。"《索隐》："离枝音零支，又音令祇，又如字。离枝，孤竹，皆古国名。秦以离枝为县，故《地理志》辽西令支县有孤竹城。《尔雅》曰'孤竹、北户、西王母、日下谓之四荒'也。"认为离枝即汉代的令支，属辽西郡（今河北滦县、迁安间），为当时北方戎狄的一支。

齐桓公北伐山戎，至孤竹之事，也见于《韩非子·说林上》："管仲、隰朋从桓公伐孤竹，春往冬反，迷惑失道。管仲曰：'老马之智可用也。'乃放老马而随之，遂得道。行山中无水，隰朋曰：'蚁冬居山之阳，夏居山之阴，蚁壤寸而有水。'乃掘地，遂得水。"[12]说齐桓公率军春天出征，冬天返回，花了近一年的时间，堪称一次远征。《史记·齐太公世家》记述了北伐山戎的原委："二十三年，山戎伐燕，燕告急于齐。齐桓

---

① 韦昭注："攘，却也。白狄，赤狄之别种。"

② 韦昭注："石枕，晋地名。"

③ 韦昭注："大行、辟耳，山名也。拘夏，辟耳之谿也。三者皆山险谿谷，故悬钩其车，偪束其马以渡。"

④ 韦昭注："流沙、西吴，雍州之地。"

⑤ 韦昭注："城，王城也。周襄王庶弟子带作乱，与戎伐襄王，焚其东门，不克。桓公使仲孙湫征诸侯戍周而城之。事在鲁僖十三年。"

⑥ 韦昭注："说云：'胙，赐也。谓天子致祭胙，赏以大辂、龙旂，桓公于绛辞之，天子复使宰孔致之。'贾侍中云：'反，复也。胙，位也。绛，晋国都也。晋献公卒，奚齐、卓子死，国绝无嗣，晋侯失其胙位。桓公以诸侯讨晋，至高梁，使隰朋帅师立公子夷吾，复之于绛，是为惠公。事在鲁僖九年。'昭谓：人君即位谓之践胙。此言桓公城周，尊事天子，又讨晋乱，复其胙位，善之也。案内传宰孔于葵丘致胙肉，赐命，无辞让反复之文。贾君得之，唐从贾也。"

⑦ 韦昭注："岳，北岳常山。"

⑧ 韦昭注："阳谷之会在鲁僖三年也。"

⑨ 徐元诰撰，王树民、沈长云点校：《国语集解（修订本）》，北京：中华书局，2002，232－235页。

⑩ 张守节《正义》："大夏，并州晋阳是也。"

⑪ 《史记》卷三二《齐太公世家》，北京：中华书局，1982，1491页。

⑫ 梁启雄：《韩子浅解》，北京：中华书局，1960，189页。

公救燕，遂伐山戎，至于孤竹而还。燕庄公遂送桓公入齐境。桓公曰：'非天子，诸侯相送不出境，吾不可以无礼于燕。'于是分沟割燕君所至与燕，命燕君复修召公之政，纳贡于周，如成康之时。诸侯闻之，皆从齐。"[①]当时，燕国北边的山戎入侵燕，燕向齐求救，齐桓公于是率兵出征，大获全胜，一直追击到孤竹。此事也见于《盐铁论·伐功》大夫语："齐桓公越燕伐山戎，破孤竹，残令支。"[②]及《说苑·正谏》桓公曰："昔者，吾围谭三年，得而不自与者，仁也；吾北伐孤竹，划令支而反者，武也；吾为葵邱之会，以偃天下之兵者，文也；诸侯抱美玉而朝者九国，寡人不受者，义也；然则文武仁义，寡人尽有之矣，寡人之行，岂避尧舜哉？"[③]

此外，《吕氏春秋·简选》："齐桓公良车三百乘，教卒万人，以为兵首，横行海内，天下莫之能禁，南至石梁，[④]西至酆郭，[⑤]北至令支。[⑥] 中山亡邢，狄人灭卫，[⑦]桓公更立邢于夷仪，更立卫于楚丘。"[⑧]根据高诱注，中山是狄人建立的国家。邢在汉代中山国卢奴县，即今河北定州。狄人将卫懿王杀死在荥泽，可见当时北狄之患已深入中原内地。关于这两件史事，《左传》有多处记载。《左传》闵公二年："冬十二月，狄人伐卫……及狄人战于荧泽，卫师败绩，遂灭卫……及败，宋桓公逆诸河，宵济，卫之遗民男女七百有三十人，益之以共、滕之民为五千人。立戴公以庐于曹。许穆夫人赋《载驰》。齐侯使公子无亏帅车三百乘、甲士三千人以戍曹。归公乘马，祭服五称，牛、羊、豕、鸡、狗皆三百与门材。归夫人鱼轩，重锦三十两。"[⑨]"僖之元年，齐桓公迁邢于夷仪。二年，封卫于楚丘。"[⑩]僖公元年经："元年春王正月。齐师、宋师、曹伯次于聂北，救邢。夏六月，邢迁于夷仪。齐师、宋师、曹师城邢。"传："诸侯救邢。邢人溃，出奔师。师遂逐狄人，具邢器用而迁之，师无私焉。夏，邢迁于夷仪，诸侯城之，救患也。凡侯伯，救患、分灾、讨罪，礼也。"[⑪]

齐桓公时既然曾率兵到达河北定州、迁安一带，这一地区距代国不远，因此，桓公到过代国的可能性是存在的。但是，从齐桓公更立邢国、应燕国要求北伐孤竹的行动来看，他不可能有越过北燕、中山、邢等国臣服代国的想法，因此，《管子》的记载

---

① 《史记》卷三二《齐太公世家》，1488 页。

② 王利器：《盐铁论校注》卷八，北京：中华书局，1992，494 页。

③ [汉]刘向撰，向宗鲁校证：《说苑校证》卷九《正谏》，北京：中华书局，1987，219 页。

④ 高诱注："石梁，在彭城也。"

⑤ 高诱注："酆郭，在长安西南。"

⑥ 高诱注："令支，在辽西。"

⑦ 高诱注："中山，狄国也，一名鲜虞，在今卢奴西。中山伐邢而亡之。邢国今在赵襄国也。狄杀卫懿公于荧泽，故曰灭也。"

⑧ 许维遹：《吕氏春秋集释》卷八，北京：中华书局，2009，189 页。

⑨ 杨伯峻编著：《春秋左传注》，北京：中华书局，2009，265—278 页。

⑩ 杨伯峻编著：《春秋左传注》，273 页。

⑪ 杨伯峻编著：《春秋左传注》，277—278 页。

应是后人杜撰的。

三　春秋时代国是否曾隶属晋

宋代以后流行代国在春秋时期属于晋的说法。如，[宋]陈彭年《重修广韵》卷四：

> 代，更代、年代。亦州名。春秋时属晋，其后赵襄子以铜斗击杀代王，取其地。至秦隶太原郡。汉置云中、雁门、代郡。魏为州。又姓。《史记》赵有代举。徒耐切。①

再如，[宋]潘自牧《记纂渊海·云中府路》“蔚州”条载：

> 郡号代国。州沿革。天文昴毕分野。《禹贡》冀州之域。春秋时属晋。战国属赵。秦置代县，属代郡。汉封代王于此，为代国，东汉末废。后魏于此置灵丘郡。后周兼治蔚州。隋，郡废、州存。大业初，州废。唐复置蔚州，治灵丘。至德初改安边郡，后复为蔚州。（沿革表）②

此说相沿流传较广。如[金]韩道昭《五音集韵》卷十四：

> 蔚，草名。又曰无子菣也。亦州名。周宣帝置蔚州。春秋时属晋，后入赵。秦灭赵，为代郡。东魏置北灵乙郡。③

[明]李贤《明一统志·大同府》：

> 蔚州。在府城东南三百五十里。春秋时属晋。战国属赵。秦置代县，属代郡。汉封代王于此，为代国，东汉末废。后魏于此置灵邱郡。后周兼置蔚州。隋，郡废州存。大业初，州废。唐复置蔚州，治灵邱。至德初改安边郡，后复为蔚州。辽置忠颐军。金为蔚州。元至元初，省州为灵仙县，属宏州，寻复为州，

---

① [宋]陈彭年：《重修广韵》卷四，四部丛刊景宋本，中国基本古籍库电子版。

② [宋]潘自牧：《记纂渊海》卷二四，文渊阁四库全书本，中国基本古籍库电子版。

③ [金]韩道昭：《五音集韵》卷一四，文渊阁四库全书本，中国基本古籍库电子版。

属宣德府。本朝洪武四年改今属。编户一十五里,领县三。广灵县在州西六十里,本汉代郡延陵县地,东汉废,唐为安边县地,后改安边曰兴唐,属蔚州。五代时,唐置广灵县。辽属蔚州。金元仍旧。本朝因之,编户八里。广昌县在州南一百五十里,古为飞狐口,汉置广昌县,属代郡,东汉属中山国。晋属代郡。后周治五龙城。隋仁寿初改曰飞狐县,属易州。唐初侨治易州之遂城,遥属蔚州。贞观中复故地。宋升为飞狐军。辽复为飞狐县。金元仍旧。本朝复改广昌县,编户四里。灵丘县在州西南一百五十里。本汉县,属代郡,因赵武灵王葬此地,故名。东汉省。后魏复置,属灵丘郡。隋初郡罢,以县属蔚州。大业初州罢,以县属雁门郡。唐复属蔚州。五代时辽因之。金置成州。元复为灵邱县,属蔚州。本朝因之,编户一十里。①

[明]冯智舒《通鉴纲目质实》卷二上"赵李牧伐燕取武遂方城"条:

代,古郡名。春秋时属晋。战国时属赵秦,置代县,属代郡。汉封代王于此,为代国,东汉末废。后魏于此置灵丘郡。后周兼置蔚州。隋,郡废州存。大业初,州废。唐复置蔚州,治灵丘,至德初改安边郡,后复为蔚州。辽置忠顺军。金为蔚州。元至元初,省州为灵仙县,属州,寻复为州,属宣德府。国朝因之,属大同府。"②

以上诸书均说春秋时代地属晋。然遍查先秦秦汉文献,只有《越绝书·越绝外传记军气第十五》载:

晋故治今代郡、常山、中山、河间、广平郡,觜也。③

以上诸书中代地在春秋时属晋的说法或据于此。但从赵襄子灭代的故事来看,此说当不能成立。

《史记·赵世家》载:

自是之后,简子尽召诸子与语,毋卹最贤。简子乃告诸子曰:"吾藏宝符于常山上,先得者赏。"诸子驰之常山上,求,无所得。毋卹还,曰:"已得符矣。"简子曰:"奏之。"毋卹曰:"从常山上临代,代可取也。"简子于是知毋卹果贤,乃废

---

① [明]李贤:《明一统志》卷二一,文渊阁四库全书本,中国基本古籍库电子版。

② [明]冯智舒:《通鉴纲目质实》卷二上,文渊阁四库全书本,中国基本古籍库电子版。

③ [汉]袁康:《越绝书》卷一二,四部丛刊景明双柏堂本,中国基本古籍库电子版。

太子伯鲁，而以毋卹为太子。[1]

赵简子死后，毋卹继位，即为襄子。襄子元年(前457)，

襄子姊前为代王夫人。简子既葬，未除服，北登夏屋，[2]请代王。使厨人操铜枓以食代王及从者，行斟，阴令宰人各以枓击杀代王及从官，遂兴兵平代地。其姊闻之，泣而呼天，摩笄自杀。代人怜之，所死地名之为摩笄之山。遂以代封伯鲁子周为代成君。伯鲁者，襄子兄，故太子。太子蚤死，故封其子。[3]

根据其记载，赵简子曾对他的儿子们说，他在恒山上藏了宝符，谁得到它，就会得到奖赏。毋卹回来后，说找到了符，即越过恒山北攻代，可夺取代国。简子由此知道毋卹有才干，于是废太子伯鲁，以毋卹为太子。大约在赵简子晚年，将毋卹的姐姐嫁给了代王。简子死后，毋卹即位，为赵襄子。襄子安葬了简子后，尚未服满丧期，就登上夏屋山，宴请代王。密令宰人在席间用盛酒的铜枓砸死代王及其随从，然后发兵平定代地。姐姐听到代王死的消息，哭天抢地，磨尖头上结发用的笄，自刺而死。代人怜惜她，将她死去的山命名为摩笄山。

《吕氏春秋·孝行》的记载有所不同：

赵简子病，召太子而告之曰："我死，已葬，服衰而上夏屋之山以望。"太子敬诺。简子死，已葬，服衰，召大臣而告之曰："愿登夏屋以望。"大臣皆谏曰："登夏屋以望，是游也。服衰以游，不可。"襄子曰："此先君之命也，寡人弗敢废。"群臣敬诺。襄子上于夏屋，以望代俗。[4] 其乐甚美，于是襄子曰："先君必以此教之

---

① 《史记》卷四三，1786—1789页。

② "夏屋"，《集解》引徐广曰："山在广武。"《正义》引《括地志》云："夏屋山一名贾屋山，今名贾母山，在代州雁门县东北三十五里。夏屋与句注山相接，盖北方之险，亦天下之阻路，所以分别内外也。"(《史记》卷四三，1794页。)《汉书·地理志上》太原郡广武县下本注："(河主)〔句注〕、贾屋山在北。都尉治。莽曰信桓。"颜师古注："贾屋山，即《史记》所云'赵襄子北登夏屋'者。"《汉书》卷二八上，1552页。《吕氏春秋·孝行》高诱注："夏屋山，代之南山也。"(许维遹：《吕氏春秋集释》，334—336页。)谭其骧《中国历史地图集》将其标在今代县至繁峙及滹沱河的北面，桑干河之南，西南方向与句注山相连。

③ 《史记》卷四三，1786—1789页。

④ 高诱注："俗，土也。"笔者认为这里的"俗"当是"谷"之讹。前引《管子·轻重戊》提到代国时称"代谷"。《水经注·㶟水》："梅福上事曰：代谷者，恒山在其南，北塞在其北，谷中之地。上谷在东，代郡在西，是其地也。"(陈桥驿：《水经注校释》卷一三，杭州大学出版社，1999，317—322页。)《汉书·梅福传》未载此说，但其所说显然符合代地的山川地形，即代地为恒山、太行山和燕山山脉所环绕，处山谷之中。

也。"及归，虑所以取代，乃先善之。代君好色，请以其弟姊妻之，代君许诺。弟姊已往，所以善代者乃万故。马郡宜马，代君以善马奉襄子，襄子谒于代君而请觞之，马郡尽，先令舞者置兵其羽中数百人，先具大金斗。代君至，酒酣，反斗而击之，一成，脑涂地。舞者操兵以斗，尽杀其从者。因以代君之车迎其妻，其妻遥闻之状，磨笄以自刺，故赵氏至今有刺笄之证与反斗之号。[1]

其文曰：赵简子病重，临终嘱咐太子，我葬礼后，你服丧期间要登上夏屋山远望。太子即位为襄子。他遵照简子的遗嘱，在服丧期间要登夏屋山，大臣认为登夏屋山是游玩，服丧期间游玩有失礼仪。襄子说明这是先君的遗嘱。他登上夏屋山以后，北望代地，发现这是一块美丽的土地，理解父亲的心意是让他夺取代，于是开始筹划灭代之事。他想先和代君交好，以迷惑代君。代君好色，他便把自己的姊妹嫁作代君的妻子。还想尽各种办法取悦代君。代君则以代国著名的特产良马回送襄子。襄子设宴款待代王，用盛酒的大金斗突然袭击，砸死代王。他事前布置好的藏了兵器的数百舞者，拿出武器，全部杀死代王毫无防备的随从。襄子派人驾着代君的马车迎接代君的妻子，代君妻子听到这个消息，磨笄自刺而死。

从故事的逻辑来看，《吕氏春秋》的记载更为合理。但是，两个史籍记载的事件性质却没有本质区别。它们均表明，赵简子时，代国是一个独立的国家，不隶属于晋。赵简子对代觊觎已久，为了完成他的心愿，赵襄子即位当年便设计杀死代王，此后代才隶属于赵。赵最初在代设封君进行统治，赵襄子封已死的哥哥原太子伯鲁之子赵周为代成君。

顺带提及，《重修广韵》说代在秦时属太原郡，误。《汉书·地理志下》载：

代郡，秦置。莽曰厌狄。有五原关、常山关。属幽州。户五万六千七百七十一，口二十七万八千七百五十四。县十八：桑干，莽曰安德。道人，莽曰道仁。当城，高柳，西部都尉治。马城，东部都尉治。班氏，秦地图书班氏。莽曰班副。延陵，狋氏，莽曰狋聚。且如，于延水出塞外，东至宁入沽。中部都尉治。平邑，莽曰平胡。阳原，东安阳，莽曰竟安。参合，平舒，祁夷水北至桑干入沽。莽曰平葆。代，莽曰厌狄亭。灵丘，滱河东至文安入大河，过郡五，行九百四十里。并州川。广昌，涞水东南至容城入河，过郡三，行五百里，并州寖。莽曰广屏。卤城。虖池河东至参（合）〔户〕入虖池别，过郡九，行千三百四十里，并州川。从河东至文安入海，过郡六，行千三百七十里。莽曰鲁盾。[2]

① 许维遹：《吕氏春秋集释》，北京：中华书局，2009，334—336页。
② 《汉书》卷二八下，北京：中华书局，1962，1622页。

本注明言代郡是秦置。颜师古在“代郡”和“代”县后均引应劭说：“故代国。”事实上，可能在战国中期，赵国已经在代地设立了代郡。《战国策·赵策三》“齐人李伯见孝成王章”：“齐人李伯见孝成王，成王说之，以为代郡守，而居。”[①]赵孝成王公元前266一前245年在位，其任齐人李伯为代郡守，可反证当时赵国已设代郡。

① 何建章：《战国策注释》卷二〇，北京：中华书局，1990，759页。

小议《史记》所见战国时期的代地史事

许梦阳

（北京大学历史学系 北京 100871）

内容提要：战国初年，赵简子、赵襄子为了打开去往北方的战略通道，并攫取农畜、马匹等资源，吞并了代国。由于代地特殊的地理位置，赵灭代后统治并不稳定，一方面与燕国在这一地区展开了长时间的角力，另一方面也曾存在过赵国叛乱者的武装割据。赵武灵王时，吞并中山、对抗戎狄成为赵国主要目标，代地战略地位陡升，也由封国转为代郡。赵王迁降秦后，公子嘉退至代地自立，并在这里坚持抗秦六年，最终于秦始皇二十五年被彻底消灭。

关键词：代地　战国　《史记》　代王嘉

代地，战国时期夹存于燕、赵之间，直接面对来自北方戎狄的威胁；秦汉以后，又成为对抗匈奴的前沿阵地。在战国至汉初的历史上，代地军事地位极其重要，顾炎武曾论述道：

> 春秋时，代尚未通中国。赵襄子乃言："从常山上临代，代可取也。"《正义》曰："《地道记》云：恒山在上曲阳县西北一百四十里，北行四百五十里得恒山岋，号飞狐口，北则代郡也。"《水经注》引梅福上事曰："代谷者，恒山在其南，北塞在其北。谷中之地，上谷在东，代郡在西。"此则今之蔚州，乃古代国。项羽徙赵王歇为代王，歇更立陈余为代王，汉高帝立兄刘仲为代王，皆此地也。十年，陈豨反。十一年，破豨，立子恒为代王，都晋阳。则今之太原县矣。《孝文纪》则云都中都。而文帝过太原，复晋阳、中都二岁。又立子武为代王，都中都。则今之平遥县矣。又按卫绾，代大陵人。大陵，今在文水县北，而属代，代都中都故也。代凡三迁，而皆非今代州。今代州之名自隋始。[①]

① ［清］顾炎武著，黄汝成集释：《日知录集释》，上海古籍出版社，2013，1781—1782页。

据顾氏考证，最初之代地即今之蔚县，自汉高祖刘邦十一年破刘豨之后，代地屡迁，不论晋阳、中都（平遥），还是文水，都位于晋中盆地，去蔚县甚远。隋唐以后，代州在今代县附近，已与蔚县之代无涉。本文所论之代，仅指蔚县之代，与其他“代地”无关。

《史记》记载，晋定公十二年（前500），赵简子出，被人拦住，此人对简子预言后事，说“主君之子将克二国于翟，皆子姓也”，“翟犬者，代之先也。主君之子且必有代。及主君之后嗣，且有革政而胡服，并二国于翟”。简子听闻，遍召诸子，命他们前往常山寻宝，诸子皆无所得，惟毋卹回报“从常山上临代，代可取也”。简子于是废太子伯鲁而立毋卹。[①] 张守节于《正义》中解释说“二国”是“代及智氏也”，显然不确，智氏既不能是“翟”，也并非子姓，根据张说认为代是子姓戎狄亦缺乏证据。此处“二国”大约是代周围的两个小国，直到赵武灵王时并入代地。在《春秋》《左传》及《史记》中，都有大量关于梦境和预言的记载，实际是运用了“预叙”的写作手法，“它只不过把读者的注意力转移到了过程而不是结果，而历史过程及历史原因也正是历史家最为侧重的东西”[②]。简子之梦，为日后赵襄子平代张本，说明了取代地既是赵国的既定方针，也是简子、襄子时期的首要任务。

简子死后，毋卹继位，是为赵襄子，此时距他常山观代已经过去了三十二年。襄子的姐姐是代王夫人，简子死后，襄子“未除服，北登夏屋，请代王。使厨人操铜枓，以食代王及从者，行斟，阴令宰人各以枓击杀代王及从官，遂兴兵平代地。其姊闻之，泣而呼天，摩笄自杀。代人怜之，所死地名之为摩笄之山。遂以代封伯鲁子周为代成君。伯鲁者，襄子兄，故太子。太子蚤死，故封其子……为伯鲁之不立也，不肯立子，且必欲传位与伯鲁子代成君”[③]。赵襄子封伯鲁子周为代成君，并想让他成为赵国的接班人；又因代成君周先死，故传位于代成君之子浣（赵献侯）。虽然伯鲁既是故太子又是襄子的兄长，但襄子封周于代，却并非是对伯鲁一支的简单抚恤。伯鲁子周已经是襄子选中的继承人，继承人没有留在晋阳，而是派去代地做封君，凸显了代地在襄子眼中的重要性。从战国初年的情况来看，代地是赵通向燕、中山的门户，既有良马可为战备，[④]又有农业手工业基础，[⑤]已成为赵国的战略要地。

襄子死后，“襄子弟桓子逐献侯，自立于代，一年卒。国人曰桓子立非襄子意，乃共杀其子而复迎立献侯”[⑥]。此后，赵历经献侯（十五年）、烈侯（九年）、武公（十三

① 《史记》，北京：中华书局，1959，3144—2145页。

② 宗金伟：《〈左传〉预言研究》，北京大学硕士学位论文，2008，37页。

③ 《史记》，2150页。

④ 《盐铁论》：“马效千里，不必胡、代。”王利器校注：《盐铁论校注》，北京：中华书局，2010，150页。

⑤ 《史记·货殖列传》有“燕、代田畜而事蚕”，见《史记》，3940页。

⑥ 《史记》，2153页。

年)、敬侯(十二年)、成侯(二十五年)、肃侯(二十四年),直至赵武灵王十九年北巡,基本没有再在代地进行过重大活动。这一时期赵基本都在与齐、魏、秦等国相互攻伐,只有几次与中山或主动或被动的交兵。可能与代相关的,是肃侯十七年赵“筑长城”,《史记正义》注曰:“刘伯庄云‘盖从云中以北至代’。按:赵长城从蔚州北西至岚州北,尽赵界。又疑此长城在漳水之北,赵南界[①]”。赵国此时的控制范围,与赵襄子时所差无多,即“北有代,南并知氏”[②],云中、岚州(据《元和郡县图志》在今吕梁市岚城镇)此时均在楼烦控制下,赵国还没有能力在那里修筑长城。[③] 从有关赵国的战争记录来看,此时在南界修长城似乎更为合理,且赵武灵王也说过“属阻漳、滏之险,立长城”[④]。因此,代地在重新被赵献侯控制之后,直到赵武灵王前期,都不是赵国主要的用力方向。这一时期,代地可能同时存在燕、赵两股势力。在冀北地区原代国领地发现了大量战国早期燕文化遗物,可以作为燕国进入代地的见证。[⑤] 而战国中期以来,张家口地区发现了三十多座战国城址,“绝大部分都是燕、赵两国在其北境的上谷郡和代郡所设置的军事城堡”,而这些军事城堡则大部属燕。[⑥] 可见,赵国灭代后没有能够实际控制原代国的全部领土,而是和燕国在这一地区有一个此消彼长的对抗过程,可惜具体情况囿于资料所限已无法悉知了。

赵武灵王认为赵国“无强兵之救,是亡社稷”,于是进行胡服骑射改革,一方面是为了备边,应对他认为的来自燕、东胡、齐、中山、楼烦、秦、韩等外敌的威胁,另一方面也是要为武力扩张、争夺霸权做准备。赵国既然对国家政策进行了重新规划和调整,代地的政治、军事地位也自然而然地出现了相应的改变。赵武灵王二十年,赵略中山地、胡地,并由代相赵固主胡,还收编了胡地的军队,开始了对中山兼并战争的前期准备。赵武灵王二十一年至二十六年,屡攻中山,动用的军队不仅有王之三军,还有赵希率领的胡、代之兵。“赵武灵王亦变俗胡服,习骑射,北破林胡、楼烦,筑长城,自代并阴山下,至高阙为塞,而置云中、雁门、代郡”(《匈奴列传》),这条长城,据研究“乃是沿今乌拉前山——大青山山系亦即秦汉阴山南麓分布”[⑦]。至此,赵正式在其北疆进行战略部署,代地也成为了武灵王“向外扩张的重要基地”[⑧]。

---

① 《史记》,2160 页。

② 《史记》,2152 页。

③ 关于赵肃侯长城的问题,前人多有论述,黄绍雄先生已整理成文,可参看黄绍雄《代国代郡通志》,北京:中华书局,2015,92 页。

④ 《史记》,2164 页。

⑤ 陶宗冶、王培生:《对代国与燕、赵两国关系的探讨》,《文物春秋》2013 年第 6 期。

⑥ 许宏:《先秦城市考古学研究》,北京:燕山出版社,2000,130、147—149 页。

⑦ 辛德勇:《张家山汉简所示汉初西北隅边境解析——附论秦昭襄王长城北端走向与九原云中两郡战略地位》,《历史研究》2006 年第 1 期。

⑧ 《代国代郡通志》,89 页。

赵武灵王二十七年，武灵王传位惠文王，自号主父，次年，“主父行新地，遂出代，西遇楼烦王于西河而致其兵”；惠文王三年，“灭中山，迁其王于肤施。起灵寿，北地方从，代道大通。还归，行赏，大赦，置酒酺五日，封长子章为代安阳君”，后来又派田不礼相章。安阳君本为太子，被废后不服惠文王之立，遂与田不礼有据代地反叛之意，而赵武灵王又因可怜长子而确实萌生了“分赵而王章于代”的想法。惠文王四年，赵武灵王与惠文王游沙丘，安阳君作乱身死，武灵王亦饿死沙丘宫。

惠文王平乱后，代地理应回到赵王的直接统治之下，不过史籍阙佚，详情难知。惠文王二十六年，“取东胡欧代地”，《史记索隐》曰：“东胡叛赵，驱略代地人众以叛，故取之也。”[①]“欧”应通“敺”，即“驱”之古字，驱逐意。按，惠文王这一阶段基本仍在与齐、魏、秦纠缠不休，关于东胡“叛赵”并“驱略代地”的记载阙如，亦不知赵国于何时失去的代地控制权。

惠文王三十年卒，孝成王即位。孝成王七年，秦赵战于长平，赵降卒四十余万被坑。十五年，燕以赵“其孤未壮”，起兵两路，分别进攻鄗、代，均被廉颇击败。[②] 十九年，赵、燕“易土”，“赵以龙兑、汾门、临乐与燕；燕以葛、武阳、平舒与赵”。《集解》引徐广曰：“平舒在代郡。”[③]孝成王二十一年卒，悼襄王立。九年卒，赵王迁立。赵王迁五年，“代地大动，自乐徐以西，北至平阴，台屋墙垣太半坏，地坼东西百三十步”。[④]七年，赵王迁降秦。太史公曰：“秦既虏迁，赵之亡大夫共立嘉为王，王代六岁，秦进兵破嘉，遂灭赵以为郡。”[⑤]赵国濒临灭亡之时，代地成为赵国最后的据点。《赵世家》记载代王嘉六年，秦灭代，一般认为秦国先远征辽东，消灭了燕王喜最后的残余力量，然后回身把代地的代王嘉也消灭了，基本完成了华北地区的统一。长久以来，由于资料匮乏，关于这一认识也几无异议。随着近几年来考古工作的深入展开，一些新的观点逐渐产生了。如李树林先生认为，代王嘉与燕国兵败于易水后，并未返回代地，而是随燕王喜东迁，并在鸭绿江中上游建都据守，东迁后代国的势力范围可能在“吉林省中南部辉发河上游以南长白山地至整个鸭绿江流域”，后与秦在真番地区决战失利，最终灭亡。[⑥] 这种观点令人耳目一新，殊为有趣，倘若如文中所说，则今蔚县之代地早在秦始皇十九年已被秦国控制，而秦统一战争的范围也扩大到了鸭绿江流域。鉴于灭代是秦扫灭六国的重要事件，故笔者于此不揣冒昧，在前辈学者的研究基础之上再对这一问题加以讨论。

---

① 《史记》，2181 页。

② 《史记》，2189 页。

③ 《史记》，2190 页。

④ 《史记》，2193 页。

⑤ 《史记》，2194 页。

⑥ 详参李树林《秦“还攻代，虏代王嘉”史地考》（下称“《秦》文”），《通化师范学院学报》（人文社会科学）2015 年第 4 期。

据上引《秦始皇本纪》，始皇二十年，秦与燕、代联军战于易水之西，结果秦国获胜。始皇二十一年，秦破蓟而杀太子丹，燕王喜撤往辽东。这里没有提到代王嘉失败后的去向。《秦》文认为，代王嘉绝无逃回代郡的可能，因为秦军迂回易水之西，切断了回代地的通道；且蓟都城破在即，代地会陷入唇亡齿寒的境地，因此代王嘉应当依附燕王喜去了蓟。按，仔细揣度文意，易水之西战场的选择，当为燕、代主动，他们"发兵击秦军"，不能因为结果的失败就认为是王翦"出敌意外，主力迂回"，更不能据此认为代王嘉失去了向西北方向撤退的能力，此为其一。其二，代地和蓟都的防御能力是可以比较的。上文已述，战国早期的赵桓子、战国中晚期的代安阳君，都曾据代地以自守，而邯郸一朝失陷，赵公子嘉和数百宗族的第一退路也是代地，代地作为根据地以抗击秦国完全具备客观条件。相反，蓟都并不是一个易于防守的地方。春秋晚期，"由于当时北方戎狄各部的强大和不断南侵，蓟都偏北，易受戎狄的直接攻击，为避其锋芒，燕国的统治者不得不考虑另建新都的问题"①，因而迁至燕下都，战国初还都于蓟，到了战国中期(按：约在燕昭王时②)又营建下都武阳，二都并存，但燕下都"无疑是战国中晚期燕国的政治、经济、军事和文化中心"③。战国中后期，燕国的主要资源投入在下都而非蓟都，蓟都由于地理环境所限，直面敌人时也并没有太多屏障可以凭依。因此，代王嘉与其依附蓟都，不若退守代地。

《刺客列传》记载，荆轲刺秦后，"秦王大怒，益发兵诣赵，诏王翦军以伐燕。十月而拔蓟城。燕王喜、太子丹等尽率其精兵东保于辽东。秦将李信追击燕王急，代王嘉乃遗燕王喜书曰：'秦所以尤追燕急者，以太子丹故也。今王诚杀丹献之秦王，秦王必解，而社稷幸得血食。'"④《秦》文据此提出两个观点，一是"燕王喜、太子丹等尽率其精兵东保于辽东"中的"等"字，暗指代王嘉。理由是"等"暗指燕国以外有统兵权力的人，这个人只能是代王嘉，不直书其名则是因为本篇主题为刺客，若书代王嘉恐会喧宾夺主。二是代王嘉获"秦将李信追击燕王急"信息并遗书献计，证明他与燕王喜一同东迁，否则无法得知燕王喜的处境。按，关于"等"字的用法，兹举《史记》中几例：

管、蔡、武庚等果率淮夷而反。(《鲁周公世家》)⑤

文公欲召吕、郤，吕、郤等党多，文公恐初入国，国人卖己，乃为微行，会秦缪

① 河北省文物研究所：《燕下都》(上册)，北京：文物出版社，1996，872页。

② 梁云：《战国时代的东西差别》，北京：文物出版社，2008，195页。

③ 《先秦城市考古学研究》，101页。

④ 《史记》，3060—3061页。

⑤ 《史记》，1829页。

公于王城，国人莫知。（《晋世家》）[1]

田乞、田豹之徒由此怨高、国等。其后及田常杀简公，尽灭高子、国子之族。（《司马穰苴列传》）[2]

第一例中，召公认为周公摄政会导致天下叛周，结果管叔、蔡叔和武庚果然造反，这里的"等"仅指三个反叛者；第二例中，晋文公返国后想除掉吕省、郤芮，这里的"等"只包括吕、郤两家不附于文公的大夫；第三例中，由于国、高二族曾与田氏对立，田氏憎恨他们，后来找机会铲除了国、高，这里的"等"也实指国、高两个家族。在绝大多数情况下，当"等"用在人称代词或人名之后以表示复数时，它一般仅指"等"前的人物，即使指代了更多人，这些人也一定是在前文中出现过的。当然，据此不能完全否定司马迁在"燕王喜、太子丹等尽率其精兵东保于辽东"这句话里使用春秋笔法的可能性，但把这个"等"字径解为代王嘉，似乎尚可斟酌。关于代王嘉的遗书献计，有一个问题，就是太子丹到底死在了哪里，《史记》的记载有矛盾之处：

（秦始皇）十九年，王翦、羌瘣尽定取赵地东阳，得赵王。引兵欲攻燕，屯中山……赵公子嘉率其宗数百人之代，自立为代王，东与燕合兵，军上谷。大饥……二十年……王翦、辛省攻燕。燕、代发兵击秦军，秦军破燕易水之西。二十一年……遂破燕太子军，取燕蓟城，得太子丹之首。燕王东收辽东而王之……二十五年，大兴兵，使王贲将，攻燕辽东，得燕王喜。还攻代，虏代王嘉。（《秦始皇本纪》）[3]

（燕王喜）二十七年，秦虏赵王迁，灭赵。赵公子嘉自立为代王……二十九年，秦攻我蓟，燕王亡，徙居辽东，斩丹以献秦……三十三年，秦拔辽东，虏燕王喜，卒灭燕。是岁，秦将王贲亦虏代王嘉。（《燕召公世家》）[4]

（秦始皇）十八年，翦将攻赵。岁余，遂拔赵，赵王降，尽定赵地为郡。明年，燕使荆轲为贼于秦，秦王使王翦攻燕。燕王喜走辽东，翦遂定燕蓟而还……将军李信者，年少壮勇，尝以兵数千逐燕太子丹至于衍水中，卒破得丹……而王翦子王贲，与李信破定燕、齐地。（《白起王翦列传》）[5]

根据《六国年表》，燕王喜二十九年是秦始皇二十一年，那么，秦破蓟的时间，《秦

① 《史记》，1993 页。
② 《史记》，2613—2614 页。
③ 《史记》，296—298 页。
④ 《史记》，1878—1879 页。
⑤ 《史记》，2825—2826 页。

始皇本纪》《燕召公世家》《白起王翦列传》与《刺客列传》均在始皇二十一年，可是，《秦始皇本纪》认为城破时太子丹即死，而其他记载都显示太子丹是和燕王喜同去辽东之后才死的。孰是孰非，笔者认为可以通过秦国破蓟后的活动来作一判断。燕王喜败走辽东之后，秦国历经王贲平定魏国、李信等第一次伐楚失败、王翦第二次伐楚成功，可以说秦国在始皇二十二年到二十四年之间，秦国的目标就是吞并最大的敌人楚国。秦楚的人口大约各400万，兵力也约各80万左右，①而王翦率60万秦军伐楚，他自己说是"空秦国甲士而专委任于我"②，秦国已经准备倾其所有南征，为何李信还要率千人对着已经弃国而去的燕王喜穷追不舍呢？这大概正应了代王嘉的分析，他在给燕王喜的信中献计说只要杀了太子丹，那么"秦王必解，而社稷幸得血食"。由此反推，太子丹确实应该是死在了辽东而非蓟城。另一方面，既然代王嘉如此坚定地认为秦的追击将止于太子丹之死，那也就没有逃亡辽东的必要了。

关于代王嘉的东迁，《秦》文也举了一些考古学的例证，比如真番障塞就是燕、代据守抗秦的军事凭依，而长白积坛群则是赵、代遗民所建亡国祭祀遗存，本文亦作一简要讨论。《秦》文所举的如梨树二龙湖燕城之类的城址，性质上至多是军事城堡，这些城堡"具有浓厚的军事防御或扩张的色彩"，"同时也是具有一定规模的殖民点"。③《水经注》描述的代地是谷中之地，南有恒山（常山），北有北塞，天险皆可凭依，不必向燕国借地，厕身于辽东的堡垒之中。况且，在代地范围内本身就有如揣骨疃、陈家湾等十数个军事城堡，④代王嘉没有舍近求远的必要。另外，《秦》文认为朝鲜非古洞山城及鸭绿江对岸的长白城址是代国设都所在，证据并不充分。据研究，"有关今吉林通化、白山地区发现的障塞、烽燧遗址的年代，从遗址出土的器物看，除了极易于传播的钱币、武器外，相当于战国时期的器物主要属于土著文化。而城邑、塞障、烽燧则应该是汉代修建的"⑤。出土物主要属于土著文化，建筑遗存晚到汉代，而武器也并不能证明代王嘉曾盘桓于此。⑥ 关于二十一道沟积坛墓，2004年集安市博物馆、白山市文管办调查了鸭绿江上游的遗存情况，其中二十一道沟重要遗迹年代在战国晚期至汉，约与干沟子墓地一致。⑦ 而干沟子墓地上承旅大地区的岗上和

① 臧知非：《战国人口考实》，《安徽史学》1995年第4期。

② 《史记》，2827页。

③ 《先秦城市考古学研究》，116页。

④ 《先秦城市考古学研究》，147—149页。

⑤ 范恩实：《燕秦汉东北"长城"考论》，《中国边疆史地研究》2015年第3期。

⑥ 真番障塞沿线曾出土了一些燕、赵、秦的兵器，如《秦》文所举赵惠文王二十年相邦蔺相如戈，但这件戈的铸造时间离代王嘉自立还有六十余年，完全无法证明代王嘉曾经去过真番地区。相对地，山西朔县曾发现一件铍，铭文可宽释作"四年代相乐遽"（详参王辉《跋朔县捡选的四年郏相乐遽戈》，《考古与文物》1989年第3期），王辉先生考证此四年即代王嘉四年，朔县隶属雁门，毗邻代地，则从侧面说明代王嘉的活动范围仍应在代地及其周边。

⑦ 孙仁杰、迟勇、张殿甲：《鸭绿江上游右岸考古调查》，《东北史地》2004年第5期。

楼上、于家坨头等积石墓地，下接高句丽积石墓，显然是“东北地区积石墓发展演变过程中一个承上启下的重要环节”①。“浑江（按：即《王翦白起列传》《刺客列传》等所提到的太子丹兵败的衍水）、鸭绿江流域的高句丽早期积石墓均应是源于旅大地区的积石墓”，二十一道沟积石墓无论从墓葬形制还是祭坛设置，都在这个积石墓演变序列之中，属于土著文化，和赵人并无关系，那么这些祭坛也并非是赵、代遗民祭祀所用的了。

回到《史记》本身，司马迁用“还攻代”来描述灭代之事，“还”即还兵、还军，从辽东“还”到代地，完全合乎情理。赵公子嘉于秦始皇十九年赵败于秦后至代地自立，期间曾与燕国联军抗秦，失利后继续退守代地。代王嘉坚守代地近六年，一方面由于代地地理位置易于防守，且民风剽悍善于作战，②另一方面也是因为秦国在与楚国的战争中投入了大量兵力、财力，暂时无暇北顾。秦始皇二十五年（前 222），灭楚战争已进入尾声的秦军先是远赴辽东消灭燕王喜残部，然后回师代地，代王嘉兵败，代地并入秦国版图，成为秦之代郡。

《史记》所见战国时期的代地史事较为简略，后人亦只能从中管窥一斑，对代地的进一步认识，仍需要留待更多新材料的发现。

---

① 王洪峰、孙仁杰、迟勇：《吉林长白县干沟子墓地发掘简报》，《考古》2003 年第 8 期。

② 冯小红、刘树增：《先秦赵国代地民风研究》，《河北学刊》2012 年第 3 期。

从《史记·赵世家》看赵、代关系

冯西西

（武汉大学历史学院 湖北武汉 430072）

内容提要：《史记·赵世家》中记载了赵为吞并代国所做的准备工作、灭代过程，以及灭代后对代地的管理。赵在灭代之前，与代国友好联姻，并趁机吞并代国，使代成为赵国的一部分。代地在赵国有着重要的战略地位。

关键词：代国　代地　赵国　赵简子　赵襄子

代国是春秋时期位于燕、赵之间的一个国家，春秋末年为赵襄子所灭。有关代国的史料记载比较缺乏，其建立和族属等问题历有争议。但代国的灭亡过程史书有明确记载，《史记·赵世家》中对赵国灭代的记述较为系统：从赵简子灭代计划的酝酿到赵襄子灭代的实际完成，再到赵国灭代后对代地的管理。叙述赵国兴衰的《赵世家》不少涉及代国、代地，是我们了解代国、代地，以及赵、代关系的重要史料。

有关赵、代关系的分析，前人已有论述：黄绍雄先生的《代国代郡通志》，以代地的沿革发展为视角，介绍了赵代关系；①雷鹄宇先生对赵灭代后对代地的管理有着详尽的分析；②陶宗冶先生则主要借助考古资料指出赵灭代后，代国的领土实际上是被燕赵瓜分的；③一些有关赵国"简襄功烈"的论著则将灭代作为简襄功绩而加以介绍。④ 这些论著结合各类文献记载和考古资料对赵、代关系进行分析，值得肯定。但对《史记·赵世家》中有关赵代关系记载的分析还不充分，本文试从该篇入手，探讨赵国灭代过程、对代地的管理以及代地的重要历史地位。

---

① 黄绍雄：《代国代郡通志》，北京：中华书局，2008。

② 雷鹄宇：《略论战国时期赵国对代地之经营》，《邯郸学院学报》2010 年第 4 期。

③ 陶宗冶、王培生：《对代国与燕、赵两国关系的探讨》，《文物春秋》2013 年第 6 期。

④ 参见李孟存《"简襄功烈"述评》，《陕西师大学报（社会科学版）》1988 年第 4 期；沈长云《赵国史稿》，北京：中华书局，2000；白国红、陈艳《试论赵简子的"北进方略"》，《河北师范大学学报（哲学社会科学版）》2006 年第 3 期；等。

一　赵国灭代的过程

《史记·赵世家》对代最早的记载是有关赵国如何灭代。赵灭代之前的两国关系缺乏记述，但从代在灭亡前曾与赵国联姻，代王前去赵国时毫无防备等细节可以看出，在代国灭亡之前，两国是和睦的邻国。然而这种"亲和"只不过是赵国为麻痹代国而做出的假象，赵国很早就有吞并代国的打算。

据记载，代国的覆灭在赵简子时就已有上天暗示：赵简子生病，数日不醒，在梦中遇到上帝，与百神同游，并射杀了一熊一罴。上帝非常高兴，赐给他两个竹箱，并配有两个小箱。除此之外，还送给他一只翟犬：

> 吾见儿在帝侧，帝属我一翟犬，曰："及而子之壮也，以赐之。"①

不久赵简子就遇到解梦之人。解梦之人告诉赵简子：熊、罴代表二卿，竹箱之一代表翟国，"儿"指简子之子，"翟犬"则是"代之先也"，这预示着"君之子且必有代"。②

梦遇天神受教自不可信，但这段记载清楚地表明赵简子已经开始蓄谋吞并代国。因此，赵简子对灭代非常重视，并以此来确定继承者的人选：

> 简子乃告诸子曰："吾藏宝符於常山上，先得者赏。"诸子驰之常山上，求，无所得。毋卹还，曰："已得符矣。"简子曰："奏之。"毋卹曰："从常山上临代，代可取也。"简子于是知毋卹果贤，乃废太子伯鲁，而以毋卹为太子。③

毋卹为翟婢之子，身份极为低微，曾有相术师姑布子卿称其有将军相，但真正让赵简子认定其为可塑之才的原因，是毋卹敏锐的察觉到了灭代的可行性和好处。赵简子死后，毋卹袭位，是为赵襄子。简子之丧还未除服，赵襄子就迫不及待地请代王入赵，"使厨人操铜枓以食代王及从者，行斟，阴令宰人各以枓击杀代王及从官，遂兴兵平代地"④。迅速完成了灭代的计划。

《史记》中对赵国灭代的记载不过寥寥数言，但亦可看出简、襄两代对吞并代国的重视，并做了周密的计划：先是赵简子假托上天启示，制造灭代是上天注定的舆论。不仅如此，他还清楚地指出代国是上帝赐予自己儿子的，可见当时赵简子对赵和代的实力有着充分的分析，相信在下一代必将代国灭掉。

---

① 《史记》卷四三《赵世家》，北京：中华书局，1959，1787 页。

② 《史记》卷四三《赵世家》，1788 页。

③ 《史记》卷四三《赵世家》，1789 页。

④ 《史记》卷四三《赵世家》，1793 页。

其后赵简子开始实际执行灭代的计划，有对内对外两套方案。对内，他将代国视作“宝符”，以是否能注意到代国的重要性来确定继承人；对外，制造出亲和的假象，将自己的女儿嫁给代王以麻痹对方。和亲起到了极佳的效果，使得代王毫无防备之心，赵襄子只靠了几个厨子就将其杀死，随后兴兵伐代，轻而易举地吞并了代国。

赵国吞并代国的自豪感直至战国中后期还在延续。赵武灵王十九年，推行胡服骑射的建议遭到众臣反对，武灵王劝说众人时指出：

> 简、襄主之烈，计胡、翟之利……今吾欲继襄主之迹，开於胡、翟之乡，而卒世不见也。①
>
> 且昔者简主不塞晋阳以及上党，而襄主并戎取代以攘诸胡，此愚智所明也。②

对赵简子、赵襄子取代等举措称赞不已，认为这是简、襄的重大功勋。以此为例劝说众人，说明不只是赵王，而是赵国上下对简、襄开胡翟之乡、并戎取代的行为是很赞同很自豪的。

二　赵国对代地的管理

雷鹄宇先生在《略论战国时期赵国对代地之经营》一文中，将赵国对代地的管理分为设立封君、设置郡县、归边将统领以及流亡后成立代王国等几种统治方式，叙述详尽。而《史记·赵世家》中，则通过赵国对代的管理表明了历代赵王对代地的重视。

赵国灭代后，在代地实行了封君管理，第一位封君是先太子伯鲁之子周，是为代成君。赵襄子生有五子，却因当初伯鲁不得立，而坚持要传位于代成君，代成君早死，赵襄子就将位子传给了成君的儿子浣，是为献侯。献侯的最终即位说明襄子传位侄子而不传儿子并不是虚心假意的矫揉造作，而他将储君人选分封到刚刚吞并的代地，可见对代地的重视。

另一位被记载下来的代地封君为赵武灵王长子章。公子章本为太子，因赵武灵王宠爱吴娃，另立吴娃之子而被废，后被分封为代安阳君。其后赵武灵王怜惜安阳

---

① 《史记》卷四三《赵世家》，1806 页。

② 《史记》卷四三《赵世家》，1809 页。

君为长子而不得立，竟想要将赵国一分为二，使代地独立，以其为王。后来因犹豫不决而导致代安阳君造反，父子俱死。赵武灵王将原储君分封到代地，并立为代王来补偿其不为赵王的损失，可见直至战国中后期，代地在赵国仍然有着极为重要的地位。

另外两个与代地有关的重要人物是番吾君和赵固。番吾君是赵烈侯时人，《赵世家》载其“自代来”[①]。徐广曰：“常山有番吾县。”[②]《括地志》云：“番吾故城在恒州房山县东二十里。”[③]番吾当属代管辖。烈侯爱好音乐，想要奖赏两个歌者，执行此事的相国公仲连不愿无功之人受赏，却又无法推脱，只能称病不朝。番吾君见公仲连，指出赵王亦爱才之人，让公仲连向烈侯推荐了牛畜、荀欣、徐越三位贤士，导君向善，公仲连也因举贤而受赏，而真正出谋的番吾君则不羡名利，悄然而退。

赵固是赵武灵王时的代相。武灵王十八年，秦武王死，“赵王使代相赵固迎公子稷于燕，送归，立为秦王，是为昭王”[④]。此事对提升赵国政治地位以及拉拢秦国都有着极为重要的作用。武灵王将重任委于赵固，说明了对代相的信任，而赵固不辱使命，也证明了自己的能力出众。其后两年，武灵王巡视边疆，主要巡视地区为“中山地”“胡地”，这些地区是少数民族地区。赵武灵王归来后派遣众臣出使秦、韩、楚、魏、齐等国，而代相赵固则被遣“主胡，致其兵”[⑤]。赵武灵王委任赵固掌管胡地，训练胡兵，可见赵固是武灵王尤为倚重的重臣。

无论番吾君和赵固是分封还是授官于代，如此良才管理代地，都体现出赵王对代地的重视。

献侯即位后，赵襄子的弟弟桓子曾驱逐献侯，自立为王，地点在代；[⑥]武灵王经常亲临代地，巡视边疆，退位后曾暂居代地；[⑦]秦灭赵后，赵公子嘉自立为代王[⑧]……这些事件都体现着代地的重要。

---

① 《史记》卷四三《赵世家》，1797 页。

② 《史记》卷四三《赵世家》司马贞《索隐》引，1798 页。

③ 《史记》卷四三《赵世家》张守节《正义》引，1798 页。

④ 《史记》卷四三《赵世家》，1805 页。

⑤ 《史记》卷四三《赵世家》，1811 页。

⑥ 《史记》卷四三《赵世家》，1796 页。

⑦ 《史记》卷四〇《楚世家》载：“赵主父在代，其子惠王初立，行王事，恐，不敢入楚王。”1729 页。

⑧ 《史记》卷三四《燕召公世家》，1561 页。

三　赵国重视代的原因

赵国吞并代国带来的最大的益处便是领土的扩张：代国东临燕国，北部为胡人，南部为中山国，占领代地后，赵国可借代国为跳板，继续扩张赵国势力；代国经济军事力量发展良好，吞并代国可得到其人力物力财力的支持。

《赵世家》记载赵灭中山国的过程：武灵王二十一年攻打中山国，诸路大军会师曲阳，其中赵希"并将胡、代"[①]，并自代南下，与其他大军会师，自代南下是攻打中山的一条重要战线。经过几年的战争，赵国吞并的中山土地已经可以北至燕、代了。惠文王二年，退位自封主父的武灵王巡略新征服的地区，之后"出代"，向西至西河相会楼烦王。[②] 无论是新占领的土地，还是联络周边王国，都需要经过代地。至惠文王三年，赵灭中山，北方的土地划归赵国，通往代地的道路大为通畅。[③] 通过一系列征伐，赵国如愿扩大了疆域。

代地地理位置重要，尤其对赵国军事行动支持很大。上文提到赵武灵王攻打中山时就征集了代地的兵力。此外，代地的马匹也非常有名，代马是诸国梦寐以求的宝物，常常被游士拿来作为打动君王的筹码，苏秦游说楚威王时指出："大王诚能用臣之愚计，则……燕、代橐驼良马必实外厩。"[④]其弟苏厉在游说赵王的信中提到一种假设，即言如果秦国和燕国合谋进攻赵国，那么"代马胡犬不东下，昆山之玉不出，此三宝者亦非王有已"[⑤]。苏厉以此来劝谏赵王收兵，可见这三样是赵王要慎重考虑的。赵国占领代地后，代地培育的优良马匹对于加强赵国军事力量无疑是非常有益的。

另史载："赵武灵王亦变俗胡服，习骑射，北破林胡、楼烦。筑长城，自代并阴山下，至高阙为塞。"[⑥]代地毗邻戎界，赵武灵王时在此地修建了长城以御敌，代地是赵国重要的军事防线。

占领代地不仅在政治军事上对赵国影响巨大，在经济交流上也有帮助。代地"迫近北夷，师旅亟往，中国委输时有奇羡"[⑦]，一直是中原地区与北部少数民族物质经济交换的重要地点，赵国占领代地，无疑是占据了一个经济枢纽；此外，代地本身畜牧业发展非常好，从"代马"的培育可见一斑，占领代地对赵国畜牧业的发展也有

① 《史记》卷四三《赵世家》，1811 页。
② 《史记》卷四三《赵世家》，1813 页。
③ 《史记》卷四三《赵世家》，1813 页。
④ 《史记》卷六九《苏秦列传》，2260—2261 页。
⑤ 《史记》卷四三《赵世家》，1818 页。
⑥ 《史记》卷一一〇《匈奴列传》，2885 页。
⑦ 《史记》卷一二九《货殖列传》，3263 页。

促进作用。

简、襄灭代国等是“计胡、翟之利”“以攘诸胡”的兴国之法，赵武灵王便是以此为由，劝谏众臣放下华夷之别的成见，学习胡翟文化，以胡服骑射治国，提升自身战斗实力，对代国的征服则是赵武灵王推行改革的一个重要前提。赵武灵王多次巡至代边，与诸少数民族首领接触，在收编兵力之外，还学习其作战的风俗。代地因近胡，民风剽悍，赵武灵王在全国普及胡服骑射，对这种民风也起到了宣传作用，史载“武灵王益厉之”[①]。可见代地的文化、民族、风俗等，对赵国的发展产生了重要影响。

总之，通过《史记·赵世家》，我们看到了赵灭代的过程，以及代地在赵国中的重要地位，深化了我们对代国历史、赵国历史，以及代国、代地与赵国关系的认识。

① 《史记》卷一二九《货殖列传》，3263 页。

无终、桑干、代、涿鹿与草原民族

周运中

（厦门大学历史学系 福建厦门 361005）

坝上高原，南有桑干河，西南通往山西，东南通往河北，北部是内蒙古，东通滦河、辽河流域，西通河套与西域，历史上是草原游牧民族与中原汉族交往的重要通道。燕设上谷郡，因为地势较高且是山谷通道而得名。蔚县、阳原一带原为代国，赵设代郡，南有飞狐道连接河北平原与塞北高原。

本文考证上古时期的无穷之门在今蔚县南部，源自无终，也即匈奴单于的名号冒顿。无穷之门所在，即飞狐口。代、狄上古音极近，代人出自狄人，也即突厥人。西汉有且居县在今怀来县西北，桑干、且居都源自中亚的塞人，河北的鲜虞、山西的廧咎如、青海的析支也是源自塞人。涿鹿，古名独鹿，也是蒙古土拉河的古名独乐，源自古代通语水泽之地。

一　无终、无穷是冒顿

春秋战国时期的代国有无穷之门，《战国策·赵策二》赵武灵王曰："昔者先君襄主与代交地，城封境之，名曰无穷之门。"《史记·赵世家》说赵武灵王十九年："王北略中山之地，至于房子，遂之代，北至无穷，西至河，登黄华之上。"有学者认为无穷之门在代国北部，今张北县南。[①] 有学者认为无穷之门在赵国与无终的边界，又说无穷即无终，即《左传》戎狄的无终，西汉右北平郡有无终县，在张北县。[②] 其实《左传》无终之地、无穷之门与西汉的无终县在三个地方，不能混淆。

我以为无穷之门在代国南部与赵国交界处，所以在赵襄子的时代，要在此边境设城。至于赵武灵王所到之地，不是代国北境，此时尚未完全灭代，所以他到的是代

① 谭其骧主编：《中国历史地图集》第一册，北京：中国地图出版社，1982，38页。

② 缪文远：《战国制度通考》，成都：巴蜀书社，1998，175页。

国南境。代国都城在今蔚县，所以无穷之门在蔚县南部，此处是高山，正是无穷之门所在。古代蔚县南部最重要的关口是飞狐口，《盐铁论·险固》："赵结飞狐、句注、孟门。"严耕望考证飞狐口在蔚县南部，又说上古无飞狐之名，始见于楚汉时期，《史记·郦生传》："塞飞狐之口。"他未提《战国策》的无终之门，[1]其实飞狐口在上古的名字就是无终之门。

无穷之门，源自代地戎狄中的无终族，穷、终相通，《左传》襄公四年："无终子嘉父使孟乐如晋，因魏庄子纳虎豹之皮，以请和诸戎。晋侯曰：戎狄无亲而贪，不如伐之。"《国语·晋语七》："（晋悼公）五年，无终子嘉父使孟乐，因魏庄子纳虎豹之皮，以和诸戎。"

无终族原居太原，《春秋》昭公元年："晋荀吴帅师败狄于大卤。"《左传》："晋中行穆子败无终及群狄于大原。"《谷梁传》："中国曰大原，夷狄曰大卤。号从中国，名从主人。"大卤是戎狄语太原的音译，郑张尚芳指出即阿尔泰语系的草原 dala。[2]

西汉右北平郡有无终县，在今河北蓟县，说明无终或是从山西省东迁到此，或是此地有同源民族。

我认为无终就是冒顿，因为上古音的无是明母鱼部[miua]，《水经注》卷十三《㶟水》："又东迳无乡城北，《地理风俗记》曰：燕语呼毛为无，今改宜乡也。"无乡城在今涿鹿县东南，燕地人读毛为无，所以春秋时期晋国北部人所译的无终的无，其实发音是毛。上古音知端合一，所以终是照母东部[tɕiuəm]，终的声旁就是冬，读音很近，所以无终就是冒顿。

秦代的匈奴有冒顿单于，东破东胡，西破月氏，统一高原。冒顿的语源，一说是蒙古语勇士，Baghadur，一说是 Bogd，神圣。我以为是来自 Bogd，勇士太多，神圣则极少，所以王号不太可能用勇士，而应用神圣，但还不能肯定，待考。

冒顿也即博格达，新疆博格达山之北在汉代就有车师后国，国都就是务涂谷，务涂的上古音是[miok][dea]，也即博格达，可见此名非常古老。无论是来自古代的月氏还是突厥语，其源头都是印欧语，古印度—伊朗语的神是 bhagas，接近此字。

另外《史记·建元以来侯者年表》的辉渠侯名为仆多，此人原为匈奴人，仆多的上古音是[phok][tai]，其实就是博格达。

或许无终与匈奴有关，《史记·廉颇蔺相如列传》说李牧："常居代雁门……大破杀匈奴十余万骑。灭襜褴，破东胡，降林胡，单于奔走。其后十余岁，匈奴不敢近赵边城。"这是史书最早记载的匈奴，说明匈奴原来就在代与雁门之外，而这里原来就有无终。

---

① 严耕望：《唐代交通图考》，上海古籍出版社，2007，1459—1465 页。

② 郑张尚芳：《"蛮、夷、戎、狄"语源考》，《郑张尚芳语言学论文集》，北京：中华书局，2012，752 页。

二 代人出自狄人

马长寿指出，狄[dyek]就是突厥 turk 的音译，一作翟，丁零的酋长姓翟，所以丁零、狄历就是狄人。《魏书》卷一百三《高车传》："高车，盖古赤狄之余种也，初号为狄历，北方以为敕勒，诸夏以为高车、丁零。其语略与匈奴同而时有小异，或云其先匈奴之甥也。"①

代的上古音是定母职部[dək]，读音很接近狄，代人即狄人。狄字由犬、火二字构成，但是读音与犬、火完全无关，说明狄的读音是直接借用北方民族语言，就是突厥 turk。犬、火则是汉人根据狄人的风俗构造，因为狄人用犬，用火，《史记・赵世家》苏厉说赵惠文王说："(秦)逾句注，斩常山而守之。三百里而通于燕，代马胡犬不东下，昆山之玉不出，此三宝者亦非王有已。"来自代地的马和来自胡地的犬很著名，②其实代出自突厥一系，而与胡有别。

丁零首见于《山海经》末篇《海内经》："有钉零之国，其民从膝已下有毛，马蹄，善走。"《史记・匈奴列传》说匈奴："后北服浑庾、屈射、丁零、鬲昆、薪犁之国。"《索隐》："按《魏略》云：丁零在康居北，去匈奴庭接习水七千里。"在今阿尔泰山之北。

今陕西省大荔县原有大荔戎，《逸周书・王会》最后附假托商代伊尹的《四方献令》说到西北有旦略族，其实也是同源族名。狄是定母锡部，历是来母锡部，上古音是[dyek][lyek]。大是定母月部，荔是来母叶部，上古音是[dat][lyap]。旦是端母元部，略是来母铎部，上古音是[tan][liak]。

《水经注》卷四《河水》说虞国之北的中条山路要道上，有个地名叫巅軨，其实是丁零。因为在山上，所以写成巅，因为是车路，所以写成軨。《穆天子传》卷五："天子西升于曲山。□天子西征，升九阿，南宿于丹黄。戊寅，天子西升于阳□。过于灵□井公博，乃驾鹿以游于山上，为之石主而□寘軨。"郭璞注九阿："疑今西安县十里九坂也。"笔者以为曲山即和山，《山海经・中次三经》和山："是山也五曲。"《水经注》卷五认为是首阳山，在偃师市首阳山镇西北，所以向西确实是经过渑池到中条山的寘軨。

《穆天子传》的寘軨石主非常有趣，特别是上一句还说到鹿，令我们想到蒙古高原远古时期墓葬前面都会竖立鹿石，早在西元前八九世纪，鹿石就出现在蒙古高原、

---

① 马长寿：《北狄与匈奴》，桂林：广西师范大学出版社，2006，1—3 页。

② 波斯王大流士一世纳克希・鲁斯坦姆的铭文列举中亚的塞克人，有尖帽的塞克人(Saka Tigraxauda)。薛宗正提出，Tigra 就是尖，也即突厥 turk 的由来。但是笔者以为 tigra 和 turk 的读音有别，突厥之名是否来自尖帽，待考。

图瓦和阿尔泰山地区，上面最常见的图案是鹿，没有图形的石板出现得更早。[①] 鹿石在墓前，正是祭祀的石主，而丁零是来自北方的戎狄，所以中条山的丁零人迁居地也有石主，而且很可能就是鹿石。

代人出自狄人，狄人的主要源头是突厥。但是源自印欧语系的突厥人很早就在北方大草原与蒙古语族的人群混合，产生了新的民族，包括匈奴等族，这就是后世阿尔泰语系民族的前身。我此前曾指出，突厥人在上古中国西北分布广泛，包括鬼方等多个支系。[②] 因为代国是突厥人所建，又占据交通要道，所以国力很强。而无终很可能与匈奴关系最近，匈奴的源头之一本来就是突厥，所以代国南部有无终地名，也很正常。

三　桑干河与太行山麓的塞人

前人一般以为塞(Saka)人在中国文献中的最早记载是《汉书·西域传上》说："昔匈奴破大月氏，大月氏西君大夏，而塞王南君罽宾。塞种分散，往往为数国。自疏勒以西北，休循、捐毒之属，皆故塞种也。"因为塞字的上古音是心母职部[sək]，所以可以单用一个塞字来译 saka。

也有学者指出《逸周书》的莎车就是 Saka 的音译，[③]《逸周书·王会》最末假托伊尹的四方献令说："正北空同、大夏、莎车、姑他、旦略、豹胡、代翟，匈奴、楼烦、月氏、韯犁、其龙、东胡，请令以橐驼、白玉、野马、騊駼、駃騠、良弓为献。"虽然也有学者认为此段是汉代人所写，不过我以为此篇是战国人所写，其四方部族是顺时针顺序，北方是从西到东，莎车还在崆峒山之东北，为东迁的塞人。

但是我认为《逸周书》也不是最早的塞人记载，《左传》记载建立中山的民族鲜虞，很可能就是来自中亚的塞人，因为鲜虞的上古音是[sian][ngiua]，连读近似 sanga，即 Saka。

鲜虞之南，春秋时期还有白狄建立的肥国和鼓国，肥国在今河北藁城，汉代为肥累县，肥累应是全名，肥是简称。《春秋》昭公十二年："晋伐鲜虞。"《左传》说："晋荀吴伪会齐师者，假道于鲜虞，遂入昔阳。秋八月壬午，灭肥，以肥子绵皋归。"《春秋》昭公十五年："晋荀吴帅师伐鲜虞。"《左传》："晋荀吴帅师伐鲜虞，围鼓。"肥、鼓似即鲜虞支系，前人以为鲜虞是国名，则无法解释肥、鼓也是鲜虞。如把鲜虞解释为族

① [法]A. H. 丹尼、[法]V. M. 马松主编，芮传明译：《中亚文明史》第一卷，北京：中国对外翻译出版公司，358—361 页。

② 周运中：《中国文明起源新考》，台北：花木兰文化出版社，2015，199—206 页。

③ 余太山：《塞种史研究》，北京：商务印书馆，2012，11 页。

名，则可解决问题。上古音的肥累为[biəi][luəi]，蒲犁为[ba][lyei]，读音很近，新疆西南部的蒲犁国主体民族也是塞人，所以我认为肥国人也是东迁的塞人。

汉代上谷郡有且居县，在今怀来县西北，且居的上古音是[tshya][kia]，音近 saka，此县因为塞人得名。

还有著名的桑干河，可能就是塞 saka 的音译，因为桑干的上古音是[sang][kan]，汉代的代郡桑干县在今河北阳原县东，其北不远是且居县，其南就是中山国故地。

《左传》僖公二十三年："狄人伐廧咎如，获其二女叔隗、季隗，纳诸公子。"我以为廧咎如的廧，可以读为啬，上古音是[ʃiək][kyu][ȵia]，接近塞的上古音是[sək]。不过廧咎如是赤狄酋长之名，《左传》成公三年说廧咎如是赤狄，则他本人未必是塞人。

其实《吕氏春秋》还有一则，卷十四《本味》说："和之美者……大夏之盐，宰揭之露，其色如玉。"大夏即吐火罗，宰揭的上古音是[tsə][khiat]，接近 Saka，所谓宰揭之露，很可能是塞人饮用的豪麻汁。

还有始呼之名可疑，《竹书纪年》："文丁七年，周公季历伐始呼之戎，克之。"始呼的上古音是[ɕiə][xa]，音近 saka，或即塞人。

黄河上游可能也有塞人，所以有析支。《禹贡》雍州："织皮、昆仑、析支、渠叟，西戎即叙。"《后汉书·西羌传》："河关之西南，羌地是也，滨于赐支，至乎河首，绵地千里。赐支者，《禹贡》所谓析支者也。"赐的上古音是心母锡部[siek]，析也是心母锡部[syek]，析支是河关以上的黄河，河关是金城郡河关县，在今积石山县西北，今甘肃、青海交界处的黄河南岸有关门村，或即河关县治所在。《水经注》卷二《河水》："司马彪曰：西羌者，自析支以西滨于河首，左右居也。河水屈而东北流，迳析支之地，是为河曲矣。应劭曰：《禹贡》析支，属雍州，在河关之西。东去河关千余里，羌人所居，谓之河曲羌也。"《大戴礼记·五帝德》为鲜支，汉代人把安条克(Antakya)译为条枝，可知支的上古音接近 kya，现在的闽南语还把支读为 ki，而鲜支即鲜虞的异译，也即塞人，析支是 saka 的汉译。此处后世是羌族所居，都是游牧民族，日久混居，难免交融，下文说到羌族中也混入了月氏人，所以羌族混入塞人也很正常。

四　涿鹿、独鹿、独乐、土拉河

《逸周书·王会》："北方台正东，高夷嗛羊，嗛羊者，羊而四角。独鹿邛邛，距虚善走也。孤竹距虚，不令支玄獏，不屠何青熊。东胡黄罴，山戎戎菽。"

这一篇是战国人伪托西周初年边疆各族来成周(今洛阳)朝贡，虽然不是西周史书，但是反映战国情况。按照原书，这一段是从东北向西北列举，高夷可能是高句丽。

孤竹国在今河北省卢龙县,《史记·周本纪》:“伯夷、叔齐在孤竹。”《正义》引《括地志》:“孤竹故城在平州卢龙县南十二里,殷时诸侯孤竹国也,姓墨胎氏。”应在今卢龙县,《水经注》卷一四《濡水》:“玄水又西南迳孤竹城北,西入濡水。”孤竹城在玄水(青龙河)和濡水交汇处,在今卢龙县。辽宁省喀左县出土了有孤竹铭文的青铜器,或许源自民族移动。

西汉有令支县在今河北迁安,又有徒河县在今锦州。上古音的屠何是[da][ɣai],极近大夏、吐火罗。

独鹿应与河北省涿鹿县有关,浊为定母屋部[deok],涿为端母屋部[teok],鹿为来母侯部[lok],读音接近。涿鹿就是流泉之地的通名,今蔚县、涞源县的古涿鹿山附近有很多泉水,[①]西汉上谷郡还有泉上县。《说文》卷一一上:“涿,流下滴也。”我认为是涿的本字是豖,《说文》:“豖,豖绊足行。”这是许慎根据后世字形推测,绊足无法行,甲骨文的此字中,一横没有画在猪脚上,而是在猪的下方。猪喜欢在烂泥塘活动,所以我认为此字的原意是浑浊之地,猪身下的一横即泥水。

鹿、漉通假,漉有渗出的意思,还有湿的意思,所以涿、漉的意思接近,涿是水往下流,漉是往外渗,涿鹿即泉流。多水的地方如果在自然状态下一般比较污浊,所以又写作浊鹿,上古音的知、端合一,所以又写作独鹿。此字即后世的沮洳,古音沮为精母鱼部[tsia],洳为日母鱼部[ȵia],浊为定母屋部[deok],涿为端母屋部[teok],鹿为来母侯部[lok],前字为舌齿音邻纽,后字鼻边音邻纽,前后字皆为旁对转,沮洳、涿鹿皆为连绵字。扬雄《方言》卷七说:“泷涿谓之霑渍。”[②]泷涿即涿泷,亦即涿鹿。

涿鹿为北方民族的水泽通名,《新唐书》卷一四四奚:“其国西抵大洛泊。”大洛即涿鹿,此湖即今达来诺尔。《元和郡县图志》卷四灵州回乐县:“长乐山,旧名达乐山,亦曰铎洛山,以山下有铎洛泉水,故名。旧吐谷浑部落所居,今吐蕃置兵守之。”铎洛、达乐即涿鹿,即泉水。《水经注》卷十四《鲍丘水》:“(沟河)西北流迳平谷县,屈西南流,独乐水入焉。水出北抱犊固,南迳平谷县故城东。”今平谷仍有独乐河,平谷东南的蓟县有独乐寺,平谷、蓟县一带多泉。河北涿鹿县在春秋战国时期本是北方游牧民族居地,秦汉才逐渐汉化。

蒙古国的土拉河(图勒河),唐代称为独乐水,土拉、独乐对转,类似铎洛即达乐。现代汉语方言俗字旮旯的本字是入声词角落,也是同理。土拉原义即草原,也即《春秋》的大卤(dala)。

世界上现存所有语言同源,印欧语系的山谷,古英语是 dæl,俄语是 dolína,古斯

---

① 河北省测绘局:《河北省地图集》,内部发行,1981,116、125 页。

② [汉]扬雄著,周祖谟校笺:《方言校笺》,北京:中华书局,1993,49 页。

拉夫语是 doŭ,德语是 tal,冰岛语是 dalur,其实就是涿鹿的同源字,山谷即多水的洼地。日语山谷是 tani,或许也有关。蒙古语的达赖(dalai)是湖、海,音义皆近,或许也是同源字。

《乐府诗集》卷五五《独禄辞》:

> 《南齐书·乐志》曰:"晋《独鹿歌》六解,齐乐所奏,是最前一解。"独禄独禄,水深泥浊。泥浊尚可,水深杀我!

李白《独漉篇》:

> 独漉水中泥,水浊不见月。不见月尚可,水深行人没。

王建《独漉歌》:

> 独独漉漉,鼠食猫肉。乌日中,鹤露宿,黄河水直人心曲。

独鹿(独禄、独漉)是污浊的意思,所以诗中说水深泥浊、鼠食猫肉。《荀子·成相》说:

> 欲衷对,言不从,恐为子胥身离凶。进谏不听,刭而独鹿弃之江。

就是说伍子胥的尸体狼籍一片,被丢在江里。

太行山麓是泉水集中地区,著名的有河北邢台百泉、河南卫辉百泉等,[①]所以史书记载三个涿鹿都是太行山脉的东麓:

1.上谷的涿鹿。《史记·五帝本纪》涿鹿之战,《集解》引服虔曰:"涿鹿,山名,在涿郡。"又引张晏曰:"涿鹿在上谷。自汉代以来,学者多认为涿鹿之战在今河北省的涿鹿县,《五帝本纪》后太史公曰:"余尝西至空桐,北过涿鹿。"这个涿鹿就是汉代上谷郡的涿鹿县(在今涿鹿县)。徐旭生说:"蚩尤不过同炎帝氏族争地,未必远出到今河北省的北境。"此说很有见地,《逸周书·尝麦》说黄帝:"执蚩尤,杀之于中冀。"就是冀州中部,黄帝、赤帝、蚩尤应该都是中原人,而涿鹿县远离中原《述异记》说:"今冀州有蚩尤川,即涿鹿之野。"任昉是萧梁人,今河北省涿鹿县汉代之后就不在冀州,

---

① 河北省地方志编纂委员会:《河北省志·自然地理志》,石家庄:河北科技出版社,1993,233页。

而在幽州。所以蚩尤川一定是在汉晋时期的冀州，不在幽州。

2.涿郡的涿鹿。服虔所说涿郡的涿鹿山长期被埋没，《水经·滱水注》：

(博水)东南径三梁亭南，疑即古勺梁也。《竹书纪年》曰：燕人伐赵，围涿鹿，赵灵王及代人救涿鹿，败燕师于勺梁者也。今广昌东岭之东有山，俗名之曰涿鹿罗。城地不远，土势相邻，以此推之，或近是矣，所未详也。

熊会贞指出："《汉书·武帝纪》，元封四年，历浊鹿鸣泽。服虔谓独鹿，山名，在遒县北界，正在广昌东岭之东。独与浊形声并近，独鹿即浊鹿也。"[①]广昌县治在今河北涞源县，遒县治在今涞水县，涿鹿山在今涞水、涞源、易县北部一带，和涿鹿县相连。几县交界处是山区，上古人口极其稀少，山区更甚，一个山名所指范围往往很大，所以涿鹿县的涿鹿和涿郡的涿鹿原来是一个涿鹿。《水经·㶟水注》：

(连水)又西迳王莽城南，又西，到剌山水注之，水出到剌山西山，甚层峻，未有升其巅者。《魏土地记》曰：代城东五十里有到剌山，山上有佳大黄也。

到剌山在代城(治今河北蔚县)东五十里，今涿鹿县西部的大堡镇倒拉嘴村即得名于到剌山，主峰即今小五台山，到剌山水即今涿鹿县和蔚县的定安河，[②]到剌山实即涿(独)鹿山之音转。

3.河内的涿鹿。河南修武县也有浊鹿城，《水经·清水注》：

山阳县东北二十五里，有陆真阜，南有皇母、马鸣二泉，东南合注于吴陂也。次陆真阜之东北，得覆釜堆。堆南有三泉，相去四五里，参次合次，南注于陂泉。陂在浊鹿城西，建安二十五年，魏封汉献帝为山阳公，涿鹿城即是公所居也。

又据《清水注》上文，浊鹿城西的吴泽陂即《左传》定公元年魏献子所田的大陆泽，在今焦作市九里山乡大陆村一带。浊鹿城在今修武县五里源乡李固村，熊会贞说五里源即指《水经注》堆南有三泉。覆釜堆今名古汉山，因为汉献帝葬于西得名。《史记·五帝本纪》说黄帝："合符釜山，而邑于涿鹿之阿。"其实就是这个釜山。修武县的李固村恰好是龙山文化时代豫北地区的主要中心，[③]所以很可能是涿鹿之战的地

---

① [北魏]郦道元注，杨守敬、熊会贞疏，段熙仲点校：《水经注疏》，南京：江苏古籍出版社，1989，1075页。

② 河北省测绘局：《河北省地图集》，122—125页。

③ 刘莉：《中国新石器时代：迈向早期国家之路》，北京：文物出版社，2007，166页。

域，修武很可能源自涿鹿之战。

河南修武县的涿鹿就在大陆泽旁，上古有两个大陆泽，还有一个是巨鹿泽，巨鹿就是大陆，在今河北省巨鹿、隆尧、任县之间。因为都是地势低洼、水流汇集的湖沼，所以也可以称为涿鹿，讹为大陆。可见，涿鹿是一个广泛见于河北西部和河南西北部的地名。[①]

综上所述，上古的张家口一带有很多不同的草原民族，有些与匈奴有关，有些是东迁的中亚民族。这一带不仅富有泉泽，水草丰美，而且是高原与平原的交通要道，所以有很多民族在此交融。历史上这里是中西文化交流的孔道，是上古丝绸之路必经之地，地位重要，遗存丰富，值得我们探索研究。

① 周运中:《中国文明起源新考》,221—233页。

内生与外向视角下的地区发展

——以先秦至北朝时期的代地为例

毋有江

（武汉大学历史学院 湖北武汉 430072）

地区或区域发展是人文地理学思考的重要议题。中国学者思考的路径，一种是从中央与地方关系的角度切入，立足中央政府，剖析地方对于中央存在的意义，在此基础上思考地方发展的方向和前途。另一种是从中心与边缘（或曰核心与边陲）关系的角度切入，在思维里首先确定地表的空间核心，然后再据此建构出边缘的特征，并思考其对于中心的意义。前者分析的基础是大一统的集权政治文化传统，着眼的是政治权力的地表空间结构与空间分布差异，并默认这是一个无法否定的逻辑前提。后者则看到了无论是经济文化还是政治社会，均存在地区或区域间的发展不平衡，而不同地区或不同区域间经常会发生不同层面的交往与联系，这种交往与联系亦会影响本地区或本地域的发展；由于各自资源禀赋不同，外在实力与影响存在差异，会产生中心与边缘的分野，后者默认这也是一个无法否定的逻辑前提。从现实向后回溯，无论是中央与地方思路，还是中心与边缘思路，似乎都可以找到支撑它们逻辑的材料，但是由于无法撇清现实利害关系对思维的影响，梳理下去就会陷入地区或区域发展的命定论，从而在根本上无法对接一向多样化发展的人类历史，也无法预判开放性发展的人类现实。有鉴于此，本文试图以先秦至北朝时期的代地为例，提供另一种思考路径。从历史文献角度而言，地区或区域社会发展的一个显性指标是政治发展，这在市场活动不充分、不成熟的前市场经济形态下尤其如此。本文的讨论重点在先秦至北朝时期的社会政治领域，不一定适用分析现代社会的地区或区域发展形态。

一

先秦代国是活跃在华夏诸政治实体北方的重要政治实体。其最初的活动中心，似在今山西代县一带。《山海经·海内西经》："雁门山，雁出其间，在高柳北。高柳在代北。"清人毕沅认为，高柳即高柳山，"山在今山西代州北三十五里"。[①] 又《战国策·燕策一》："张仪为秦破从连横，谓燕王曰：'大王之所亲莫如赵，昔赵王以其姊为代王妻，欲并代，约与代王遇于句注之塞。乃令工人作为金斗，长其尾，令之可以击人。与代王饮，而阴告厨人曰："即酒酣乐，进热歠，即因反斗击之。"于是酒酣乐，进取热歠。厨人进斟羹，因反斗而击之，代王脑涂地。其姊闻之，摩笄以自刺也。故至今有摩笄之山，天下莫不闻。'"尽管张清常、王延栋据《史记》和缪文远之说，认为此处的赵王应该是指赵襄子，代王当时也并未称王，据《吕氏春秋·义赏篇》应称代君（见下文），但其事应该还是有的。[②]《战国策》所云的句注之塞即今山西代县的雁门关。代君与赵襄子欣然相遇于句注之塞，联系《山海经》指示的地望，或与代国在这一带曾拥有相当的政治影响力有关。

《管子·轻重戊》："桓公问于管子曰：'代国之出，何有？'管子对曰：'代之出，狐白之皮，公其贵买之。'管子曰：'狐白应阴阳之变，六月而壹见。公贵买之，代人忘其难得，喜其贵买，必相率而求之。则是齐金钱不必出，代民必去其本而居山林之中。离枝闻之，必侵其北。离枝侵其北，代必归于齐。公曰今齐载金钱而往。'桓公曰，'诺。'即令中大夫王师北将人徒载金钱之代谷之上，求狐白之皮。代王闻之，即告其相曰：'代之所以弱于离枝者，以无金钱也。今齐乃以金钱求狐白之皮，是代之福也。子急令民求狐白之皮，以致齐之币，寡人将以来离枝之民。'代人果去其本，处山林之中，求狐白之皮。二十四月而不得一。离枝闻之，则侵其北。代王闻之，大恐，则将其士卒葆于代谷之上。离枝遂侵其北，王即将其士卒，愿以下齐。齐未亡一钱币，修使三年而代服。"这里的离枝，《管子校注》在《轻重甲》里引何如璋、许维遹说，认为离枝即令支、泠支。[③] 如果这条材料基本属实，令支离代国地理距离过于遥远，而且从

---

① 袁珂校注：《山海经校注（增补修订本）》卷六《海内西经》"雁门山，雁出其间，在高柳北"条下注引毕沅云，成都：巴蜀书社，1993，340—341页。

② 见张清常、王延栋笺注《战国策笺注》卷二九《燕策一》"张仪为秦破从连横谓燕王"章，天津：南开大学出版社，1993，764—765页。按《史记》卷四三《赵世家》："（赵）简子乃告诸子曰：'吾藏宝符于常山上，先得者赏。'诸子驰之常山上，求，无所得。毋恤还，曰：'已得符矣。'简子曰：'奏之。'毋恤曰：'从常山上临代，代可取也。'简子于是知毋恤果贤，乃废太子伯鲁，而以毋恤为太子。"（北京：中华书局，1982，1789页。）此处的常山，当为恒山之讳改。从地望推测，当在今河北省阜平县西北与山西五台县东北接壤处，自此东北可与今河北蔚县一带的代王城交通，东南可与赵氏活动中心晋阳连接。

③ 黎翔凤撰，梁运华整理：《管子校注》卷二三《轻重甲》，北京：中华书局，2004，1417页。

文意上看，离枝似居于代国北边，令支则在东边与代国遥望，离枝似不能等同令支。这里的代谷，地理指涉要比离枝显豁。代谷，据《史记·韩信卢绾列传》：汉高帝七年(前200)冬“汉令车骑击破匈奴。匈奴常败走，汉乘胜追北，闻冒顿居代谷。”《史记正义》注：“今妫州。”《太平寰宇记·河北道二十》妫州：“妫川郡，今理怀戎县。《禹贡》冀州之域。星分尾宿。虞舜暨周则为幽州之域。《帝王世纪》云：‘涿鹿于《周官》，幽州之域也。’春秋、战国并属燕国。《汉书·地理志》云：‘燕有上谷。’秦置三十六郡，为上谷郡地。汉为潘县地。晋属广宁郡。后魏孝明帝废之。北齐置北燕州。隋废，属涿郡。唐武德七年(624)讨平高开道，置北燕州，因齐旧名，领怀戎一县。贞观八年(634)改为妫州，因其中妫水为名。长安二年(702)移治旧清夷军城，兼管清夷军兵万人。天宝元年(742)改为妫川郡。乾元元年(758)复为妫州。”是唐代妫州治所在怀戎县，今河北省涿鹿县西南保岱镇。武周长安二年(702)移治清夷军城，今河北省怀来县东南的旧怀来。结合上引《山海经》与《战国策》内容分析，先秦、秦汉时期的代谷，如在唐代的妫州附近，则今天河北的涿鹿、怀来、涞源、蔚县一带，均当属于代国的政治势力范围。

从自然地理角度而言，河北蔚县所在的壶流河流域与山西代县所处的滹沱河流域地域接近，均属于综合自然区划华北区的黄土高原亚区，自然环境相似。代国早期政治中心如果有过移动，应该也存在自然地理层面的考量。[①] 又据《山西省文物地图集》和《河北省文物地图集》，今山西的代县、繁峙、灵丘、浑源、广灵一带，和河北蔚县在早期考古文化上可能也比较接近，在新石器龙山时期遗址甚至汉代遗址里广泛采集到夹砂灰陶和泥质灰陶陶器。[②] 代地在考古文化上当存在一定的一致性。

由上所述，代国发展到春秋后期，可能是在今晋、冀北部均有重要影响的政治实体。春秋后期，晋国赵氏立足晋阳谋求政治发展，代国成为其向北拓展的主要障碍。《吕氏春秋·孝行览·长攻篇》：“赵简子病，召太子而告之曰：‘我死，已葬，服衰而上夏屋之山以望。’太子敬诺。简子死，已葬，服衰，召大臣而告之曰：‘愿登夏屋以望。’大臣皆谏曰：‘登夏屋以望，是游也。服衰以游，不可。’襄子曰：‘此先君之命也，寡人弗敢废。’群臣敬诺。襄子上于夏屋以望代俗，其乐甚美，于是襄子曰：‘先君必以此教之也。’及归，虑所以取代，乃先善之。代君好色，请以其(弟)姊妻之，代君许诺。(弟)姊已往，所以善代者乃万故。马郡宜马，代君以善马奉襄子，襄子谒于代君而请

---

① 参见任美锷、包浩生主编《中国自然区划及开发整治》第五章“华北区”，北京：科学出版社，1992，163—176页。2016年9月笔者乘长途客车由河北蔚县经宣化、怀来去北京，发现宣化至怀来一带，黄土堆积已经明显不如蔚县壶流河流域。据此推测代国政治中心后来长期立足今蔚县代王城遗址一带，除了规避外部政治强权外，很可能也与壶流河流域土质肥沃，获取生存、发展资源较易有关。

② 这方面材料甚多，不作赘引。参见国家文物局主编《中国文物地图集·山西分册》(北京：中国地图出版社，2006)和《中国文物地图集·河北分册》(北京：文物出版社，2013)相关部分。

觞之，马郡尽，先令舞者置兵其羽中数百人，先具大金斗。代君至，酒酣，反斗而击之，一成，脑涂地。舞者操兵以斗，尽杀其从者。因以代君之车迎其妻，其妻遥闻之状，磨笄以自刺，故赵氏至今有刺笄之证与‘反斗’之号。”夏屋山亦在今山西代县。这里有几条值得重视的信息。第一，赵氏对代国的蚕食应该是一个步步深入的过程，可能正是因为赵氏的侵逼，代国才将政治中心由今山西代县一带东北移至今河北蔚县的代王城一带。与之相伴生的是文献中地名的空间移动。比如高柳在《汉书地理志》里已经与《山海经》不同，指的是今山西阳高县一带。第二，赵氏对代国存在马匹的战略需求。在征战频仍的春秋战国时期，赵氏灭代显然有直接控制马匹这一战略物质的政治意图。《史记·赵世家》叙其事云："襄子姊前为代王夫人。简子既葬，未除服，北登夏屋，请代王。使厨人操铜枓以食代王及从者，行斟，阴令宰人各以枓击杀代王及从官，遂兴兵平代地。其姊闻之，泣而呼天，摩笄自杀。代人怜之，所死地名之为摩笄之山。遂以代封伯鲁子周为代成君。伯鲁者，襄子兄，故太子。太子蚤死，故封其子。"这里提到"兴兵平代地"，说明赵氏灭代，不止于饮宴之上的喋血。赵襄子之后，赵氏及赵国持续向北经营，这也是赵武灵王胡服骑射的政治军事背景。

《元和郡县图志·河东道三》蔚州："春秋时其地属晋，战国时属赵，襄子杀代王有其地，后武灵王置云中、雁门、代郡。秦亦为代郡。汉元年(前206)，项羽徙赵王歇为代王。二年(前205)，陈余迎歇还赵，歇又立余为代王。三年(前204)，韩信斩陈余，置代郡，领县十八。东魏孝静帝又于此置北灵丘郡，周宣帝于今理置蔚州。隋大业三年(607)，罢州置雁门郡。武德四年(621)平刘武周，重置蔚州。"赵武灵王设置代郡以后，代地指涉空间范围似乎有缩小之势。但战乱与政局动荡则会抬升这一带的政治地位。西汉高帝六年(前201)，刘邦封兄长刘喜为代王，名义上有云中、雁门、代三郡，但当时这一带大部为匈奴所占，刘喜不过是虚封遥领而已。高帝七年(前200)，樊哙北定代地，刘喜才得以享有实土。限于本国军事实力和自身才干，刘喜无法御边，不久又弃国亡奔洛阳。同年，刘邦改立其子赵如意为代王，名义上仍有三郡五十三县。高帝九年(前198)，徙代王如意为赵王，代地属赵。高帝十一年(前196)，刘邦以定襄、雁门、代、太原四郡封其子刘恒为代王，都晋阳。景帝三年(前154)，定襄、雁门、代三边郡划入汉朝廷，代国仅领太原一郡。武帝元鼎元年(前116)，代王徙清河，代国国除为太原郡。[①] 东汉建武六年(30)，卢芳政权据有代郡，建武十二年(36)，东汉占有代郡。由于南匈奴屡次侵扰，建武十五年(39)，雁门、代郡、上谷三郡民一度徙置常山关、居庸关以东。其后代郡百姓回迁，代郡治所北徙治高

---

① 参见周振鹤《西汉政区地理》第七章"代国沿革"，北京：人民出版社，1987，70—75页。

柳。汉末由于鲜卑所扰,代郡仅能控制原有领域中灅水以南地区。[1] 魏晋南北朝时期,鲜卑与乌桓等游牧民族频繁通过代地与中原地区发生关联。[2] 由于长期分裂,政治实体间频繁攻伐,中原板荡,北魏前期代北地区甚至跃升为政治核心地区。《魏书·地形志上》:"恒州,天兴中置司州,治代都平城,太和中改。"《元和郡县图志》卷一四《河东道三》云州条下:"后魏道武帝又于此建都,东至上谷军都关,西至河,南至中山隘门塞,北至五原,地方千里,以为甸服。"但是北魏后期迁都洛阳,代北地区政治地位一落千丈,北魏末年由六镇引发的战乱,尽管鲜卑武人再度崛起,但也未能提升包括代地在内的代北地区的政治地位。[3]

二

先秦代国后来的政治中心在今河北蔚县的代王城一带。蔚县"星分箕尾,地界云谷,万山环拱,东屏五台,北枕桑乾,中带壶流,连倒马、紫荆之关,县藩其外,地虽弹丸,亦锁钥重地,朝廷之形胜邑也"。[4] "蔚县境,万山环拱,北枕桑乾,东屏五台,中带壶流,控燕、晋之要冲,为边陲之屏蔽。三关天险,连上谷而接云中,腹背手足之势备焉。且也扼飞狐之隘口,而饷道无虞。通顺圣之辅车,而犄角可恃。山川险固,关隘森严,诚锁钥重寄,形胜邑也。"[5]这种区位分析着眼于中央集权下地方对中原王朝的政治、军事意义,没有从地区发展的逻辑出发思考区位对地区发展的意义。《汉书·地理志下》:"钟、代、石、北,迫近胡寇,民俗懻忮,好气为奸,不事农商,自全晋时,已患其剽悍,而武灵王又益厉之。故冀州之部,盗贼常为它州剧。"所谓"钟、代、石、北",《汉书补注》引钱坫之说云:"钟,钟山,亦曰阴山也,在今榆林府城北,鄂尔都斯界黄河北岸……代,郡、县名。石,石城。北,北平。"石城为今山西省原平市一带。北平为县名,在《汉书·地理志》里为平帝元始二年(2)中山国的属县。"迫近胡寇,民俗懻忮,好气为奸,不事农商。""迫近胡寇"的人文发展特色归因,立足的仍然是中

① 李晓杰:《东汉政区地理》第七章第二节"雁门、代郡二郡沿革",济南:山东教育出版社,1999,129—131页。

② 笔者曾以拓跋鲜卑为例探讨过游牧民族在这一带的活动。参见毋有江《拓跋鲜卑政治发展的地理空间》,《魏晋南北朝隋唐史资料》第28辑,又载权家玉主编《中国中古史集刊》第一辑,北京:商务印书馆,2015,288—332页。

③ 参见毋有江《北朝社会政治进程中的行政区划变动》,张达志主编《中国中古史集刊》第二辑,北京:商务印书馆,2016,93—146页。

④ 李卫:《蔚县志序》,[清]王郁樤修,李舜臣等纂《蔚县志》,乾隆四年刊本,台北:成文出版社,1968年影印。

⑤ [民国]宋哲元监修,梁建章总纂:《察哈尔省通志》卷2《疆域编之二·蔚县》,1935年修。

央与地方关系视角。不过《地理志》对区域发展特色的概括则符合历史文献记载。从前面分析来看，这一带地处历史时期的农耕、游牧交错带，先秦时期生活上与西边和北部的游牧族群融为一体，厚武少文、不事农商与特定的自然地理环境、人文生活样式有关。

进一步思考，如果按人文生活样式划分地域，在与华夏族群发生政治冲突之前，本地区本来有其自身的政治发展逻辑。春秋时孔子之所以说“夷狄之有君，不如诸夏之亡也。”是因为从华夏政治文化传统的思维而言，夷狄政治运行的实态很难以理解。[①] 我在这里用内生型发展来指代这种发展形态。内生型发展首先和本地域的资源禀赋存在关系。一地区的内部资源——或者辅助以和平的对外交换——能够满足本地区社会人群的生存发展需要，在没有外在政治强权介入的情况下，本地区的发展就属于内生型发展。《史记·匈奴列传》：“匈奴，其先祖夏后氏之苗裔也，曰淳维。唐虞以上有山戎、猃狁、荤粥，居于北蛮，随畜牧而转移。其畜之所多则马、牛、羊，其奇畜则橐驼、驴、骡、駃騠、騊駼、驒騱。逐水草迁徙，毋城郭常处耕田之业，然亦各有分地。毋文书，以言语为约束。儿能骑羊，引弓射鸟鼠；少长则射狐兔：用为食。士力能毌弓，尽为甲骑。其俗，宽则随畜，因射猎禽兽为生业，急则人习战攻以侵伐，其天性也。其长兵则弓矢，短兵则刀鋋。利则进，不利则退，不羞遁走。苟利所在，不知礼义。自君王以下，咸食畜肉，衣其皮革，被旃裘。壮者食肥美，老者食其馀。贵壮健，贱老弱。父死，妻其后母；兄弟死，皆取其妻妻之。其俗有名不讳，而无姓字。”这里描述的，和《老子》第八十章所描述的：“小国寡民。使有什伯之器而不用；使民重死而不远徙；虽有舟舆，无所乘之；虽有甲兵，无所陈之。使人复结绳而用之。至治之极。甘美食，美其服，安其居，乐其俗，邻国相望，鸡犬之声相闻，民至老死不相往来”，其实没有什么本质的差异，是一种内生型发展的现实或想象场景。

但是华夷之间的接触与交往，特别是政治、军事层面的冲撞还是改变了本地域的发展状态。这种发展态势甚至会改变华夏族群内部的政治发展方向。所谓“南夷与北狄交，中国不绝若线。桓公救中国，而攘夷狄，卒怗荆，以此为王者之事也”。[②] 正是周边非华夏族群政治上的崛起和挑战，才改变了西周封建制的政治架构，霸权迭兴，政治平衡不断被打破。似乎整个历史进程命定地要迈向中央集权与政治大一统。这里我用外向型发展来概括这种地区或区域发展的模式。一般社会发展进程中，人口、资源、环境均是变量。如果我们立足于某一地区社会族群，该族群内部资源——辅助以一定的对外和平交换——不能解决本族群的生存发展问题，就会出现本族群向外发展的政治冲动。生活在大兴安岭地区、后在魏晋十六国时期活跃于代

① [清]刘宝楠：《论语正义·八佾》，北京：中华书局，1990，84页。

② 刘尚慈译注：《春秋公羊传译注·僖公四年》，北京：中华书局，2010，203页。

地一带的拓跋鲜卑南迁就是一例。《魏书·序纪》:“昔黄帝有子二十五人,或内列诸华,或外分荒服。昌意少子,受封北土,国有大鲜卑山,因以为号。其后世为君长,统幽都之北,广漠之野。畜牧迁徙,射猎为业,淳朴为俗,简易为化,不为文字,刻木纪契而已。世事远近,人相传授,如史官之纪录焉。黄帝以土德王,北俗谓土为托,谓后为跋,故以为氏。其裔始均,入仕尧世,逐女魃于弱水之北,民赖其勤,帝舜嘉之,命为田祖。爰历三代,以及秦汉,獯鬻、猃狁、山戎、匈奴之属,累代残暴,作害中州,而始均之裔,不交南夏,是以载籍无闻焉。积六十七世,至成皇帝讳毛立,聪明武略,远近所推,统国三十六,大姓九十九,威振北方,莫不率服。”如果着眼于草原社会政治文化的同一性,这本来是一个草原族群内生型发展的例子。到了“宣皇帝讳推寅立。南迁大泽,方千余里,厥土昏冥沮洳。”内迁当有攫取发展资源的考量,但是“厥土昏冥沮洳”,资源还是不足。于是“谋更南徙”。“献皇帝讳邻立。时有神人言于国曰:‘此土荒遐,未足以建都邑,宜复徙居。’”所谓“神人言于国”云云,其实反映了当时向外迁徙求变的游牧社会心理。拓跋鲜卑的南迁历程,就是一幅典型的外向型政治发展的图景。

但外向型政治发展在社会族群活动地域较为固定的情况下也有基于地缘关系催生的动因。《史记·赵世家》:“十九年(前307)春正月,(赵武灵王)大朝信宫。召肥义与议天下,五日而毕。王北略中山之地,至于房子,遂之代,北至无穷,西至河,登黄华之上。召楼缓谋曰:‘我先王因世之变,以长南藩之地,属阻漳、滏之险,立长城,又取蔺、郭狼,败林人于荏,而功未遂。今中山在我腹心,北有燕,东有胡,西有林胡、楼烦、秦、韩之边,而无强兵之救,是亡社稷,奈何?夫有高世之名,必有遗俗之累。吾欲胡服。’楼缓曰:‘善。’群臣皆不欲。于是肥义侍,王曰:‘简、襄主之烈,计胡、翟之利。为人臣者,宠有孝弟长幼顺明之节,通有补民益主之业,此两者臣之分也。今吾欲继襄主之迹,开于胡、翟之乡,而卒世不见也。为敌弱,用力少而功多,可以毋尽百姓之劳,而序往古之勋。夫有高世之功者,负遗俗之累;有独智之虑者,任骜民之怨。今吾将胡服骑射以教百姓,而世必议寡人,奈何?’肥义曰:‘臣闻疑事无功,疑行无名。王既定负遗俗之虑,殆无顾天下之议矣。夫论至德者不和于俗,成大功者不谋于众。昔者舜舞有苗,禹袒裸国,非以养欲而乐志也,务以论德而约功也。愚者闇成事,智者睹未形,则王何疑焉。’王曰:‘吾不疑胡服也,吾恐天下笑我也。狂夫之乐,智者哀焉;愚者所笑,贤者察焉。世有顺我者,胡服之功未可知也。虽驱世以笑我,胡地中山吾必有之。’于是遂胡服矣。”“今中山在我腹心,北有燕,东有胡,西有林胡、楼烦、秦、韩之边,而无强兵之救,是亡社稷……吾欲胡服。”可见,赵武灵王胡服骑射,和北魏孝文帝改革一样,都有基于地缘关系的社会政治动因。

无论内生型还是外向型,对应不同的政治实体,也存在不一样的政治发展形态。《史记·鲁周公世家》:“鲁公伯禽之初受封之鲁,三年而后报政周公。周公曰:‘何迟也?’伯禽曰:‘变其俗,革其礼,丧三年然后除之,故迟。’太公亦封於齐,五月而报政周公。周公曰:‘何疾也?’曰:‘吾简其君臣礼,从其俗为也。’及后闻伯禽报政迟,乃叹曰:‘呜呼,鲁后世其北面事齐矣! 夫政不简不易,民不有近;平易近民,民必归之。’”这种传说表达的是齐、鲁政治发展可能有着不同的现实路径。《史记·田敬仲完世家》:齐王建“四十四年(前221),秦兵击齐。齐王听相后胜计,不战,以兵降秦。秦虏王建,迁之共。遂灭齐为郡。天下壹并于秦,秦王政立号为皇帝。始,君王后贤,事秦谨,与诸侯信,齐亦东边海上,秦日夜攻三晋、燕、楚,五国各自救于秦,以故王建立四十馀年不受兵。君王后死,后胜相齐,多受秦间金,多使宾客入秦,秦又多予金,客皆为反间,劝王去从朝秦,不脩攻战之备,不助五国攻秦,秦以故得灭五国。五国已亡,秦兵卒入临淄,民莫敢格者。王建遂降,迁于共。故齐人怨王建不蚤与诸侯合从攻秦,听奸臣宾客以亡其国,歌之曰:‘松耶柏耶? 住建共者客耶?’疾建用客之不详也。”齐国灭亡是战国史中的大事。抛开政治功利,齐国政治发展可能不是秦国那种军国主义的模式。齐国政治文化上显然有它自身的特色。[①] 这应该是理解齐国政治行为的合理出发点。《淮南子·泰族训》云:“齐王建有三过人之巧,而身虏于秦者,不知贤也。”仍把齐国政治上的失败简单归咎于君主个人的施政偏差,显然流于肤浅。特定地域政治文化的不同,亦是理解地区或区域社会发展道路不同的重要变量。

三

地方或区域发展是多种因素共同作用的结果。前面我把地方或区域发展分成内生与外向两种基本模式,认为就普遍意义来讲,资源、地缘关系和政治文化,是理解一个地方社会发展的基本变量。基于这种考虑,我认为地方发展属于内生还是外向,归根到底是一个具体社会情境中的问题。就如代地,在春秋以前,更多地是一种立足游牧社会的内生型发展。但是与华夏族群地缘上的频繁互动改变了这种状态。导致代地出现了游牧与农耕两种社会生活形态,政治上开始走上外向型发展的轨道,并有一种向农耕社会演进的历史趋势。究其原因,在外部人口因为种种原因不断涌入的情况下,代地内部资源不足,社会发展往往要仰赖外部补充。而从地缘关

---

① 周振鹤《假如齐国统一天下》认为对应秦国的中央集权郡县制,齐国实行的是较为分权的都邑制;秦国在经济思想上以农为本,齐国则是农、工、商并重;学术文化上秦国箝制思想、奉行愚民政策,齐国则并不强求思想一律,而是顺其自然;宗教信仰上秦国表现出天帝独尊,群神簇拥的现象,齐国则以众神平等和神祠分散为其基本特点。这是比较详细介绍齐、秦社会发展差异的文章。见其著《学腊一十九》,济南:山东教育出版社,1999,225—239页。

系上看，代地以北的北方草原，有孕育草原强悍游牧政治强权的自然与人文地理条件。毗邻的华夏平原地区，则有一次次建构农耕一统王朝的政治选择，这是本地发展无法摆脱的地缘格局。《汉书·地理志下》所云“迫近胡寇，民俗懻忮，好气为奸，不事农商”的社会政治文化风尚，和本地时常承受过大的外部压力密不可分。

这种状况当然也会发生变化。政治大一统时代，代地因其地理条件的限制，内部资源不足，和外部进行物资交换也会很有限。日积月累，社会经济文化外向型发展活跃的地区看来，代地社会文化风尚就会显得保守陈旧。但是在中国，政治大一统也往往意味着中央的高度集权。地方发展仍会受到外部政治强权的强烈影响。秦以后的政治统一王朝，对地方发展是一种立足政治控制的推进思路。所谓的移风易俗，着眼的也是一种自上而下的整齐划一。由于中央集权，在政治思维上王朝会有核心与边缘的不同地方定位。如果边疆仍在今长城一线南北摇摆，那代地就属于边疆地区，基于军事层面的资源投入就会大幅增加。这就会为本地民风染上厚质尚武的色彩。如果政治疆界远离长城一线，则代地更多发挥的是一种商贸交通通道的作用。1912 年民主共和制度确立以后，中国出现了现代国家。现代国家负有建立公平合理的公共政策分配公共资源，以及建构公平合理的公共秩序以保证地方发展的职责。但是我们中央集权的大一统政治文化传统并没有发生改变。积极向中央和上级要政策、要资源仍然是地方发展的重要政治手段。另一方面也要看到，大航海时代以后，经济文化交流活动向沿海一带聚集，像代地这样的内陆地区缺乏吸引外部资源大量涌入的地理条件，很难不被边缘化。但是现代交通的进步却可以为本地发展提供新的时代契机。这是古代历史时期从来没有过的新条件。在与中心城市交通时间不长的条件下，利用本地区原有的自然资源与历史文化资源，积极发展全面服务现代城市居民的旅游文化产业与绿色有机农业，与城市生活全面对接，应该是代地在新形势下走外向型发展道路的自然考量。

“代马依北风”简析

袁延胜

（郑州大学历史学院 河南郑州 450001）

内容提要：汉代“代马依北风”说法，对我们认识代地历史有很大的启示意义。首先，代马是产自代地的良马；其次，代马是北方之马，北方是代马的故乡；再次，随着秦汉时期代地的郡县化以及匈奴崛起的影响，“胡马”逐渐取代“代马”用来指代北方。

关键词：代地　代马　胡马　汉代

“代马依北风”一语见于《盐铁论·未通篇》：

文学曰：……故“代马依北风，飞鸟翔故巢”，莫不哀其生。①

王利器先生注曰：

《淮南子·说林》篇：“鸟死反乡，兔走归窟，狐死首邱，寒将翔水，各哀其所生。”高诱注：“哀犹爱也。”《释名·释言语》：“哀，爱也，爱乃思念之也。”②

班超在西域年老思归的时候，也说过“代马北风”的话：

超自以久在绝域，年老思土。十二年，上疏曰：“臣闻太公封齐，五世葬周，狐死首丘，代马依风。夫周、齐同在中土千里之间，况于远处绝域，小臣能无依风首丘之思哉？蛮夷之俗，畏壮侮老。臣超犬马齿歼，常恐年衰，奄忽僵仆，孤魂弃捐。昔苏武留匈奴中尚十九年，今臣幸得奉节带金银护西域，如自以寿终

① 王利器校注：《盐铁论校注》，北京：中华书局，1992，191页。

② 王利器校注：《盐铁论校注》，199页。

屯部，诚无所恨，然恐后世或名臣为没西域。臣不敢望到酒泉郡，但愿生入玉门关。臣老病衰困，冒死瞽言，谨遣子勇随献物入塞。及臣生在，令勇目见中土。”①

对此，唐李贤等注曰：

《礼记》曰：“太公封营丘，比及五世，皆反葬於周。君子曰：‘乐乐其所自生，礼不忘其本。古之人有言曰：狐死正丘首，仁也。’”郑玄注曰：“正丘首，正首丘也。”代，郡名，在赵北。《韩诗外传》曰：“代马依北风，飞鸟扬故巢”也。②

不管是《盐铁论》中的“代马依北风，飞鸟翔故巢”，还是班超所说的“狐死首丘，代马依风”、《韩诗外传》中的“代马依北风，飞鸟扬故巢”，都是借动物的不忘本，来表达对故乡家园的怀恋之情。值得注意的是，在汉代人的表述中，多次提到“代马”，并用“代马依北风”来表达对故乡的依恋，这体现了汉代人对代地、代马的认识，对我们研究代地历史具有很大的启示意义。

第一，代地产良马。战国时期，苏秦游说楚威王时就提到了代地的良马：

大王诚能用臣之愚计，则韩、魏、齐、燕、赵、卫之妙音美人必充后宫，燕、代橐驼良马必实外厩。③

苏厉在游说赵王的信中提到一种假设，即：如果秦国和燕国合谋进攻赵国，那么“逾句注，斩常山而守之，三百里而通於燕，代马胡犬不东下，昆山之玉不出，此三宝者亦非王有已”。④《史记正义》：“言秦逾句注山，斩常山而守之，西北代马胡犬不东入赵，沙州昆山之玉亦不出至赵矣。”⑤在这里，代马是作为赵国的“三宝”之一提出来的。

苏秦在游说秦惠王也提到了“代马”：“秦四塞之国，被山带渭，东有关河，西有汉中，南有巴蜀，北有代马，此天府也。”⑥《史记索隐》：“按：谓代郡马邑也。《地理志》代

① 《后汉书》卷四七《班超传》，北京：中华书局，1965，1583 页。另外，东汉王符《潜夫论·实边》亦载：“且夫士重迁，恋慕坟墓，贤不肖之所同也……代马望北，狐死首丘，边民谨顿，尤恶内留。”见［汉］王符著，［清］汪继培笺，彭铎校正《潜夫论笺校正》，北京：中华书局，1985，282 页。

② 《后汉书》卷四七《班超传》，1583 页。

③ 《史记》卷六九《苏秦列传》，北京：中华书局，1959，2260—2261 页。

④ 《史记》卷四三《赵世家》，1818 页。

⑤ 《史记》卷四三《赵世家》，1818 页。

⑥ 《史记》卷六九《苏秦列传》，2242 页。

郡又有马城县。一云代马，谓代郡兼有胡马之利”。[①] 贾丽英先生赞成《史记索隐》中的后一种说法，即“一云代马，谓代郡兼有胡马之利”。[②]

《盐铁论·论儒》御史曰：“故马效千里，不必胡、代；士贵成功，不必文辞。”[③]从“马效千里，不必胡、代”来看，代地产名马、出千里马。

此外，目前有官印和封泥共11品的“代马丞印”，贾丽英先生认为“代马丞印”是秦印，“代马”是秦官署名称，设在良马产地代郡，主要目的是驯养良种马，以备军、备胡。[④] 所论很有道理。

从以上记载看。从战国到秦汉，代地盛产良马，一直是大家的共识。代马作为代地的“特产”而成为代地的象征。

第二，代马是北方之马，北方是代马的故乡。“代马依北风”中的“依北风”表明代马是北方之马，不论身在何地，都不忘家乡的方向、家乡的风土。这里的“北风”，与“飞鸟翔故巢”的“故巢”、“狐死首丘”的“首丘”一样，都是自己故国家园的地方。中国的大部分地区是季风性气候，北风吹来的方向当然是北方，代马“依北风”，就是代马对北方故土的依恋。

代马“依北风”还与马的习性有关。大家知道有个成语叫“风马牛不相及”，该成语源于《左传》。《左传》僖公四年载：“四年春，齐侯以诸侯之师侵蔡。蔡溃。遂伐楚。楚子使与师言曰：‘君处北海，寡人处南海，唯是风马牛不相及也。不虞君之涉吾地也，何故？’”[⑤]该说法也见于《尚书》和《史记》。《尚书·费誓》：“马牛其风，臣妾逋逃，勿敢越逐，祗复之。”[⑥]《史记·鲁世家》：“马牛其风，臣妾逋逃，勿敢越逐，敬复之。”[⑦]对“风马牛不相及”的解释，历来说法不一。但马牛见风则背走的说法值得注意。因为牛喜顺风，马喜逆风。龚嘉镇先生曾就此事请教内蒙古社会科学院的王德恩先生，王先生函复云：“我曾在草原当骑兵五年，与蒙古族战友、牧民长相处。战马跑失后寻找，均需顶风寻找（因为马的鬃毛长，顺风即迷眼），牧民亦如此寻马。”“马好动，其顶风行远的习性很明显。但在风雪扑面的冬季，因雪花迷眼，马牛均顺风而行了。”[⑧]正因为马有顶风而行的习性，而代马的故土在北方，因此，当北风吹来的时候，代马迎风而上，朝着北方奔跑，人们就赋予了代马依恋故土的人文意蕴。

---

① 《史记》卷六九《苏秦列传》，2243页。

② 贾丽英：《“代马丞印”小研究》，《石家庄学院学报》2017年第1期。

③ 王利器校注：《盐铁论校注》，150页。

④ 贾丽英：《“代马丞印”小研究》，46—51页。

⑤ 杨伯峻编著：《春秋左传注》（修订本），北京：中华书局，1990，289页。

⑥ [清]孙星衍撰，陈抗、盛冬铃点校：《尚书今古文注疏》，北京：中华书局，1986，513—514页。

⑦ 《史记》卷三三《鲁周公世家》，1524页。

⑧ 龚嘉镇：《也说“风马牛不相及”》，《文史知识》1997年第3期。

第三,“代马”指代北方逐渐被“胡马”指代北方所取代。秦汉时期,随着统一的中央帝国的建立和代地的郡县化,原来用“代”指代北方,就逐渐被北方的胡人(匈奴)所取代。如汉初张良规劝刘邦定都关中时说:

夫关中左殽函,右陇蜀,沃野千里,南有巴蜀之饶,北有胡苑之利,阻三面而守,独以一面东制诸侯。①

《史记索隐》引崔浩云:“苑马牧外接胡地,马生於胡,故云胡苑之利。”《史记正义》:“《博物志》云‘北有胡苑之塞’。按:上郡、北地之北与胡接,可以牧养禽兽,又多致胡马,故谓胡苑之利也。”②张良所言“北有胡苑之利”,就含有用“胡”指代北方之意。

前引《盐铁论·论儒》御史曰:“故马效千里,不必胡、代。”③尽管还没有把“代马”排除在外,但在讲到北方良马的时候,就已经“胡、代”连称,似乎已有以“胡”取“代”的趋势。

汉代人在讲到匈奴的时候,多以“胡马”指称。邹阳在劝谏吴王时说:“大王不忧,臣恐救兵之不专,胡马遂进窥于邯郸,越水长沙,还舟青阳。”④董仲舒在讲到如何约束匈奴时说:“故与之厚利以没其意,与盟于天以坚其约,质其爱子以累其心,匈奴虽欲展转,奈失重利何,奈欺上天何,奈杀爱子何!夫赋敛行赂不足以当三军之费,城郭之固无以异于贞士之约,而使边城守境之民父兄缓带,稚子咽哺,胡马不窥于长城,而羽檄不行于中国,不亦便于天下乎!”⑤东汉桓帝时,陈龟拜为度辽将军。陈龟临行时上疏曰:“宜更选匈奴乌桓护羌中郎将校尉,简练文武,授之法令,除并、凉二州今年租更,宽赦罪隶,扫除更始。则善吏知奉公之祐,恶者觉营私之祸,胡马可不窥长城,塞下无候望之患矣。”⑥

正是由于两汉时期,汉朝人逐渐用“胡马”取代了“代马”,那么,“代马”指代的北方之意,也逐渐被“胡马”所取代。东汉时期无名氏《古诗十九首·行行重行行》载:

行行重行行,与君生别离。
相去万余里,各在天一涯;
道路阻且长,会面安可知。

---

① 《史记》卷五五《留侯世家》,2044 页。
② 《史记》卷五五《留侯世家》,2044 页。
③ 王利器校注:《盐铁论校注》,150 页。
④ 《汉书》卷五一《邹阳传》,北京:中华书局,1962,2338 页。
⑤ 《汉书》卷九四下《匈奴传》,3831 页。
⑥ 《后汉书》卷五一《陈龟传》,1693 页。

胡马倚北风，越鸟巢南枝。
相去日已远，衣带日已缓；
浮云蔽白日，游子不顾返。
思君令人老，岁月忽已晚。
弃捐勿复道，努力加餐饭。[①]

从这首诗里，我们已经看到，西汉时期还流传的“代马依北风，飞鸟翔故巢”之语，已经被东汉后期“胡马倚北风，越鸟巢南枝”的古诗所取代。而且《行行重行行》中“胡”“越”对称，明显是指代北方与南方。这时的“代马”已经被“胡马”取代。

“代马”被“胡马”取代的原因，可能是代地在秦汉时期郡县化以后，代地不再具有战国时期独特的地缘政治优势，其地位也被缘边诸郡如五原郡、云中郡、雁门郡等冲击，战略地位有所下降。加之，秦汉时期，北方的游牧民族匈奴已经成为中原王朝的主要对手，匈奴的铁骑成为汉军的主要作战对象，在这种情况下，“胡马”已经成为中原人对北方匈奴族的一个指称。[②] 但“胡马”这个称谓包涵有民族区别和政治思想的意蕴，与“代马”仅指地域的概念不同。这是需要引起我们注意的。

当然，“胡马”一词出现后，“代马”一词并没有消失。如唐代大诗人李白《古风五十九首》六：“代马不思越，越禽不恋燕，情性有所习，土风固其然。”[③]李白的《豫章行》：“胡风吹代马，北拥鲁阳关。吴兵照海雪，西讨何时还。”[④]“代马”不断被李白提起，这时的“代马”已经成为代表边塞、代表北方的一个符号。历史就这样不经意间，把代国、代地厚重而辉煌的历史封存在了“代马”一词中，任凭后人去寻觅、去探寻、去感慨。

---

① [梁]萧统编，[唐]李善注：《文选》，北京：中华书局，1977，409 页。

② 胡人，还包括北方的鲜卑、乌桓等民族。

③ 詹锳主编：《李白全集校注汇释集评》卷二《古风五十九首》，天津：百花文艺出版社，1996，54 页。

④ 詹锳主编：《李白全集校注汇释集评》卷五《乐府三》，885 页。

“代马丞印”小研究

贾丽英

（石家庄学院历史文化学院 河北石家庄 050035）

内容提要：“代马丞印”目前有官印和封泥共11品，数量较多。与相家巷出土秦封泥“代马丞印”相印证，以及从文献学角度考证汉匈关系及代国封域，官印“代马丞印”断代不应为汉初，而是秦时印。秦在盛产良马的边郡设有马政官署，以备军用。代马是战国时期北方良马，半通印封泥“代马”，与官署“家马”半通印相似，均为上下结构、日字格二字印。“代马”为秦官署名称，设在良马产地代郡。

关键词：官印　封泥　代马　家马　代马丞印

“代马丞印”目前有确切收藏地和著录的有官印1品、封泥10品。其中官印收藏于北京故宫博物院（图1）[①]，铜质兽钮，[②]施用界格。封泥2品收藏于西安中国书法艺术博物馆（汇考1221—1222）（图2），[③]5品收藏于古陶文明博物馆（汇考1222—1226）（图3），[④]1品艺兰斋藏。[⑤] 另外《新出封泥汇编》收录有2品（0215、1467）。[⑥]搜索带有“马丞”字样的封泥，此款数量是最多的。那么，官印“代马丞印”是秦时，还是汉时之物？“代”是指代国、代郡，还是代县？下面试作分析，不当之处，请指正。

---

① 罗福颐主编：《秦汉南北朝官印征存》，北京：文物出版社，1987，10页，著录号51。

② 关于“代马丞印”的印钮记载略有出入，有人认为是蛇钮（刘婉：《关于蛇钮印的几个问题》，《理论界》2009年第2期；于世明等：《论汉代颁发给少数民族的印章—兼论西汉蛇钮、田字格官印新证》，《中央民族大学学报》2002年第6期），有人认为是龙或虎的变形（牛济普：《汉代官印分期例举》，《中原文物》1998年第1期），《征存》51直接著录为兽钮。

③ 傅嘉仪编著：《秦封泥汇考》，上海书店出版社，2007，177页。

④ 傅嘉仪编著：《秦封泥汇考》，177—178页。

⑤ [日]平出秀俊：《新出相家巷秦封泥》，东京：艺文书院，2004，25页。

⑥ 杨广泰编：《新出封泥汇编》，杭州：西泠印社，2010，9、62页。

一　官印"代马丞印"文献学思考

"代马丞印"，以西汉早期官印收录于《汉印文字征》[①]及《秦汉南北朝官印征存》[②]。当代研究绝大多数也以汉印视之。[③] 值得注意的是，许雄志先生《秦代印风》则收录为秦代官印。[④] 刘婉《关于蛇钮印的几个问题》将此印视为蛇钮印，认为蛇钮印"出现时间应该上推到秦，并一直延续到东汉初，持续时间长达二百多年"，[⑤]"代马丞印"为秦印。笔者是赞同后者的。

首先秦封泥的印证。20世纪90年代中期，在汉长安城未央宫遗址正北800米处，即相家巷村一个淤泥坑中发现了数以千枚的秦代封泥。相家巷村，为秦时甘泉宫遗址，此坑应为宣太后及秦王处理朝政时用于掩埋公文封泥的地窖。[⑥] 上面提及的书博、古陶、艺兰斋所藏秦封泥均为相家巷出土。比对二者，我们发现不论是田字格、还是篆体书写风格都极相似，"代马丞印"的官印和秦封泥应为同一时代。

其次文献学的角度。因将"代马丞印"视为汉印，印风又似秦风，研究者多将此印断代为汉初代国主马政官印。[⑦] 从《史记》《汉书》的记载来看，汉初代地的建置沿革曾先后为代郡和代国。代郡之设仅为三年，代国则有刘喜代国、刘如意代国和刘恒代国。[⑧]

代郡设置之初在高帝三年(前204)，"三年冬十月，韩信、张耳东下井陉击赵，斩陈余，获赵王歇。置常山、代郡"。[⑨] 此时所谓代郡，应仅仅是原秦代郡南部很小的部分。因为高帝六年(前201)春正月，"以云中、雁门、代郡五十三县立兄宜信侯喜为代王"，与此同时"以太原郡三十一县为韩国，徙韩王信都晋阳"。[⑩] 但是，韩王信上书

---

① 罗福颐编:《汉印文字征》，北京:文物出版社，1978，《印征》第八，6页。

② 罗福颐主编:《秦汉南北朝官印征存》，10页，著录号51。

③ 参见任常中《关于汉马丞、徒丞、空丞印问题》，《中原文物》1983年第3期；孙慰祖《西汉官印封泥分期考述》，上海博物馆编《上海博物馆集刊》，上海古籍出版社，1992；牛济普《汉代官印分期例举》，《中原文物》1998年第1期；韩彦佶《汉印地名研究》，华东师范大学硕士学位论文，2007，88页；等。更多的是直接沿用前说收录为汉印，如赵平安《秦西汉印章研究》，上海古籍出版社，2012，206页；傅嘉仪编著《秦封泥汇考》，178页；等等。

④ 许雄志:《秦代印风》，重庆出版社，1999，27页。

⑤ 刘婉:《关于蛇钮印的几个问题》，《理论界》2009年第2期。

⑥ 参见傅嘉仪编著《秦封泥汇考》，5页。

⑦ 参见孙慰祖《西汉官印封泥分期考述》，上海博物馆编《上海博物馆集刊》，1992，182—213页；牛济普《汉代官印分期例举》，《中原文物》1998年第1期；韩彦佶《汉印地名研究》，华东师范大学硕士学位论文，2007，88页。

⑧ 参见周振鹤《西汉政区地理》，北京:人民出版社，1987，70—75页。

⑨ 《汉书》卷一上《高帝纪上》，39页。

⑩ 《汉书》卷一下《高帝纪下》，61页。

“国被边，匈奴数入，晋阳去塞远，请治马邑”。[①] 太原郡在云中、雁门和代郡之南，还“被边”，可见雁门、代郡更是大部分领土都在匈奴治下。笔者推测此时刘喜的代国，更多的是名义上的。仅过了几个月，匈奴南袭，马邑失守，“秋九月，匈奴围韩王信于马邑，信降匈奴”。[②] 于是高帝亲征，高帝七年（前200），刘邦率大军与匈奴会战晋阳，大胜，遂至平城，却“为匈奴所围七日，用陈平秘计得出”。[③] 由此可见此时北方之地雁门、代郡恐一度尽为匈奴所有。

刘邦失利后，匈奴再次攻代，“代王喜弃国，自归雒阳，赦为合阳侯”。[④] 由此显见刘喜的代国，存国仅一年，大部分国土处于匈奴的控制之下，养马之政，没有实施的条件。

刘如意的代国，据《汉书·高帝纪下》“七年……立子如意为代王”，“九年……徙代王如意为赵王，王赵国”。[⑤] 代郡、云中、雁门又并入刘如意的赵国，但年幼的刘如意从未就国。高帝十年（前197）“代相国陈豨反……赵代地皆豨有”，[⑥]后来周勃定代，“斩陈豨于当城”。[⑦] 当城在代郡南部，代县东北方向。推测这一时期，代郡的南部应在汉帝国疆土之内，但是内乱不断，陈豨之叛历时二年。而北部则为匈奴所有，“冒顿常往来侵盗代地。于是汉患之，高帝乃使刘敬奉宗室女公主为单于阏氏，岁奉匈奴絮缯酒米食物各有数，约为昆弟以和亲”。[⑧]

刘恒的代国，都城在晋阳。《史记·高帝本纪》载高帝十一年（前196），“分赵山北，立子恒以为代王，都晋阳”。[⑨] 为什么定都晋阳？《汉书·高帝纪下》这样下诏：“代地居常山之北，与夷狄边，赵乃从山南有之，远，数有胡寇，难以为国。颇取山南太原之地益属代，代之云中以西为云中郡，则代受边寇益少矣。”[⑩]代地北部被匈奴所占，南部又多遭匈奴扰边，以至难以为国，才将太原郡增益给刘恒代国。事实上，甚至直到景帝朝，还多次见到“匈奴寇边”的记载，相关代郡的如“匈奴寇边，中尉不害将车骑材官士屯代高柳”。[⑪] 高柳为代郡西部都尉治，也就是景帝中三年（前147）代郡还没有恢复至秦的疆域，高柳以北尽为匈奴地。

---

① 《史记》卷九三《韩信列传》，2631页。
② 《汉书》卷一下《高帝纪下》，63页。
③ 《汉书》卷一下《高帝纪下》，63页。
④ 《汉书》卷一下《高帝纪下》，63页。
⑤ 《汉书》卷一下《高帝纪下》，63—67页。
⑥ 《汉书》卷一下《高帝纪下》，68页。
⑦ 《汉书》卷一下《高帝纪下》，76页。
⑧ 《史记》卷一一〇《匈奴列传》，2895页。
⑨ 《史记》卷八《高帝本纪》，389页。
⑩ 《汉书》卷一下《高帝纪下》，70页。
⑪ 《汉书》卷二七中之下《五行志中之下》，1434页。

所以，刘恒的代国在名义上应为太原郡、代郡、雁门郡、定襄郡四郡之地（图4），[①]但事实上多次遭匈奴侵袭严重，国都一直屈居于在太原郡的南部晋阳城，即今山西省太原市。如果说此时尚有比较完备的马政的话，应是太原郡的“家马”，而非代郡的“代马”。

二 代马的称谓

代马，常见于文学作品中，如古诗十九首李善注引《韩诗外传》：“代马依北风，飞鸟棲故巢。”《潜夫论》：“代马望北，狐死首丘。”[②]有思恋故土，不忘本之意。事实上，文学作品中的代马不仅来源于北方，还是品种优良的马，战国时为赵国的三宝之一。苏秦曾上书赵王，陈述从强秦之害：“且秦以三军攻王之上党而危其北，则句注之西，非王之有也……此代马胡驹不东，而昆山之玉不出也。此三宝者，又非王之有也。”[③]与此大体同时上书秦惠王，也提及“代马”之宝：“大王之国，西有巴蜀、汉中之利，北有胡貉、代马之用，南有巫山、黔中之限，东有肴、函之固。”[④]可见此时，赵国产代马、胡驹之地已被秦据有。

汉代在盛产良马的地方设有牧苑，《汉旧仪补遗》卷上：“太仆牧师诸苑三十六所，分布北边、西边。以郎为苑监，官奴婢三万人，分养马三十万头。”[⑤]苑马之制应在汉初就存在，《史记·平准书》载汉景帝时，“益造苑马以广用”，《索引》曰“谓增益苑囿，造厩而养马以广用，则马是军国之用也”。[⑥] 景帝中元六年（前144）匈奴南袭“入雁门，至武泉，入上郡，取苑马”。[⑦]

汉承秦制，边郡养良马以备军用，应来自于秦。

秦封泥中有半通印“家马”（秦集一·三·2）（图5），[⑧]四字印“上家马丞”（秦集

① 周振鹤：《西汉政区地理》，71页。

② ［汉］王符著，［清］汪继培笺，彭铎校正：《潜夫论笺校正》，北京：中华书局，1985，282页。

③ ［汉］刘向集录：《战国策》卷一八《赵·赵收天下且以伐齐》，上海古籍出版社，1998，608页。《史记》卷四三《赵世家》，1818页，记载与《赵国策》略有不同：“逾勾注，斩常山而守之，三百里而通于燕，代马胡犬不东下，昆山之玉不出，此三宝者亦非王有已。”《正义》引郭璞注云：“胡地野犬似狐而小。”

④ 《全上古三代文》卷八《苏秦》，《全上古三代秦汉三国六朝文》第一册，石家庄：河北教育出版社，1997，106页。

⑤ ［清］孙星衍等辑，周天游点校：《汉官六种》，北京：中华书局，1990，90页。

⑥ 《史记》卷三〇《平准书》，1419页。

⑦ 《汉书》卷五《景帝纪》，150页。

⑧ 周晓陆、路东之编著：《秦封泥集》，西安：三秦出版社，2000，184页。

二·二·2)(图6)、[①]“下家马丞”(秦集一·三·20)(图7)。[②] 家马,具体设置在秦代的情况不详。汉代是设在太原郡的。《汉书·地理志上》载太原郡:“秦置。有盐官,在晋阳……有家马官。”臣瓒曰:“汉有家马厩,一厩万匹,时以边表有事,故分来在此。”[③]汉初的《二年律令·秩律》中家马令为六百石,家马丞为三百石。[④] 家马令是太仆属官,“太仆,秦官,掌舆马,有两丞。属官有大厩、未央、家马三令,各五丞一尉”。[⑤] 若汉制承自秦,那么秦封泥中的“上家马丞”和“下家马丞”似应为家马令五丞中的两丞。除了这两丞,或也有可直接叫做“家马丞”的。汉封泥中确有“家马丞印”(古封泥集成78)(图8)。[⑥] 武帝时,家马更名为挏马,传世的封泥中也见到“挏马丞印”(图9)。[⑦]

除了“代马丞印”的秦封泥,相家巷南地出土的还有半通印封泥“代马”(图10),[⑧]日字格,与“家马”半通印同。我们知道秦职官封泥中有二字半通印与四字田字格印相对应的惯例。比如泰仓—泰仓丞印、乐府—乐府丞印、永巷—永巷丞印、尚浴—尚浴府印、寺从—寺从丞印、中厩—中厩丞印、左厩—左厩丞印、右厩—右厩丞印、下厩—下厩丞印、[⑨]都船—都船丞印、宦者—宦者丞印、中官—中官丞印、走士—走士丞印、武库—武库丞印、[⑩]大内—大内丞印、大匠—大匠丞印、[⑪]发弩[⑫]—发弩之印[⑬],等等。

除职官印外,半通印与四字印的对应还有地名印。比如咸阳—咸阳丞印、即

---

① 周晓陆、路东之编著:《秦封泥集》,250页。

② 周晓陆、路东之编著:《秦封泥集》,197页。

③ 《汉书》卷二八上《地理志上》,1551页。关于家马的用途,臣瓒意指为军事所用,家马厩设于边地,因边地战事才移至太原郡。颜师古在《汉书·百官公卿表上》注中认为,“家马者,主供天子私用,非大祀戎事军国所须,故谓之家马也。”笔者查张家山汉简,其间以马的用途来分,分作乘舆马、传马、使马,另有都厩马之称。《二年律令·金布律》简421“马牛当食县官者,犙以上牛日刍二钧八斤;马日二钧□斤,食一石十六斤,□□稾□。乘舆马刍二稾一”,简425“□□马日匹二斗粟、一斗叔(菽)。传马、使马、都厩马日匹叔(菽)一斗半斗”。

④ 参见张家山二四七号汉墓竹简整理小组《张家山汉墓竹简〔二四七号墓〕(释文修订本)》,北京:文物出版社,2006,74页。

⑤ 《汉书》卷一九上《百官公卿表上》,729页。

⑥ 孙慰祖主编:《古封泥集成》,上海书店出版社,1994,15页。

⑦ 吴镇烽:《陕西历史博物馆馆藏封泥考(下)》,《考古与文物》1996年第6期。

⑧ 周晓陆、陈晓捷等:《于京新见秦封泥中的地理内容》,《西北大学学报》2005年第4期。

⑨ 以上每组分别见于周晓陆、路东之编著《秦封泥集》,126—127、136－137、149、160、169—170、187—188、191—192、192—193、196—197页。

⑩ 以上每组分别见于傅嘉仪编著《秦封泥汇考》,28—29、87—88、118—119、154—155、160—161页。

⑪ 以上每组分别见于杨广泰编《新出封泥汇编》,59、59、9—10页、

⑫ 周晓陆、路东之编著:《秦封泥集》,234页。

⑬ 杨广泰编:《新出封泥汇编》,11页。

墨—即墨大守、即墨—即墨丞印、废丘—废丘丞印、都乡—都乡之印、[1]云阳—云阳丞印、任城—任城丞印、[2]南顿[3]—南顿丞印[4]等等。不论是职官印，还是地名印，以“丞印”居大多数，估测与“丞”们负责具体事务，呈报的公文数量多直接相关。

那么，代马—代马丞印，这一组是职官印，还是地名印？

秦汉的地名中是没有“代马”的，有人认为代、马分指两地，其主要原因是《史记·苏秦列传》苏秦说秦惠王：“西有汉中，南有巴蜀，北有代马，此天府也。”[5]因与汉中、马蜀相对，《索引》按：“谓代郡马邑也。《地理志》代郡又有马城县。一云代马，谓代郡兼有胡马之利也。”马邑，据《汉书·地理志下》属秦汉雁门郡，今山西朔县。《汉书·地理志下》载代郡有马城，为代郡东部都尉治。但把代郡和马城简称为“代马”在其他材料中未见。事实上，《史记·苏秦列传》苏秦说秦惠王与《战国策》所记为一事，后者记述得更为完整，现将《全上古三代文》辑引《战国策》录于下：

> 大王之国，西有巴蜀、汉中之利，北有胡貉、代马之用，南有巫山、黔中之限，东有肴、函之固。田肥美，民殷富，战车万乘，奋击百万，沃野千里，蓄积饶多，地势形便，此所谓天府，天下之雄国也。[6]

显然，《史记·苏秦列传》的记述是大大简化了的内容，因将“北有胡貉、代马之用”略为“北有代马”产生了歧义。因此，笔者赞同《索引》所说的第三个意思“一云代马，谓代郡兼有胡马之利也”。

如果“代马”的地名不存在，那么它只能是一个职官名。与“家马”同，是秦时官府在代郡所设的马政官署，主要目的是训养良种马，以备军、备胡。“代马丞”不同于秦封泥中见到的郡级马丞“恒山马丞”[7]“衡山马丞”[8]，“代马”“家马”为国家官署，

---

① 以上每组分别见于周晓陆、路东之编著《秦封泥集》，241—242、267—268、267、326、278—279、333页。

② 傅嘉仪编著：《秦封泥汇考》，191—192、220页。

③ 周晓陆、路东之编著：《秦封泥集》，305页。

④ 傅嘉仪编著：《秦封泥汇考》，210页。

⑤ 《史记》卷六九《苏秦列传》，2242页。

⑥ 《全上古三代文》卷八《苏秦》，106页。

⑦ “恒山马丞”，见于周晓陆、孙闻博《秦封泥与河北古史研究》，《文物春秋》2005年第5期。无图。

⑧ “衡山马丞”，见于陈晓捷、周晓陆《新见秦封泥五十例考略—为封泥发现十周年而作》，西安碑林博物馆编《碑林集刊》(十一)，西安：陕西人民美术出版社，2006，311—321页。还有一品“翟马丞印”，见王伟《秦玺印封泥职官地理研究》，北京：中国社会科学出版社，2014，270页，有图，为相家巷出土。原图采集于许雄志《鉴印山房藏古封泥精华》，郑州：河南美术出版社，2011。著录号73。疑为翟道马丞印，因翟道为三辅之地，又未见“翟马”字样的半通印，不知其隶属。

"代马"设在代郡,"家马"设在太原郡。值得注意的是汉代有一品"使马"(古封泥集成 2138)[1]半通印,无日字格,似也应为国家马政官署名。

图 1　官印"代马丞印"

来源:罗福颐主编:《秦汉南北朝官印征存》,北京:文物出版社,1987,10 页。

图 2　书博封泥"代马丞印"

来源:傅嘉仪编著:《秦封泥汇考》,上海书店出版社,2007,177 页。

图 3　古陶封泥"代马丞印"

来源:傅嘉仪编著:《秦封泥汇考》,上海书店出版社,2007,177—178 页。

① 孙慰祖主编:《古封泥集成》,359 页。

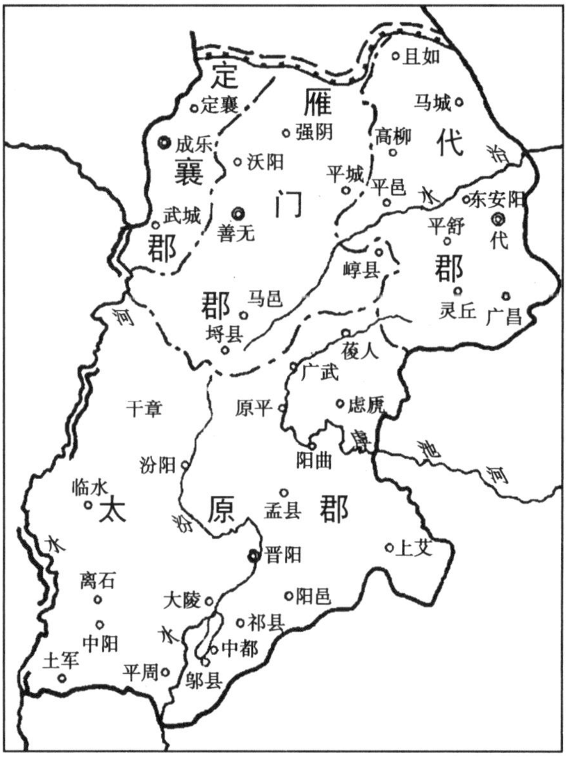

图 4 高帝十一年代国封域

来源：周振鹤：《西汉政区地理》，北京：人民出版社，1987，71 页。

图 5 封泥“家马”

来源：周晓陆、路东之编著：《秦封泥集》，西安：三秦出版社，2000，184 页。

图 6 封泥“上家马丞”

来源：周晓陆、路东之编著：《秦封泥集》，西安：三秦出版社，2000，250 页。

图 7　封泥“下家马丞”

来源:周晓陆、路东之编著:《秦封泥集》,西安:三秦出版社,2000,197 页。

图 8　封泥“家马丞印”

来源:孙慰祖主编:《古封泥集成》,上海书店出版社,1994,15 页。

图 9　封泥“挏马丞印”

来源:吴镇烽:《陕西历史博物馆馆藏封泥考(下)》,《考古与文物》1996 年第 6 期。

图 10　封泥“代马”半通印

来源:周晓陆、陈晓捷等:《于京新见秦封泥中的地理内容》,《西北大学学报》2005 年第 4 期。

也谈"慷慨悲歌"

李现红

（中国社会科学院历史研究所 北京 100732；

海南师范大学文学院 海南海口 571158）

内容提要：从地域文化及产生时间上讲，"慷慨悲歌"首先是战国时期中山国的一种民风，同时，慷慨悲歌亦是代地的一种民风。中山和代地是慷慨悲歌的发源地。在历史的长河中，慷慨悲歌成为古代中国士人特殊情怀之一，是一种非常态的存在。从另一个角度看，慷慨悲歌是一种歌唱风格，是壮士不得志于心而发出的哀歌。慷慨悲歌与河北梆子有一定的内在联系。

关键词：慷慨悲歌　代地　中山国

一直以来，人们多将慷慨悲歌视为燕赵大地的一种文化符号，对其持赞扬态度。然历史上，对慷慨悲歌的评价褒贬具存，且慷慨悲歌在一开始并不是燕赵大地而仅是中山国和代地的一种民风。现将慷慨悲歌的文化内涵做一梳理、分析，祈请方家指正！

一　"慷慨悲歌"首先是中山国和代地的一种民风

从字面上理解，"悲歌"是中心词，是一种歌唱风格，最初是描写荆轲刺秦出发前的歌声"为壮声""为哀声"。[①] "慷慨"是修饰词，《说文解字》解释慷慨为"壮士不得志于心也。""慷慨"与"悲歌"合起来的含义是：壮士不得志于心而发出的悲壮歌声。我

① 《风俗通义・声音》：水经易水注引阚骃称："燕太子丹遣荆轲刺秦王，与宾客知谋者祖道，皆素衣冠送之於易水之上。荆轲起为寿，歌曰：'风萧萧兮易水寒，壮士一去兮不复还。'高渐离击筑，宋如意和之，为壮声，士发皆冲冠，为哀声，士皆流涕於此也。"然则所谓濮上之音即哀声，羽声即壮声也。［汉］应劭撰，王利器校注：《风俗通义校注》，北京：中华书局，2011，301页。

们先来分析与“慷慨悲歌”有关的几则史料：

史料一：项王军壁垓下，兵少食尽，汉军及诸侯兵围之数重。夜闻汉军四面皆楚歌，项王乃大惊曰：“汉皆已得楚乎？是何楚人之多也！”项王则夜起，饮帐中。有美人名虞，常幸从；骏马名骓，常骑之。于是项王乃悲歌慷慨，自为诗曰：“力拔山兮气盖世，时不利兮骓不逝。骓不逝兮可奈何，虞兮虞兮奈若何！”……美人和之。[①]

史料二：中山地薄人众，犹有沙丘纣淫地余民，民俗懁急，仰机利而食。丈夫相聚游戏，悲歌慷慨，起则相随椎剽，休则掘冢作巧奸冶，多美物，为倡优。女子则鼓鸣瑟，跕屣，游媚贵富，入后宫，遍诸侯。[②]

史料三：太子及宾客知其事者，皆白衣冠以送之。至易水之上，既祖，取道，高渐离击筑，荆轲和而歌，为变徵之声。士皆垂泪涕泣。又前而歌曰：“风萧萧兮易水寒，壮士一去兮不复还！”复为羽声慷慨，士皆瞋目，发尽上指冠。[③]

史料四：十有二月，诸侯皆会垓下，围项羽数重。夜闻汉军四面皆作楚歌，羽惊曰：“汉已尽得楚乎？是何楚人歌之多也。”夜起饮帐中，有美人曰虞姬，有骏马曰骓。羽乃慷慨悲歌曰：“力拔山兮气盖世，时不利兮骓不逝。骓不逝兮可奈何！虞兮虞兮奈若何！”羽遂上马，乃从八百余骑，直夜溃围南出……乌江……乃自刭而死。[④]

以上四则材料中，史料一、四是描写项羽的，史料二是描写中山民风的，史料三描写以荆轲为代表的壮士。材料三中，虽然司马迁只用了“羽声慷慨”，没有使用“悲歌”，但“士皆垂泪涕泣”已指明这首歌曲的风格。只不过司马迁认为荆轲这是为了国家、为了民族、为了百姓，明知不可为而为之时唱的歌，这不是“悲歌”，而是一曲与诛暴秦、张正义相联系、与大义凛然、英勇赴死相联系、与士为知己者死相联系，应称为英雄的赞歌。大致说来，慷慨悲歌之士具有以下特点：一是以天下为公、大义为重，二是果敢刚毅、英勇杀敌，三是诚信守诺、不惜身死。

对于项羽，司马迁认为其性格有缺陷、决策有失误，但项羽是“力拔山兮气盖世”的英雄。查阅史料发现，司马迁对发出慷慨悲歌之声的项羽是极为推崇的，原因有五：一是，他认为项羽有冲天豪气，如秦始皇游会稽渡浙江时，项羽说“彼可取而代

① 《史记》卷七《项羽本纪》，北京：中华书局，2003，333 页。

② 《史记》卷一二九《货殖列传》，3263 页。

③ 《史记》卷八六《刺客列传》，2534 页。

④ [汉]荀悦：《汉纪》卷三《高祖本纪》，张烈点校《两汉纪》，北京：中华书局，2005，35—36 页。

也”。[1] 二是，项羽胸怀天下，如司马迁对项羽的评价：

> 然羽非有尺寸，乘势起陇亩之中，三年，遂将五诸侯灭秦，分裂天下，而封王侯，政由羽出，号为“霸王”。[2]

三是，项羽诚信守诺，如项羽和刘邦第一次交锋时“范增数目项王，举所佩玉玦以示之者三，项王默然不应”，[3]项羽此举的原因，在一定程度上是因为他记得和各路诸侯有“先入关者为关中王”的约定。四是，项羽刚直英勇，如在巨鹿之战中的表现。五是项羽宁为玉碎不为瓦全，如乌江自刎。

司马迁历来用词严谨，任何一个词都经过细致的推敲，且经受住了历史的考验。这就不得不让我们产生一个疑问，他为什么用描写项羽的词来反映中山国的民风呢？中山国的国民是不是也具有这几种性格呢？

在研究中山国民风之前，我们先了解一下中山国的创立者鲜虞族的历史地理环境。

众所周知，鲜虞族是白狄的一个重要部分。狄族本是居于陕西北部的一个游牧民族。商周以后，逐渐向东南方转移。但转移并不是一帆风顺的，充满了战争杀戮、流血死亡。史载“至穆王之孙懿王时，王室遂衰，戎狄交侵，暴虐中国”。[4] 多友鼎记载了周厉王时期，多友在十几天内，和猃狁打仗四次，杀三百五十余人，俘获二十三人，缴获战车一百二十七辆，并救回了被俘的周人。到了春秋时期，狄族也产生了不同的利益集团，《左传》僖公三十二年：“夏，狄有乱”，[5]狄从此分裂成赤狄、白狄等分支。赤狄北上至今山西、河北北部的桑干河流域，建立了代国。几经辗转，白狄最后集中在了河北中南部，建立的国家有：鼓（现在晋州市）、肥（现在藁城西）、鲜虞（现在正定西北）。

狄国是在战争中成长起来的。如与近邻晋国的关系就很能说明这一问题。晋国对狄一直耿耿于怀，在与白狄联手打败赤狄后，将目光转向了肥、鼓、鲜虞等。公元前530年，“秋八月壬午，灭肥，以肥子绵皋归”；[6]公元前520年，“袭鼓灭之”。万般无奈下，肥、鼓遗民投靠鲜虞，并在鲜虞的领导下，公开反对晋国的统治，公元前

---

① 《史记》卷七《项羽本纪》，296页。

② 《史记》卷七《项羽本纪》，338页。

③ 《史记》卷七《项羽本纪》，312页。

④ 《汉书》卷九四上《匈奴传》，北京：中华书局，2006，3744页。

⑤ 《春秋左传注》，北京：中华书局，2000，489页。

⑥ 《春秋左传注》，1334页。

507年"秋九月，鲜虞人败晋师于平中，获晋观虎，恃其勇也"。[1] 公元前506年，"中山"开始出现在史册当中，标志着鲜虞建立了自己的国家。不管是春秋五霸还是战国七雄，对中山国都十分忌惮，始终没有停止过对它的征伐。公元前505年，晋范献子"率师围鲜虞"；公元前489年，"晋赵鞅率师伐鲜虞"；公元前408年，"乐羊攻中山，三年而拔之"。中山桓公复国后，实力虽一度仅次于七雄，但从公元前307年起，赵国连续发动七次战争，终于在公元前296年将中山灭掉。十年的战争，牵扯到赵、齐、燕、中山等四个国家，残酷、惨烈程度不再赘述。

上面简单回顾了中山国的历史及其创建者鲜虞族的概况，我们从中可以得到以下信息：

一是中山国人时刻存在危机感。无论是在商周时期，还是在春秋战国时期，狄人与华夏民族的战斗一直贯彻始终。最初，狄人为了获取华夏民族的粮食、衣帛、人口等，经常向华夏民族挑起战争，且胜多败少。随着生产力的发展、农耕文明的繁荣，华夏民族在军事战斗中由守势变为攻势，并逐渐掌握战争的主动权，狄人被迫不断迁徙。所以民族的存亡兴衰始终困扰着他们，使他们时刻保存着危机感。正如司马迁所说：

> 种、代，石北也，地边胡，数被寇。人民矜懻忮，好气，任侠为奸，不事农商。然迫近北夷，师旅亟往，中国委输时有奇羡，其民羯羠不均，自全晋之时固已患其僄悍，而赵武灵王益厉之，其摇俗犹有赵之风也。[2]

二是中山国人尚武善战，慷慨悲歌。虽然目前我们尚未找到关于狄人尚武的直接证据，但是可以通过对其邻国民风的记载来与狄人的尚武精神相联系。如《汉书·地理志》记载秦国的民风：

> 天水、陇西，山多林木，民以板为室屋。及安定、北地、上郡、西河，皆迫近戎狄，修习战备，高上气力，以射猎为先。[3]

由此可推知狄人的尚武精神。

> （公元前541年）晋中行穆子败无终及群狄于大原，崇卒也。将战，魏舒曰：'彼徒我车，所遇又厄，以什共车，必克。困诸厄，又克。请皆卒，自我始。乃毁

---

① 《春秋左传注》，1531页。

② 《史记》卷一二九《货殖列传》，3263页。

③ 《汉书》卷二八下《地理志》，1644页。

车以为行，五乘为三伍。荀吴之嬖人不肯即卒，斩以徇。为五陈以相离，两於前，伍於後，专为右角，参为左角，偏为前拒，以诱之。翟人笑之。未陈而薄之。大败之。①

当然，如果狄人不犯轻敌的错误，提前做好准备，战争的胜负还很难说。不过，这也从另一侧面说明了狄人的善战。《吕氏春秋·先识》篇有一段晋威公与屠黍的对话，屠黍说到中山国的亡国之相：

"中山之俗，以昼为夜，以夜继日，男女切倚，固无休息，康乐歌谣好悲。其主弗知恶。此亡国之风也，臣故曰中山次之。"居二年，中山果亡。②

三是中山国民风彪悍。史籍中虽然没有这方面的记载，但狄族原来是游牧民族，虽在迁徙过程中与华夏民族不断融合，但游牧民族的彪悍不可能消失殆尽。《史记·货殖列传》记载，赤狄建立的代国"民风彪悍"，可见鲜虞族建立的中山国的民风也应如此，否则，也不会从一个弱小国家变为"地方五百里"③的千乘之国。

可见，司马迁认为的"慷慨悲歌"就是《说文解字》的释义，即壮士不得志时唱的歌，《史记·项羽本纪》：

项王自度不得脱。谓其骑曰："吾起兵至今八岁矣，身七十余战，所当者破，所击者服，未尝败北，遂霸有天下。然今卒困于此，此天之亡我也，非战之罪也。今日固决死，愿为诸君快战，必三胜之，为诸君溃围，斩将，刈旗，令诸君知天亡我，非战之罪也。"④

因此初听是悲壮之声，又会使人产生一种悲哀、同情的感情。

综上，从地域文化讲，"慷慨悲歌"首先是中山国的一种民风，慷慨悲歌亦是代地的一种民风。慷慨悲歌民风的发源地是中山国和代地。

① 《春秋左传注》，1215—1216页。

② 许维遹：《吕氏春秋集释》，北京：中华书局，2009，397—398页。

③ 《史记》卷七九《刺客列传》，2409页。

④ 《史记》卷七《项羽本纪》，334页。

二 “慷慨悲歌”是燕赵大地的文化标签

关于这个问题，在2014年8月19日至21日由《燕赵文库》编辑出版委员会主办，河北师范大学燕赵文化研究中心、邯郸学院荀子学院与赵文化研究中心协办的“燕赵文化精神”理论研讨会在秦皇岛市召开。与会学者围绕燕赵文化精神的根本内涵、本质特征和表现形式等问题展开了深入而精彩的讨论。关于燕赵文化的特质，与会专家不约而同地表述为“慷慨悲歌”。①

关于慷慨悲歌与燕赵大地的联系，大家常常引用的一段证据是韩愈的话。在《送董邵南序》中，韩愈如是说：

> 燕赵古称多感慨悲歌之士，董生举进士，连不得志于有司，怀抱利器，郁郁适兹土，吾知其必有合也，董生勉乎哉！②

韩愈此番话的用意在于，以河北士人感慨悲歌为由头，用含蓄的笔法劝说怀才不遇的董生，不要投靠对朝廷存在重大威胁的河北藩镇。

当然，唐以前，高渐离欲为好友荆轲报仇，刺杀秦王而不得的故事也是慷慨悲歌的有力注脚：

> 其明年，秦并天下，立号为皇帝。于是秦逐太子丹、荆轲之客，皆亡。高渐离变名姓为人庸保，匿作于宋子。久之，作苦，闻其家堂上客击筑，傍偟不能去。每出言曰：“彼有善有不善。”从者以告其主，曰：“彼庸乃知音，窃言是非。”家丈人召使前击筑，一坐称善，赐酒。而高渐离念久隐畏约无穷时，乃退，出其装匣中筑与其善衣，更容貌而前。举坐客皆惊，下与抗礼，以为上客。使击筑而歌，客无不流涕而去者。宋子传客之，闻于秦始皇。秦始皇召见，人有识者，乃曰：“高渐离也。”秦皇帝惜其善击筑，重赦之，乃矐其目。使击筑，未尝不称善。稍益近之，高渐离乃以铅置筑中，复进得近，举筑朴秦皇帝，不中。于是遂诛高渐离，终身不复近诸侯之人。③

另有蔺相如完璧归赵、廉颇负荆请罪等故事对慷慨悲歌在燕赵大地的扩大影响都有不同的推动作用。

① 陈旭霞、张平：《慷慨悲歌：燕赵精神文化的根本标志——燕赵文化精神理论研讨会综述》，《河北学刊》2014年第6期。

② 吴楚材、吴调侯：《古文观止》，北京：中华书局，1962，367—368页。

③ 《史记》卷八六《刺客列传·荆轲》，2536—2537页。

三 “慷慨悲歌”是古代中国士人的特殊情怀之一

其实，在历代的史料中，都有慷慨悲歌精神的士人，《文心雕龙》研究专家寇效信先生在《论风骨》中说：

> 刘越石遭永嘉之乱，国破家亡，心怀郁结，欲匡世济俗而不可得。这种愤世济俗的情志，发而为诗歌，必然慷慨悲歌，凄越动人，“雅壮而多风”。[①]

这正是慷慨悲歌的注脚。寇效信先生认为，刘越石（即刘琨，字越石，中山魏昌，今河北无极人。晋朝政治家、文学家、军事家）乃雅士、壮士。

唐代著名边塞诗人高适就有这样的气质。《唐才子传》卷二写到高适：

> 尝过汴州，与李白、杜甫会，酒酣登吹台，慷慨悲歌，临风怀古，人莫测也。中间唱和颇多。[②]

高适是个什么样的人呢？文曰：高适“少性拓落，不拘小节。耻预常科。隐迹博徒，才名便远”。[③]“年五十始学为诗，即工，以气质自高。多胸臆间语”。[④] 此外，宋人汪立信面对军事上的必败之势，也发出了悲凉的歌声：

> 已而闻似道师溃芜湖，江汉守臣皆望风降遁。（汪，笔者加）立信叹曰：“吾今日犹得死于宋土也。”乃置酒召宾佐与诀，手为表起居三宫，与从子书，属以家事。夜分起步庭中，慷慨悲歌，握拳抚案者三，以是失声，三日扼吭而卒。[⑤]

以上例子虽数量不多，但都有相似之处，所谓慷慨悲歌之士大概属于以下几种情况：临风怀古，欲匡时济俗而不得者；穷途末路，表达英雄生死离别。当然，这不是多数古代中国士人的精神特质，所以，慷慨悲歌是古代中国士人的特殊情怀之一，是一种非常态的存在。

---

① 寇效信：《论风骨》，《文学评论》1962 年第 6 期。

② 傅璇琮：《唐才子传校笺》，北京：中华书局，1987，422—423 页。

③ 傅璇琮：《唐才子传校笺》，416 页。

④ 傅璇琮：《唐才子传校笺》，422 页。

⑤ 《宋史》卷四一六《列传》，北京：中华书局，1977，12476 页。

四　客观看待“慷慨悲歌”

我们再来从另一个角度看慷慨悲歌是一种什么状态。

荆轲的歌声，刚开始为“变徵之声”，后为“羽声慷慨”。古乐调分为宫、商、角、变徵、徵、羽、变宫七种。不同调式有不同的感官色彩和表达功能。变徵之声相当于变徵调式，“变徵”相当于现代西洋乐的 F 调，声调悲凉。“羽声”相当于现代西洋乐中的 A 调即羽调，比“变徵”音高，他高亢激越，能表现激愤或高昂的情绪。

对慷慨悲歌之士，我们应该持什么态度？我们再来细读一下史料。荆轲在刺杀秦王前，

> 至易水之上，既祖，取道，高渐离击筑，荆轲和而歌，为变徵之声。士皆垂泪涕泣。又前而歌曰：“风萧萧兮易水寒，壮士一去兮不复还！”复为羽声慷慨，士皆瞋目，发尽上指冠。①

知其必死，不得不为之。这是英雄就义前的悲壮歌声。荆轲是个什么样的人呢？史书如是记载：

> 既至燕，爱燕之狗屠及善击筑者高渐离。荆轲嗜酒，日与狗屠及高渐离饮于燕市，酒酣以往，高渐离击筑，荆轲和而歌于市中，相乐也，已而相泣，旁若无人者。荆轲虽游于酒人乎，然其为人沉深好书，其所游诸侯，尽与其贤豪长者相结。其之燕，燕之处士田光先生亦善待之，知其非庸人也。②

对于燕太子丹提出的刺杀秦王一事，荆轲先是推辞，继而在太子丹许诺，并且“尊荆卿为上卿，舍上舍。太子日造门下，供太牢具，异物间进车骑美女，恣荆轲所欲，以顺适其意。”即使这样，过了好久，“荆轲未有行意”。③ 明知必死，谁又情愿呢?！然大丈夫有言在先，故而有了前面那段悲凉情景，士皆垂泪涕泣。

在下面的史料中，慷慨悲歌的贬义更多一些。如，司马迁描写中山国的民风民俗，说中山：

---

① 《史记》卷八六《刺客列传》，2534 页。

② 《史记》卷八六《刺客列传》，2582 页。

③ 《史记》卷八六《刺客列传》，2528—2532 页。

地薄人众，犹有沙丘纣淫地余民，民俗懁急，仰机利而食。丈夫相聚游戏，悲歌慷慨，起则相随椎剽，休则掘冢作巧奸冶，多美物，为倡优。女子则鼓鸣瑟，跕屣，游媚贵富，入后宫，遍诸侯。①

中山国地少人多，民仰机利而食：男子多偷盗抢劫，不务正业，女子则游媚贵富，以色求荣。

汉人荀悦撰《前汉纪》，开始使用"慷慨悲歌"形容项羽充满悲情的英雄气魄：

五年冬十月，王追项羽至阳夏南，与韩信、彭越期，皆不至会。楚击汉军，大破之。王复深垒自守。王谓张良曰："诸侯不从奈何？"对曰："大王能取睢阳以东，北至谷城尽以王彭越，从陈以东傅海与韩信，则两人必至，而楚败矣。"王从之。信、越皆至。十有二月，诸侯皆会垓下，围项羽数重。夜闻汉军四面皆作楚歌，羽惊曰："汉已尽得楚乎？是何楚人歌之多也。"夜起饮帐中，有美人曰虞姬，有骏马曰骓。羽乃慷慨悲歌曰："力拔山兮气盖世，时不利兮骓不逝。骓不逝兮可奈何！虞兮虞兮奈若何！"羽遂上马，乃从八百余骑，直夜溃围南出……乌江……乃自刭而死。②

大英雄项羽，面对必败战局选择了自杀而死，这是英雄穷途末路的唯一选择。

到了唐代，大文学家韩愈在其所作《送董邵南序》中，以河北士人感慨悲歌为由头，用含蓄的笔法劝说怀才不遇的董生不要投靠对朝廷存在着重大威胁的河北藩镇。其文曰：

燕赵古称多感慨悲歌之士，董生举进士，连不得志于有司。怀抱利器，郁郁适兹土。吾知其必有合也。董生勉乎哉！夫以子之不遇时，苟慕义强仁者皆爱惜焉。况燕赵之士，出乎其性者哉。然吾尝闻风俗与化移易，吾恶知其今不异于古所云邪（"于古"方从阁本作"于吾"，"云"或作"闻"而无"邪"字）？聊以吾子之行卜之也，董生勉乎哉！吾因子有所感矣。为我吊望诸君之墓，而观于其市复有昔时屠狗者乎？为我谢曰："明天子在上，可以出而仕矣。"③

所谓燕赵多慷慨悲歌之士，只是一种"古称"。作者引用此话，目的在于规劝董生。从客观上看，慷慨悲歌只是一种曲调，表达一种情感，而褒贬色彩较弱。可见，至唐

① 《史记》卷一二九《货殖列传》，3263页。

② 《汉纪》卷三《高祖本纪》，张烈点校《两汉纪》，35—36页。

③ 吴楚材、吴调侯：《古文观止》，367—368页。

代，慷慨悲歌一词，已没有什么贬义色彩。又，《唐才子传》记述沧州诗人高适："尝过汴州，与李白、杜甫会，酒酣，登吹台，慷慨悲歌，临风怀古，人莫测也。"[①]这说明至少到唐代，在一般人眼里，燕赵一带的民风为慷慨悲歌。

总之，自战国以后，慷慨悲歌已成为燕地文化的精义所在，一直延续到清末而不改其独特的文化韵味，而被天下有志之士视为精神典范。所谓大河之北，地雄兵精，这既是对慷慨悲歌风格的延续，又在不断强化着燕赵文化慷慨悲歌的主体精神。

这段话对慷慨悲歌分析得很好：

> 已而闻似道师溃芜湖，江汉守臣皆望风降遁。（汪）立信叹曰："吾今日犹得死于宋土也。"乃置酒召宾佐与诀，手为表起居三宫，与从子书，属以家事。夜分起步庭中，慷慨悲歌，握拳抚案者三，以是失声，三日扼吭而卒。以光禄大夫致仕，遗表闻，赠太傅。[②]

历史总有惊人的相似之处，这岂不是荆轲当年的历史再现?!

明清时期，士人发出的慷慨悲歌，多是应试不售，或是临死前的哀歌，兹不赘举。

目前，在河北大地流行了几百年的河北梆子，在表达英雄壮士生离死别时，其音调就可谓是慷慨悲歌。因为这种声调容易让人联想到形成于清道光年间的河北梆子。河北梆子诞生于燕地，多取材于历史故事，唱腔激越挺拔，刚劲豪放，悲如泣，愤如诉，淋漓尽致地表达英雄的悲壮情绪，明显地融入了燕赵大地慷慨豪放的民风气质，当听到这样的演唱时，一种慷慨激昂的情感便会油然而生。所以说，河北梆子诞生在河北大地不是偶然的，是有历史遗留的文化基因的。

小　结

总之，对于慷慨悲歌与燕赵大地的联系，应客观看待。从地域文化上讲，"慷慨悲歌"首先是中山国的一种民风，亦是代地的一种民风。中山国和代地都是慷慨悲歌的发源地。从所属人群上讲，慷慨悲歌是古代中国士人特殊情怀之一，是一种非常态的存在，并不是多数士人的情怀。从歌唱风格上讲，慷慨悲歌是壮士不得志于心时而发出的哀歌。慷慨悲歌与河北梆子有内在联系。

---

① 傅璇琮：《唐才子传校笺》，422 页。

② 《宋史》卷四一六《列传》，12476 页。

秦西汉闾里编伍原则浅识

符　奎

（浙江师范大学人文学院 浙江金华 321004）

内容提要：商鞅变法确定“令民为什伍，而相牧司连坐”制度以后，闾里内的居民被编制于伍内，已经为出土和传世文献所证实。就编伍原则而言，从目前的资料看，不存在根据爵级不同，将里内居民分区编伍的情况。秦及西汉时期，在构建身份等级社会方面，二十等爵制的功能和机制发挥了重要作用。受这一制度影响，在某一时期，闾里编伍虽然将某一爵级的居民排除在外，但仍然和其他编伍之民混合居住。随着时间的发展，编伍原则逐渐向高爵扩展，这说明二十等爵制逐渐往轻滥方向发展。

关键词：闾里什伍制度　比地为伍　二十等爵制

秦汉时期，闾里内居民实行“比地为伍”以相司察的治理模式。秦献公十年（前375）已经“为户籍相伍”，[①]商鞅变法时，又“令民为什伍，而相牧司连坐”，[②]闾里什伍制度正式建立，并伴随着统一的进程逐渐向其他地区推广。

秦西汉时期，以二十等爵为基本准则建立了系统完备的身份等级制社会，受到这一制度的影响，闾里内伍的编制也有爵级要求，即拥有一定爵级的人，可以不编入什伍系统。因为，一旦编入什伍组织以后，就要承担相应的法律连坐责任，就很容易受到牵连。故此，这种拥有一定爵级可以不被编入伍内，实质上是一种特权，体现了爵的价值。

随着历史的发展，根据现实情况的变化，闾里编伍原则也处于不断地调整与变化之中。睡虎地秦墓竹简《法律答问》：“大夫寡，当伍及人不当？不当。”[③]“大夫寡”不当编入“伍”，当是根据大夫这一爵级决定的。张家山汉墓竹简反映这一原则已经

---

① 《史记》卷六《秦始皇本纪》，北京：中华书局，1959，289页。

② 《史记》卷六八《商君列传》，2230页。

③ 睡虎地秦墓竹简整理小组：《睡虎地秦墓竹简》，北京：文物出版社，1990，129页。

发生变化，如《二年律令·户律》："自五大夫以下，比地为伍，以辨券为信，居处相察，出入相司。"[①]可见，这时"自五大夫以下"已经需要编入什伍系统之中。

西汉中期以后，关内侯也已经需要编入其居住所在地相应的伍内。如《盐铁论·周秦》："故今自关内侯以下，比地于伍，居家相察，出入相司，父不教子，兄不正弟，舍是谁责乎？"[②]此为御史与文学辩论时政时所言及，当为西汉中期的真实情况。

关于里内如何编伍的问题，有学者认为里民按照身份等级高低，依地缘五家为伍，分区居住。[③] 根据前述睡虎地秦墓竹简"大夫寡，当伍及人不当？不当"的记载，有学者明确提出，秦根据"比地为伍"原则从里民的身份等级上将里内明显分为不同的居住区域：大夫和大夫以上区，大夫以下里民混合区。[④]

出土简牍资料反映秦西汉时期里内居住者的爵位等级确实存在较大的差异，如《岳麓书院藏秦简(肆)》"尉卒律"："公大夫以上擅启门者附其旁里"，[⑤]说明里内可能居住着更高的爵位者。睡虎地秦简《封诊式》"黥妾"条反映了五大夫在里中居住的情况：

> 黥妾　爰书：某里公士甲缚诣大女子丙，告曰：某里五大夫乙家吏。丙，乙妾殹(也)。乙使甲曰：丙悍，谒黥劓丙。·讯丙，辞曰：乙妾殹(也)，毋(无)它坐。·丞某告某乡主：某里五大夫乙家吏甲诣乙妾丙，曰：乙令甲谒黥劓丙。其问如言不然？定名事里，所坐论云可(何)，或覆问毋(无)有，以书言。[⑥]

张家山汉简《奏谳书》案例第一四中，"平爵五大夫，居安陆和众里"。[⑦] 更为突出的材料是案例第一六，此案为谋杀案，涉及人物较多，其中详述了苍、信、丙、赘的爵位变迁和居住地：

> 诊问苍、信、丙、赘，皆关内侯。信，诸侯子，居洛阳杨里，故右庶长，以坚守荥(荥)阳，赐爵为广武君，秩六百石。苍，壮平君，居新郪都隐(?)里；赘，威昌君，居故市里；丙，五大夫，广德里，皆故楚爵，属汉以比士，非诸侯子……敢言

---

① 张家山二四七号汉墓竹简整理小组：《张家山汉墓竹简〔二四七号墓〕(释文修订本)》，北京：文物出版社，2006，51页。

② 王利器校注：《盐铁论校注》卷一〇《周秦》，北京：中华书局，1992，584页。

③ 臧知非：《秦汉里制与基层社会结构》，《东岳论丛》2005年第11期。

④ 王爱清：《关于秦汉里与里吏的几个问题》，《社会科学辑刊》2006年第4期。

⑤ 陈松长主编：《岳麓书院藏秦简(肆)》，上海辞书出版社，2015，115页。

⑥ 睡虎地秦墓竹简整理小组：《睡虎地秦墓竹简》，155页。

⑦ 张家山二四七号汉墓竹简整理小组：《张家山汉墓竹简〔二四七号墓〕(释文修订本)》，97页。

之。新郪信、髳长苍谋贼杀狱史武，校长丙、赘捕苍而纵之，爵皆大庶长。[①]

案件发生时间为汉高祖六年(前201)，[②]秦末及楚汉战争刚刚结束不久，因军功等原因导致爵位变化较大，案件审问调查时，信、苍、丙、赘四人的爵位当均为大庶长。[③]所谓"居安陆合众里""居洛阳杨里"，反映他们的实际居住地位于"××里"内，可见西汉初年，由于军功赐爵等原因，里内的居民有不少高爵者，可能是普遍现象。

那么，里内的居民是否根据爵级分区居住呢？我们认为，里是秦汉基层社会最基本的行政单元，里内的什伍组织，是行政上的编组，编伍的基本原则是"比地"，即相邻的原则，某些爵级的户可以不编入什伍组织，但亦不会专门划定区域作为某些爵级以上者的居住区。根据爵级分区居住认识的产生，是由于当时材料有限，对"大夫寡"的"寡"字含义尚不清楚所致。睡虎地秦墓竹简整理小组："寡，少。"并"推测当时因大夫系高爵，所以不与一般百姓为伍"。[④] 随着资料的增加，对"大夫寡"的含义有了新的认识。

里耶秦简出现了"大夫寡"的记载，如简8－19：

☐□二户。 大夫一户。 大夫寡三户。 不更一户。 小上造三户。 小公士一户。 士五(伍)七户☐ 司寇一【户】。 ☐小男子□☐ 大女子□☐ ·凡廿五☐[⑤]

该简是有关户数的统计，但性质不明。有学者认为此版头端涂黑，按照秦汉文字简牍的书写规律，说明这是一段小结，最后"·凡廿五"是指总户数，其数量应是一里的规模。[⑥]

再如简8－1236＋8－1791载：

今见一邑二里：大夫七户，大夫寡二户，大夫子三户，不更五户，□□四户，

① 张家山二四七号汉墓竹简整理小组：《张家山汉墓竹简〔二四七号墓〕(释文修订本)》，99页。

② 李学勤先生认为："案例中讲到'坚守荥阳'，是高祖(汉王)三年(前204年)的事，案子自在其后。查案中干支有'六月壬午'、'七月乙酉'和'七月甲辰'，只合于高祖六年(前201年)。"李学勤：《〈奏谳书〉解说(上)》，《文物》1993年第8期。

③ 参阅卜宪群《秦汉官僚制度》，北京：社会科学文献出版社，2002，159—160页。

④ 睡虎地秦墓竹简整理小组：《睡虎地秦墓竹简》，129页。

⑤ 陈伟主编：《里耶秦简牍校释(第一卷)》，武汉大学出版社，2012，32—33页。

⑥ 沈刚：《里耶秦简所见民户簿籍管理问题》，《中国经济史研究》2015年第4期。

上造十二户，公士二户，从廿六户。☐[①]

陈伟先生认为："大夫寡，当是大夫死后留下的遗孀。"[②]荆州高台18号汉墓木牍"新安户人大女燕关内侯寡"。[③]《二年律令·置后律》："寡为户后，予田宅，比子为后者爵。"[④]可见"××寡"是一种正式的身份性称谓。故此，立足于"寡"为"少"义，认为里内人户根据爵级不同分区居住的观点，需要重新审视。

睡虎地秦简《法律答问》：

贼入甲室，贼伤甲，甲号寇，其四邻、典、老皆出不存，不闻号寇，问当论不当？审不存，不当论；典、老虽不存，当论。

可(何)谓"四邻"？"四邻"即伍人谓殹(也)。[⑤]

简文规定了里典、里父老以及"四邻"的法律责任，并对"四邻"的法律概念进行了解释。从地理方位的角度来说，"四邻"是很好分辨的，这里却专门对"四邻"的法律概念做出解答，说明当时编伍虽然坚持"比地"的原则，但是同伍居民在空间组成上可能存在参差不齐的现象，不是严格按照宅院的地理坐标划定的。造成的这种现象的原因应是当时不同爵级居民可能按照某种规则混杂居住在一起，而按照相关律令规定某些高爵(如大夫)又不需要编入伍内。这样法律意义上"四邻"的概念就只能是是否编于同一伍内，而非地理坐标来确定，即日常生活中易于人们接受和作出判断的空间位置关系上的"四邻"和法律关系上的"四邻"出现了分离，因此需要特别做出法律解释。故此，我们认为里内应当是不同爵级的人混杂在一起居住，而非分区居住。

睡虎地秦简"大夫寡，当伍及人不当?"，"伍"指编伍，"人"当指伍人而言，即是否应当将"大夫寡"编伍于里内其他伍人之中，得到的回答是"不当"，这里是说不应当将"大夫寡"编入伍内。是否对"大夫寡"进行编伍的依据当为"大夫"这一爵级的法律规定。如果将这句话理解为将大夫或大夫以上爵位者单独进行分区编伍的话，则与简文原意不符。"比地于伍""比地为伍"意与此相同，即按照其在里内居址的就近原则，将相应爵级者编入伍中。

---

① 陈伟主编：《里耶秦简牍校释(第一卷)》，297页。

② 陈伟主编：《里耶秦简牍校释(第一卷)》，33页。

③ 湖北省荆州博物馆：《荆州高台秦汉墓》，北京：科学出版社，2000，223—224页。

④ 张家山二四七号汉墓竹简整理小组：《张家山汉墓竹简〔二四七号墓〕(释文修订本)》，61页。

⑤ 睡虎地秦墓竹简整理小组：《睡虎地秦墓竹简》，116页。

这里需要注意两点：第一，在相关律令调整以前，大夫、五大夫、关内侯是不进行编伍的；第二，他们在编伍之前与其他已经编入伍内者是相邻而居的。故相关简文的含义是大夫、五大夫、关内侯等在法律调整之前不编入伍内而非分区居住。之所以要对里内的居民进行编伍，主要目的是“居处相察，出入相司”，以及“相牧司连坐”。再如，《续汉书·百官志》：“里魁掌一里百家。什主十家，伍主五家，以相检察。民有善事恶事，以告监官。”[①]盐铁会议上，文学与御史辩论时，就在一定角度上批评了当时实行的什伍连坐制度，所谓：“自首匿相坐之法立，骨肉之恩废，而刑罪多矣。父母之于子，虽有罪犹匿之，其不欲服罪尔。闻子为父隐，父为子隐，未闻父子之相坐也。闻兄弟缓追以免贼，未闻兄弟之相坐也。闻恶恶止其人，疾始而诛首恶，未闻什伍而相坐也。《老子》曰：‘上无欲而民朴，上无事而民自富。’君君臣臣，父父子子。比地何伍，而执政何责也？”[②]

在秦及西汉身份等级及其附带权益仍十分突出的时代，相应爵位者可能拥有里内不承担“相牧司连坐”责任的特权，故此也就不需要将其编入伍内。睡虎地秦简《封诊式》“黥妾”条表明里内的五大夫甚至不用出席相关的案件审理现场，而让其家吏公士甲出面代办。所以，我们认为秦汉律令并没有刻意规定里内居民依其爵位之高低进行分区居住，由于爵位赋予拥有者的特权，在某一历史阶段，一些爵位拥有者，如大夫、五大夫、关内侯等，并不编入伍中及承担伍内的相互司察和连坐责任等，在相关律令更改以后，其编伍原则亦是遵循“比地”的就近原则。纳入编伍爵级的上限不断发生变化，从秦“大夫寡，当伍及人不当？不当”，到汉初的“自五大夫以下，比地为伍”，再到汉代中期“自关内侯以下，比地于伍”，一方面说明了二十等爵随着社会的发展逐渐轻滥，一方面可能说明了国家强化了控制基层社会的力度。

① 《后汉书》志第二八《百官志五》，北京：中华书局，1965，3625页。

② 王利器校注：《盐铁论校注》卷一〇《周秦》，585页。

秦汉边地胡骑的使用*

——基于新获史料与传世文献的再考察

孙闻博

（中国人民大学国学院；出土文献与中国古代文明研究协同创新中心　北京　100872）

内容提要：边兵构成中，胡骑的使用引人瞩目。秦迄西汉，随着胡人内附渐多，政府相关管理存在臣邦向属国的调整变化。西汉后期以降，胡兵在边郡的作用变得日益重要，且以凉州较为突出。东汉王师出征，军队构成亦多出现胡兵为主的情形。汉廷对胡骑使用的原因，除以往总结外，既有技术因素，又有财政考虑。

关键词：胡骑　边地　臣邦　属国　凉州

两汉边兵中，胡骑的使用引人注目。雷海宗上世纪三十年代所著《中国的兵》，① 对先秦、汉魏由军民不分，经军民分立，到军民对立，专靠羌胡兵，以致国势日衰，社会病弱，中原终于成了汉代那些属国的属国的过程论述中，已对“外族兵”多有梳理，唯考察略显宏观。陈连庆则对西汉、新莽、东汉时期的“少数民族士兵”做了较为细致的史料梳理与排比。② 龚留柱对秦汉骑兵的武器、防护、战术、兵源、编制做了系统论述，其中对战国至东汉“胡骑”有较好叙说。③ 王子今对中央、地方军队中的“胡骑”“越骑”做了全面讨论，特别对一些旧有问题多有辨析。④ 本文在前人研究基础上，将新获史料与传世文献相结合，对边地胡骑加以集中关注。具体讨论侧重其在两汉之

---

* 本文系中国人民大学科学研究基金（中央高校基本科研业务费专项资金资助）项目（项目批准号 16XNB012）阶段成果。

① 雷海宗：《中国的兵》，收入其著《中国文化与中国的兵》，北京：商务印书馆，2001，35—48 页。

② 陈连庆：《西汉与新莽时期的少数民族士兵》；陈连庆：《东汉时期的少数民族士兵》，均收入《中国古代史研究——陈连庆教授学术论文集》，长春：吉林文史出版社，1991，280—294、443—457 页。

③ 龚留柱：《关于秦汉骑兵的几个问题》，《史学月刊》1990 年第 2 期。

④ 王子今：《两汉军队中的“胡骑”》；王子今：《汉王朝军制中的“越骑”部队》，均收入其著《秦汉边疆与民族问题》，中国人民大学出版社，2011，332－347、357－369 页。王子今：《胡越骑：汉军中的少数民族军人》，其著《秦汉称谓研究》四“称谓与民族关系”，北京：中国社会科学出版社，2014，218—357 页。

间的动态发展，并重新检讨胡骑使用的相关背景。

一　秦、西汉前期的边地胡骑：以“臣邦”到“属国”的内附管理为背景

秦时已置属邦管理内附蛮夷。秦戈戟题铭及封泥，多次出现“属邦”。[①] 这些“属邦”，实际对应《汉书·百官公卿表》中的典属国。及至西汉早期，典属国一职尚多用“属邦”避讳而改的“属国”一称。如文帝遗诏提到“属国悍为将屯将军”，[②]贾谊进言又有“以臣为属国之官，以主匈奴”语，[③]皆可为证。[④] 以往对秦汉地方“属邦”、“属国”，讨论很多。[⑤] 不过，这里需要指出：目前未见秦及西汉前期对归附蛮夷有以“属邦”称之，而是多作“臣邦”。[⑥] 下文即使用后一用语。

西汉初，匈奴边侵严重。文帝时“匈奴右贤王入居河南地，侵盗上郡葆塞蛮夷，杀略人民”，[⑦]可知直当长安迤北的上郡，当时已有蛮夷保塞。文帝后二年（前162）诏，称匈奴“驱保塞蛮夷，令不得居其故，陵轹边吏”，而“边臣兵吏又不能谕吾内志，以重吾不德也”。[⑧] “保塞蛮夷”与“边吏”对称，“边臣”又与“兵吏”并举，[⑨]二者共同

---

① 参见董珊《战国题铭与工官制度研究》，北京大学博士学位论文，中国语言文学系，2002，223—224页；周晓陆、路东之《秦封泥集》，西安：三秦出版社，2000，181—182页。

② 《史记》卷一〇《孝文本纪》，北京：中华书局，1982，434页。相关分析又参见郭永秉、广濑薰雄《绍兴博物馆藏西施山遗址出土〔廿〕二年属邦守蓐戈研究——附论所谓秦廿二年丞相戈》，《出土文献与古文字研究》第四辑，上海古籍出版社，2011，117页。

③ ［汉］贾谊撰，阎振益、锺夏校注：《新书校注》卷四《势卑》，，北京：中华书局，2000，153页。

④ 相关亦可参见刘瑞《秦“属邦”“臣邦”与“典属国”》，《民族研究》1999年第4期。

⑤ 孙言诚：《秦汉的属邦和属国》，《史学月刊》1987年第2期；王宗维：《汉代的属国》，《文史》第二十辑，中华书局，1988；王宗维：《汉代属国制度探源》，王宗维、周伟洲主编《马长寿纪念文集》，西安：西北大学出版社，1993；刘瑞：《秦“属邦”、“臣邦”与“典属国”》；陈力：《试论秦国之“属邦”与“臣邦”》，《民族研究》1997年第4期；刘瑞：《秦、西汉的“内臣”与“外臣”》，《民族研究》2003年第3期。日本学界研究参见［日］柿沼阳平撰《日本秦简研究现状·对外关系》，武汉大学简帛研究中心主办《简帛》第六辑，上海古籍出版社，2011，182—185页。

⑥ 《法律答问》简七二、一一三至一一四、一七六至一七八、一八〇。睡虎地秦墓竹简整理小组编：《睡虎地秦墓竹简》，北京：文物出版社，1990，释文110、120、135—136页。

⑦ 《史记》卷一一〇《匈奴列传》，2895页。

⑧ 《史记》卷一〇《孝文本纪》，425、431页。

⑨ “兵吏”是秦及汉初诏书中常用语汇，如《史记》卷六《秦始皇本纪》：“秦初并天下，令丞相、御史曰：‘……魏王始约服入秦，已而与韩、赵谋袭秦，秦兵吏诛，遂破之……燕王昏乱，其太子丹乃阴令荆轲为贼，兵吏诛，灭其国。齐王用后胜计，绝秦使，欲为乱，兵吏诛，虏其王，平齐地。”（235—236页）

构成对匈奴的最外重防御。而在当时，晁错又曾特别建议使用降胡：

> 今降胡义渠蛮夷之属来归谊者，其众数千，饮食长技与匈奴同，可赐之坚甲絮衣，劲弓利矢，益以边郡之良骑。令明将能知其习俗和辑其心者，以陛下之明约将之。即有险阻，以此当之；平地通道，则以轻车材官制之。两军相为表里，各用其长技，衡加之以众，此万全之术也。[①]

汉代，义渠主要分布在北地郡。宣帝五凤三年（前55）"置西河、北地属国以处匈奴降者"。[②] 当义渠等降胡内附时，文帝并未设置属国。由于归义者达数千人，晁错建议授以甲兵，将其组建成一支胡骑，同时选派将帅统领。而在具体使用上，他又建议与轻车、材官等郡国兵配合使用。险阻用胡骑，平地用轻车材官，"两军相为表里，各用其长技，衡加之以众，此万全之术也"。此可与前引"边臣""兵吏"并举相参照。西汉帝国早期就曾考虑使用归义胡骑，来抵御匈奴侵边。

属国实际在武帝以降多有设立，而所处地理位置值得注意。武帝始置匈奴五属国："居顷之，乃分徙降者边五郡故塞外，而皆在河南，因其故俗，为属国。"[③]这些属国虽安置在诸郡内，然皆在"故塞外"。"故塞"，胡三省云："故塞，秦之先与匈奴所关之塞。自秦使蒙恬夺匈奴地而边关益斥，秦、项之乱，冒顿南侵，与中国关于故塞。及卫青收河南，而边关复蒙恬之旧。所谓故塞外，其地在北河之南也。"[④]据文意，"故塞"指始皇三十三年（前214），蒙恬攻匈奴取河南地以前的秦边塞。《史记》卷一一〇《匈奴列传》"十余年而蒙恬死，诸侯畔秦，中国扰乱，诸秦所徙適戍边者皆复去，于是匈奴得宽，复稍度河南与中国界于故塞"，提到蒙恬死后，戍边者逃亡，秦所占河南地复被夺回，匈奴"复稍度河南与中国界于故塞"。这说明胡注有关"故塞"的时间下限可取。至于此称出现的上限，里耶秦简木方有：

> 边塞曰故塞，毋塞者曰故徼（8—461）。[⑤]

---

① 《汉书》卷四九《晁错传》，北京：中华书局，1962，2282—2283页。

② 《汉书》卷八《宣帝纪》，267页。

③ 《史记》卷一一一《卫将军骠骑列传》，2934页。此有两种意见：一为《史记正义》云"五郡谓陇西、北地、上郡、朔方、云中，并是故塞外，又在北海西南"。《通鉴》胡三省注同此说。二为《困学纪闻》卷一二《考史》："《武纪》：元狩二年秋，匈奴昆邪王降，'置五属国以处之'。注不载五属国之名。考之《地理志》，属国都尉，安定治三水，上郡治龟兹，天水治勇士，五原治蒲泽，张掖治日勒。此五帝初置也。若金城、西河、北地属国，置于宣帝时，不在五属国之数。"（[宋]王应麟著，[清]翁元圻等注：《困学纪闻》（全校本），栾保群、田松青、吕宗力校点，上海古籍出版社，2008，1429页）又，《汉书补注》引齐召南曰以杜佑为后说。此似不见于《通典》，未详何据。

④ 《资治通鉴》卷一九《汉纪》"武帝元狩二年"条，北京：中华书局，1956，634页。

⑤ 陈伟主编：《里耶秦简牍校释（第一卷）》，武汉大学出版社，2012，157页。

此为秦统一天下后的名号更替汇编。[1] 原来的“边塞”“毋塞”之边徼更名为“故塞”“故徼”,“象征了天下无外”。[2] 由此,“故塞”之称不始于汉,秦并六国时就已经使用了。“北河之前”的“故塞外”,应指夺取河南地前,战国秦昭襄王长城以外。《汉书》卷七九《冯奉世传》提到“元帝即位,为执金吾。上郡属国归义降胡万余人反去。初,昭帝末,西河属国胡伊酋若王亦将众数千人畔,奉世辄持节将兵追击”。按上郡属国治龟兹,西河属国治美稷,两县皆临近战国秦长城。而美稷在东汉得以成为南单于庭所在及护匈奴中郎将驻地,与相关地理特征、历史背景,颇有关系。至于属国胡骑名籍,上世纪三十年代所出居延汉简木楬题作:

元凤五年尽本始元年九月以来秦(512・35A)
骑属国胡骑兵马名籍(512・35B)[3]

然名籍格式,过去一直不很清楚。新出肩水金关汉简出现:

属国胡骑充国佰县泉里呼淦年廿五　长七尺五寸　黑色　□□□(73EJT14:2)[4]

对照图版,所释基本可从。如理解不误,这应是属国胡骑出入肩水金关的名籍简。其中,“充国佰县泉里”可有两种断句:“充国、佰县、泉里”;“充国佰、县(悬)泉里”。汉代籍贯书写将郡县(乡)里之县名后“县”字写出,仍合体例。不过,综合考虑下,后种句读更为可取。属国体制下的内附少数民族固然军民合一,但在组织管理上或会略有不同。目前所见偏重军事编制的“佰”与偏重居民编制的“里”相结合的书写,或因此故。属国内的居民组织管理,至少存在形式上的“里”规划。此为以往所未知,或是属国体制与之前臣邦、边臣、保塞蛮夷形态的区别之一。[5]

---

① 胡平生:《里耶秦简8—455号木方性质刍议》,武汉大学简帛研究中心主办《简帛》第四辑,上海古籍出版社,2009,17—25页。

② 游逸飞:《里耶秦简8—455号木方选释》,武汉大学简帛研究中心主办《简帛》第六辑,上海古籍出版社,2011,100—101页。

③ “秦骑”,旧释作“桼□”,据邢义田利用红外线照片考释意见改。邢义田:《“秦胡”小议——读新出居延汉简札记》,收入其著《地不爱宝:汉代的简牍》,北京:中华书局,2011,78页。

④ 甘肃简牍保护研究中心等编:《肩水金关汉简(贰)》,上海:中西书局,2012,下册,4页。

⑤ 胡骑呼淦的姓氏,应与匈奴呼延氏有关。此处显示,省称作单姓“呼”的情形,很早已经出现。

二　西汉末迄东汉的边地胡骑发展：以凉州为中心

西汉后期，外族兵在边兵中的地位日益重要，尤以凉州地区为突出。先说卢芳。“王莽末，（卢芳）乃与三水属国羌胡起兵。更始至长安，征芳为骑都尉，使镇抚安定以西”。[①] 按卢芳为安定三水人。他在乱世之中崛起，得益于与安定属国胡的联合。而窦融事例更具代表性。新莽覆灭后，窦融降于更始，本被大司马赵萌举荐为巨鹿太守。但窦融劝说诸兄改往河西发展：“天下安危未可知，河西殷富，带河为固，张掖属国精兵万骑，一旦缓急，杜绝河津，足以自守，此遗种处也。”于是“萌为言更始，乃得为张掖属国都尉”。[②] 河西得以被考虑为“遗种处”，除“河西殷富，带河为固”的经济、地理优势外，“张掖属国精兵万骑”的军事力量显然是主要原因。这从他所争取职任是张掖属国都尉而非它官，就可看出。窦融身处纷乱之季，欲谋求一具有军事实权官职以自保，实在可以理解。不过，下面情形却值得注意。待更始败亡，河西诸郡长吏计议推举大将军总统五郡时，窦融又被推举。本传称：

> 议既定，而各谦让，咸以融世任河西为吏，人所敬向。[③]

所谓“融世任河西为吏”，具体指“而高祖父尝为张掖太守，从祖父为护羌校尉，从弟亦为武威太守，累世在河西”事。不过，下文又云“融大喜，即将家属而西。既到，抚结雄杰，怀辑羌虏，甚得其欢心，河西翕然归之”。细按所叙，扶风窦氏在此之前，已举族离开河西。相对“冢中枯骨”，窦融在当地拥有较高声望，更多还是来自就任后“抚结雄杰，怀辑羌虏”的积极活动。而当时参与议事者，有酒泉太守梁统、金城太守库钧、张掖都尉史苞、酒泉都尉竺曾、敦煌都尉辛彤等。众人皆为一郡太守或都尉，官职居窦融之右，在各自郡中又有最高一级军事指挥权。此时却一致同意由窦融居上节制，恐难以“各谦让”语释之。《窦融传》称“是时，武威太守马期、张掖太守任仲并孤立无党，乃共移书告示之，二人即解印绶去。于是以梁统为武威太守，史苞为张掖太守，竺曾为酒泉太守，辛彤为敦煌太守，库钧为金城太守”。马期、任仲由于“孤立无党”，在窦融等人压力下，不得不选择辞官离任。梁统等人则不“谦让”地瓜分了他们离职所留空缺。[④] 由此言之，窦融得行河西五郡大将军事，主要是自身权势使

---

① 《后汉书》卷一二《卢芳传》，北京：中华书局，1965，506 页。

② 参见《后汉书》卷二三《窦融传》，796 页。

③ 《后汉书》卷二三《窦融传》，797 页。

④ 而换一角度来看，相对窦融的上升，梁统等人只是尽量保留了旧有的权力、地位。梁统之于窦融，犹马期之于梁统。

然。换言之，张掖属国都尉所统万余胡骑，是河西诸郡中最强劲的一支军事力量。本传下文复云：

> 融居属国，领都尉职如故，置从事监察五郡。

窦融为河西五郡大将军后，仍不肯离开旧职，而坚持以一郡之属国都尉督统诸郡，缘由即在于此。此时胡骑，已然成为凉州军事力量的主导。

及至东汉，伴随蛮夷归义、内属，族群分化进一步发展。北边与汉帝国临近的游牧民族，羌有西羌、东羌，匈奴有北匈奴、南匈奴，鲜卑、乌桓则一北一南。[①]《后汉书》卷九〇《乌桓鲜卑列传》记乌桓内附事："是时四夷朝贺，络驿而至，天子乃命大会劳飨，赐以珍宝。乌桓或愿留宿卫，于是封其渠帅为侯王君长者八十一人，皆居塞内，布于缘边诸郡，令招来种人，给其衣食，遂为汉侦候，助击匈奴、鲜卑。"[②]《三国志》卷三〇《魏书·乌丸鲜卑东夷传》裴注引王沈《晋书》所载更详："建武二十五年(49)，乌丸大人郝旦等九千余人率众诣阙，封其渠帅为侯王者八十余人，使居塞内，布列辽东属国、辽西、右北平、渔阳、广阳、上谷、代郡、雁门、太原、[③]朔方诸郡界，招来种人，给其衣食，置校尉以领护之，遂为汉侦备，击匈奴、鲜卑。"[④]到了建武二十六年(50)冬，"东汉'复诏单于徙居西河美稷'，再迁河套以内。南单于列置诸王，分屯北地、朔方、五原、云中、定襄、雁门、代郡，助为扞戍。于是，从最西的北地，绵延到最东的辽东属国，中无缺环，总计十四郡，皆有乌桓、南匈奴与东汉军民错杂而居，助为扞戍，形成了一道完备的对付北匈奴和鲜卑的防御体系"。[⑤] 自此以下，外族兵在汉帝国边兵中

---

① 东汉时期活跃的武陵蛮，也可分为沣中蛮、溇中蛮或充中蛮及"五里蛮六亭兵"一类"善蛮"。参见魏斌《古人堤简牍与东汉武陵蛮》，《历史语言研究所集刊》第八十五本第一分，2014。

② 《后汉书》卷九〇《乌桓鲜卑列传》，2982页。

③ 田余庆指出："东汉广阳、太原不属边郡，其所以列入乌桓布列之区，是由于幽并二州所统乌桓名骑一般都集中于二州州治所在的蓟和晋阳。陈国灿《魏晋间的乌丸与护乌丸校尉》(武汉大学《魏晋南北朝隋唐史资料》第一辑，1979)一文，解释曹操徙三郡乌桓于内地，具体地点即在幽并二州州治附近，我认为是可信的。东汉建武内徙乌桓有至太原者，亦同此理。"田余庆：《代北地区拓跋与乌桓的共生关系》，收入其著《拓跋史探》(修订本)，北京：生活·读书·新知三联书店，2011，105页注1。

④ 曹永年云："据《通鉴考异》，乌桓入朝在二十五年春，而布列内属乌桓于辽东属国、……缘边十郡，是这一年岁末之事。"田余庆：《拓跋史探》(修订本)附录一"关于拓跋地境等讨论二题(摘录)"，266页。又，《后汉书》卷九〇《乌桓鲜卑列传》"于是始复置校尉于上谷甯城，开营府，并领鲜卑"，提到对内属鲜卑的管理，史载又有"代郡鲜卑""辽东鲜卑"及"雁门乌桓及鲜卑叛"等内容，亦值得注意。

⑤ 田余庆：《拓跋史探》(修订本)附录一"关于拓跋地境等讨论二题(摘录)"，267页。

所扮演角色愈为重要，作用愈加突出。[①]

任延任武威太守时，“郡北当匈奴，南接种羌，民畏寇抄，多废旧业。（任）延到，选集武略之士千人，明其赏罚，令将杂种胡骑休屠黄石屯据要塞，其有警急，逆击追讨”。[②] 郡兵采取招募形式，军事力量重要构成包括“杂种胡骑休屠黄石”一类。又，《后汉书》卷二三《窦融传附曾孙宪传》范晔论曰：

窦宪率羌胡边杂之师，一举而空朔庭。

同书卷六五《段颎传》记平定羌乱的段颎，

（建宁）三年（170）春，征还京师，将秦胡步骑五万余人，及汗血千里马，生口万余人，诏遣大鸿胪持节慰劳于镐。[③]

中央出师，开始出现以胡兵为军队主力的情形：

中平二年（185），汉阳贼边章、韩遂与羌胡为寇，东侵三辅，时遣车骑将军皇甫嵩西讨之。嵩请发乌桓三千人。北军中候邹靖上言：“乌桓众弱，宜开募鲜卑。”事下四府。

此事上，大将军掾韩卓赞同邹靖意见。应劭表示反对，另外主张：

可募陇西羌胡守善不叛者，简其精勇，多其牢赏。[④]

---

① 这里无意否认边郡郡兵作用，而旨在丰富、充实边地军事组织的相关认识。包括凉州在内的西北诸郡郡兵，在东汉军事活动中仍扮演重要角色。东汉顺帝永和二年（137）八月，敦煌太守击北匈奴呼衍王事，传世文献失载，据《裴岑纪功碑》，军队构成主要为“郡兵三千人”。碑文参见高文《汉碑集释》，开封：河南大学出版社，1997，59页。

② 《后汉书》卷七六《循吏列传·任延》，2463页。

③ “秦胡”的学术梳理参见胡小鹏、安梅梅《“秦胡”研究评说》，《敦煌研究》2005年第1期。新近探讨又有李烨《“秦胡”别释》，《内江师范学院学报》2012年第5期；初师宾《再释“秦胡”——兼与胡小鹏诸先生商榷》，张德芳主编《甘肃省第二届简牍学国际学术研讨会论文集》，上海古籍出版社，2012，17—27页。这里，笔者赞同邢义田将“秦胡”理解为胡化汉人的思路（邢义田：《“秦胡”小议——读新出居延汉简札记》，收入其著《地不爱宝：汉代的简牍》，68—83页）。唯参新出肩水金关汉简“☐所将胡骑秦骑名籍☐”（73EJT1：158）。而“秦胡”或可考虑断开，胡化汉人仅指“秦胡”之“秦”。

④ 参见《后汉书》卷四八《应劭传》，1609—1610页。

边章、韩遂作乱时，朝臣虽在具体对策上存在分歧，但无论邹靖、韩卓倡导“开募鲜卑”，还是应劭针锋相对而提议“募陇西羌胡守善不叛者”，所考虑依靠的平叛力量均是胡兵。《后汉书》卷七二《董卓传》又记：

中平六年(189)，征卓为少府，不肯就，上书言：所将湟中义从及秦胡兵皆诣臣曰：牢直不毕，禀赐断绝，妻子饥冻。

按董卓此前任职前将军，与左将军皇甫嵩在西北平定王国、马腾、韩遂叛乱。所统军队同样以湟中义从、秦骑、胡骑为主。这与郑太说董卓所云：

且天下强勇，百姓所畏者，有并、凉之人，及匈奴、屠各、湟中义从、西羌八种，而明公拥之，以为爪牙，譬驱虎兕以赴犬羊。[①]

及蔡琰诗描绘董卓军队入京：

卓众来东下，金甲耀日光。平土人脆弱，来兵皆胡羌。[②]

可相对照。待灵帝病重，朝廷复令董卓交出兵权，董卓上书言曰：

……掌戎十年。士卒大小相狎弥久，恋臣畜养之恩，为臣奋一旦之命。乞将之北州，效力边垂。[③]

据本传，董卓灵帝世先后任西域戊己校尉、并州刺史、河东太守。“中平元年(184)，拜东中郎将，持节，代卢植击张角于下曲阳”。中平二年(185)后，董卓又接连以中郎将、破虏将军及前将军在凉州平乱。“掌戎十年”倘若落实，显然在他任东中郎将以前，或指从任西域戊己校尉以来。然而，即便理解作泛泛之言，董卓在中平元年后所将兵应已是胡兵为主了。“士卒大小相狎弥久，恋臣畜养之恩”，显示将士间因长期统领、相处，结成较为近密的私人主从关系。东汉胡兵在边兵构成中日益重要，某些军队中，甚至进一步成为主体。

① 《后汉书》卷七〇《郑太传》，2258页。
② 《后汉书》卷八四《列女传·董祀妻》，2801页。
③ 《后汉书》卷七二《董卓传》，2322页。

三　胡骑使用原因补释：技术与财政

汉帝国对胡骑的使用，向为人所瞩目。其中原因，除前人所论外，技术与财政的因素值得注意。学者指出“汉初确有用车兵的事实”，“但武帝自己用兵时，却又不见兵车的实际应用，所以武帝的前后应当是中国战术革命的关键”。[①] 有关战国、秦及汉初军队构成中车兵、骑兵情况，这里还可补充。《史记》卷八一《廉颇蔺相如列传》记战国赵将李牧防御匈奴，“于是乃具选车得千三百乘，选骑得万三千匹，百金之士五万人，彀者十万人，悉勒习人”。[②] 同书卷一〇《孝文本纪》“上乃遣三将军军陇西、北地、上郡，中尉周舍为卫将军，郎中令张武为车骑将军，军渭北，车千乘，骑卒十万”。在多兵种参战时，战车数量较多，且往往叙述在先，车兵在当时军队中尚居重要地位。冯唐后被文帝任命为车骑都尉，“主中尉及郡国车士”，[③]也反映了这点。睡虎地秦简《秦律杂抄》记：

> 轻车、赾张、引强、中卒所载傅到军，县勿夺。夺中卒传，令、尉赀各二甲（八）

提到军队较常见的四个兵种，叙述同样以车兵的“轻车”居首。“赾张”“引强”均为弩兵。前者是用脚张弩的蹶张士，后者是用臂张弩的擘张士。“中卒”居末，或指中军中持长兵的步兵。《秦律杂抄·除吏律》有对“发弩射不中”，“发弩啬夫射不中”，“驾驺除四岁，不能驾御”（二、三）的处罚，主要涉及弩兵与车兵。上述均未提及骑兵，恐非偶然。当时虽然已有骑兵，并组建有骑兵部队，但数量及重要性仍较有限。[④] 这与秦始皇陵一、二号兵马俑坑的兵种分布可以联系。关于兵俑性质，学界说法不一，主流意见倾向“秦始皇送丧军队的象征”。[⑤] 参考近年陕西凤栖原西汉张安世家族墓的

---

① 劳榦：《汉代兵制及汉简中的兵制》，《历史语言研究所集刊》第十本，1948，27 页。相关又可参见安忠义《先秦骑兵的诞生及演变》，《考古与文物》2002 年第 4 期；安忠义《汉武帝时期骑兵的兴起与军制改革》，《烟台师范学院学报》（哲学社会科学版）2005 年第 4 期；常彧《汉画像石中“胡汉交战”图与两汉的突骑——两汉骑兵变革与中国古代骑兵分类》，《国学研究》第二八卷，2011，77—103 页。

② 《史记》卷一〇二《张释之冯唐列传》则作“选车千三百乘，彀骑万三千，百金之士十万”。

③ 《史记》卷一〇二《张释之冯唐列传》，2759 页。《汉纪》作“主中尉及郡车骑士”。荀悦：《汉纪》卷八，张烈点校《两汉纪》，北京：中华书局，2002，119 页。

④ 睡虎地秦简资料或可从墓葬位于湖北云梦，墓主由于地域性需要，而对律文有选择性抄录的角度解释。不过，秦末汉初的楚骑已十分活跃。《史记》卷九五《樊郦滕灌列传》“楚骑来众”等记录，即显示这点。

⑤ 学术史梳理及最新探讨，参见中国社会科学院考古研究所《中国考古学·秦汉卷》第二章第五节，北京：中国社会科学出版社，2010，104—105 页。

重要考古收获，[①]结合咸阳杨家湾、危山汉墓、景帝阳陵、徐州狮子山楚王墓等资料，可以注意到：西汉兵马俑坑的兵俑类型及组合，远较旧有理解更为多样。而且，兵种的相关具体内容，与墓主身份联系密切。诸说之中，“都城咸阳的卫戍部队”的认识，或更适宜。秦俑骑兵目前只出现在兵种多样的二号坑，且位于次要的第三、四单元，[②]情况与上类似。又，传出自西安六村堡西汉官府手工业遗址的陶范遗存，目前所见兵士俑范带有题铭者，同样以兵车俑为主，如：

□车御足法一合第□(106)
长轻御身(81)
长轻右身第(82)
长轻御足第四(83)[③]
长轻御身第一[④]

“足”“身”“右身”指范所塑部位，“法”通“范”。这些身份多称为“长轻御”。尹湾汉简《武库永始四年兵车器集簿》时代为西汉成帝。[⑤] 据木牍所载，这一时期车兵在军队中地位则大为下降，远不及汉初。然而，相对数量较多的“弩五十二万六千五百廿六”“铍四十四万九千八百一”“马甲鞮瞀五千三百卅”“鞍荐二千八十”“上马靳八百廿五”等偏重骑兵装备，比重仍然较小。[⑥] 文帝时晁错建言，曾有“匈奴之长技三，中国之长技五”的议论。[⑦] 汉军优势为：

1.“平原易地，轻车突骑”；
2.“劲弩长戟，射疏及远”；
3.“坚甲利刃，长短相杂，游弩往来，什伍俱前”；
4.“材官驺发，矢道同的”；
5.“下马地斗，剑戟相接，去就相薄”。

---

① 目前可使用资料，参见胡斌《从西安凤栖原西汉家族墓地来看西汉列侯墓葬的几个问题》，西北大学硕士学位论文，2012。

② 始皇陵秦俑坑考古发掘队：《秦始皇陵东侧第二号兵马俑坑钻探试掘简报》，《文物》1978年第5期；中国社会科学院考古研究所：《中国考古学·秦汉卷》第二章第四节，100—101页。

③ 参见熊龙《孚堂藏秦汉陶范所涉名物丛考》，收入《孚堂藏秦汉陶范题刻》，北京：中华书局，待刊。

④ 王锋钧：《御俑陶范》，《文博》2001年第5期。

⑤ 连云港市博物馆等编：《尹湾汉墓简牍》，北京：中华书局，1997，103—118页。

⑥ 相关考释参见李均明《尹湾汉简出土“武库永始四年兵车器集簿”初探》，收入连云港市博物馆、中国文物研究所编《尹湾汉墓简牍综论》，北京：科学出版社，1999，103、118页。

⑦ 《汉书》卷四九《晁错传》，2281页。

值得注意的是,1、3、4、5 中的“突骑”“游弩”“蹈发”“下马地斗”,即“长技五”之中的四技,或多与骑兵有关。汉军骑兵在开阔地带作正面冲击(“突骑”)、相持(“下马地斗”),多兵种配合作战(“游弩”“蹈发”),实际皆有自己的优势。然而文帝一代,面对匈奴入侵,汉军却反击能力有限。看来,晁错从数量上作“五”“三”比较,并推衍“众寡之计,以一击十之术也”,与现实尚有距离。这里,“匈奴之长技三”明显制约了汉军:

1.“上下山阪,出入溪涧,中国之马弗与也”;

2.“险道倾仄,且驰且射,中国之骑弗与也”;

3.“风雨罢劳,饥渴不困,中国之人弗与也”。

所谓“今匈奴地形技艺与中国异”,具体指马、人、骑术三方面:马匹在高低起伏、地形复杂环境中的行进能力,兵士经苦耐劳的持续作战能力,骑兵在各类条件下的驾马、射箭技术。汉兵与匈奴作战,需要长途行进,多是遭遇战、追击战。这时,匈奴的三项优势,就可以综合性地发挥出来。故汉军骑兵虽在作战上有不少优势,然一旦与匈奴交手,相关特长多难发挥,技术上常处劣势。以致东汉崔寔仍称“凡汉所以能制胡者,徒擅铠弩之利也。今铠则不坚,弩则不劲,永失所恃矣”。[1] 因此,胡骑在当时被引入是必要的。“以夷伐夷”,[2]正出于技术角度的扬长避短。

其次,使用胡骑还有财政上的考虑。依当时条件,组建与维持汉军骑兵的费用较高。汉初已组建战斗力很强的“郎中骑兵”。帝国建立后,又设置牧师苑等马政机构。[3] 不过,从西汉前期政府对民众养马的规定看,当时马匹供应颇显不足,饲养者被给予了较多优惠。文帝时,“民有车骑马一匹者,复卒三人”。[4] 武帝时,“兵革数动,民多买复及五大夫,征发之士益鲜。于是除千夫五大夫为吏,不欲者出马”。[5] 按“五大夫”及武功爵“千夫”以上不服兵役。而武帝在军旅频兴之季,对相关群体做了新的规定。他们可以有两种选择:一是任吏,二就是提供马匹。武帝后期,“而令民得畜边县,官假马母,三岁而归,及息什一,以除告缗,用充入新秦中”。[6]

更重要的开支,来自作战时的骑兵。宣帝世,赵充国在平羌时上书“愿罢骑兵,留弛刑应募,及淮阳、汝南步兵与吏士私从者,合凡万二百八十一人,用谷月二万七千三百六十三斛,盐三百八斛,分屯要害处”,而只在“四月草生,发郡骑及属国胡骑伉健各千,倅马什二,就草,为田者游兵”。[7] 其中原因,赵充国在随后条上“不出兵留

---

① [汉]崔寔、仲长统撰,孙启治校注:《政论校注　昌言校注》,北京:中华书局,2012,113 页。

② 《后汉书》卷一六《邓禹传附子训传》、卷八九《南匈奴列传》,609、2953 页。

③ 最新学术梳理及探讨,参见陈宁《秦汉马政研究》,北京:中国社会科学出版社,2015。

④ 《汉书》卷二四上《食货志上》,1133 页。

⑤ 《史记》卷三〇《平准书》,1428 页。

⑥ 李奇曰:“边有官马,今令民能畜官母马者,满三岁归之,十母马还官一驹,此为息什一也。”

⑦ 《汉书》卷六九《赵充国传》,2986 页。

田便宜十二事”，实际已有提及。相关第四事为：

军马一月之食，度支田士一岁，罢骑兵以省大费，四也。

军马一月用食相当屯田士劳作一年的收获。汉军骑兵适合在短期速战中使用。一旦进入相持阶段，维持骑兵运转的费用高昂。因此，赵充国才要求将汉军构成及时调整为步兵为主。东汉时情形依旧。任尚曾多次平羌，如虞诩所言“使君频奉国命讨逐寇贼，三州屯兵二十余万人，弃农桑，疲苦徭役，而未有功效”。那么，“未有功效”的原因何在呢？下文具体指出：

今虏皆马骑，日行数百，来如风雨，去如绝弦，以步追之，埶不相及，所以旷而无功也。

叛羌多是骑兵，而任尚每次所统大军，则皆以步兵为主。所以，虞诩才特别建议任尚：

罢诸郡兵，各令出钱数千，二十人共市一马，如此，可舍甲胄，驰轻兵。[①]

由上可见，东汉地方兵仍然多为步兵。任尚这次使用骑兵取得平羌的难得胜果，还是采纳“奇计”，变通使然。[②] 胡骑的使用，一方面克服了汉军在技术上的不足；另一方面，又一定程度缓解了日常、战时维持骑兵部队的财政压力。

附记：拙文修改承凌文超、庄小霞、曾磊、李迎春、马孟龙、熊长云等先生提供宝贵意见，特致谢忱。曾刊《简牍学研究》第六辑，甘肃人民出版社，2016年，第112—122页。今稍作修订。

① 相关参见《后汉书》卷八七《西羌传》，2890页。

② 苏秉琦先生早年指出：“绝不能对(东汉)骑兵的发展状况过分夸大……即使是和骑射的游牧民族交战，汉人也常用持刀、盾的步兵出战。”苏秉琦：《战国秦汉考古》第三章，上海古籍出版社，2014，180页。

里耶秦简所见代地简文考述

庄小霞

（中国社会科学院历史研究所 北京 100732）

内容提要：关于秦代代郡历史，文献记载甚少。湖南里耶秦简中有一枚涉及秦代代郡的简文，反映了秦灭代后代人的反叛以及秦朝中央朝廷对代郡的一次平叛军事行动，可弥补史阙。

关键词：里耶秦简　秦代　代郡

2002年6月出土的湖南里耶秦简主要内容是秦洞庭郡迁陵县的官府文书档案，内容非常丰富，在已公布的里耶秦简中则有一枚涉及秦代代郡的简文，虽然仅从简文上无法知晓这枚简与迁陵县的关系，但这枚简简文透露的内容应与秦初代郡历史相关。本文讨论的这枚涉及代郡的里耶秦简，蕴含重要历史信息，秦代短祚，加之时代久远，有关秦代代郡历史的传世文献甚少，出土文献也甚少，因此发现于离代郡甚远的秦洞庭郡属县迁陵县的这枚秦简，无疑是一份非常珍贵的有关秦代代郡历史的新资料，可以补充完善秦代代郡历史。由此，本文试对该枚简展开进一步考释，并对简文记载的有关秦代代郡历史进行研究，希望可以增进对秦汉时期代郡历史的认识，弥补史阙。

本文所考述的这枚里耶秦简实际上是由三枚残简缀合而成，[①]兹录简文如下：

> □□御史闻代人多坐从以毄，其御史往行，□其名□所坐以毄▨Ⅰ
>
> 县□奏军初□□到使者至，其当于秦下令毄者衔（率）署其所坐▨Ⅱ
>
> 令且解盗戒（械）。卅五年七月戊戌，御史大夫绾下将军下□叚（假）御史謷往行▨Ⅲ
>
> ▨下书都吏治从入者，□大□□□见下校尉主军□都吏治从▨Ⅳ

---

① 湖南省文物考古研究所编著：《里耶秦简〔壹〕》，北京：文物出版社，2012。本简缀合见《里耶秦简〔壹〕》"简牍缀合表"。

☐书从事各二牒，故何邦人爵死越□从及有以当制【秦】☐Ⅴ

8－532＋8－674＋8－528 正

☐书亟言求代盗书都吏治从入者所毋当令者☐Ⅰ

☐□留曰骑行书留。/□手。☐Ⅱ

8－532 背＋8－674 背＋8－528 背[①]

以上简文中出现"坐从"("代人多坐从以毄")、"治从入者"("都史治从入者")以及"代盗"等关键词句，虽然本枚简过于残断，句子内容支离破碎，实在无法彻底还原原貌，但从仅存的字词可以判断，这应是一件有关秦代代郡历史的官文书，这从简文中的"代"也能看出。本简中二见"代"，如《校释》所注："代，秦汉郡名，治所在今河北蔚县西南。"[②]本简的主要内容应与秦初代人的反叛和秦政府对代地的平叛相关。

本枚简除了出现明确的"代"郡之名，简文中出现的还比较明确的重要信息为一个时间和一个人物，时间是"卅(廿)五年七月戊戌"，人物是"御史大夫绾"。廿五年即秦始皇二十五年(前 222)。《校释》注"卅(廿)五年七月戊戌"条："'卅'也可能应释为'廿'，戊戌为七月十四日。《史记・秦始皇本纪》二十五年，'还攻代，虏代王嘉。'简文所记似为灭代后形势。如然，御史大夫绾即后来的丞相绾。"[③]《史记・秦始皇本纪》二十五年载一年大事："二十五年，大兴兵，使王贲将，攻燕辽东，得燕王喜。还攻代，虏代王嘉。王翦遂定荆江南地；降越君，置会稽郡。五月，天下大酺。"[④]由此看来，秦"还攻代，虏代王嘉"的时间应早于"五月，天下大酺"之前，根据本简记载的"七月戊戌"日，《校释》认为"简文所记似为灭代后形势"，这个判断比较可信，至于具体内容本文还可稍微展开讨论。

"御史大夫绾"，《校释》"御史大夫绾即后来的丞相绾"这个判断同样也是合理可信。传世秦始皇二十六年诏版载："廿六年，皇帝尽并兼天下诸侯，黔首大安，立号为皇帝，乃诏丞相状、绾，法度量，则不壹，歉(嫌)疑者，皆明壹之。"[⑤]《史记・秦始皇本纪》记载二十六年"丞相绾、御史大夫劫、廷尉斯等皆曰"，[⑥]可知秦始皇二十六年丞相是绾，御史大夫是冯劫，里耶秦简本枚简出现的"御史大夫绾"在秦始皇二十五年时还为御史大夫，等到了二十六年，绾就成为丞相，其御史大夫一职则由冯劫继任，所

---

① 陈伟主编:《里耶秦简牍校释(第一卷)》，武汉大学出版社，2012，173—174 页。《里耶秦简牍校释(第一卷)》(下文提到此书简称《校释》)中缀合顺序是 8－528＋8－532＋8－674，但考查图版，可知此处有误，正确顺序是 8－532＋8－674＋8－528。

② 陈伟主编:《里耶秦简牍校释(第一卷)》，174 页。

③ 陈伟主编:《里耶秦简牍校释(第一卷)》，174 页。

④ 《史记》卷六《秦始皇本纪》，北京:中华书局，1959，234 页。

⑤ 史树青、许青松:《秦始皇二十六年诏书及其大字诏版》，《文物》1973 年第 12 期。

⑥ 《史记》卷六《秦始皇本纪》，234 页。

以这么看的话，这枚简提供了《史记》所载“丞相绾”未任丞相之前担任秦御史大夫一职的经历，并进一步佐证本枚简中反映的是秦始皇二十五年间事。

至于本枚简文如何反映“所记似为灭代后形势”，以及简文所反映的“所记似为灭代后形势”具体为何，根据现在所能看到的简文，笔者试图对简文内容进行一些复原和推测。根据简文记载，大概由于“代人多坐从以毄”的原因，秦始皇二十五年七月戊戌日御史大夫绾下达命令给“将军”“叚（假）御史督”等人，命令他们前往代郡，这其中还可能有调动军队的行动（“□大□□□见下校尉主军□都吏治徒”），目的是“求代盗”。至于“代人多坐从以毄”以及秦军队要“求代盗”的原因恐怕是与秦灭掉代国后代人的反叛有关。

《史记·秦始皇本纪》载：“十九年，王翦、羌瘣尽定取赵地东阳，得赵王。引兵欲攻燕，屯中山……赵公子嘉率其宗数百人之代，自立为代王，东与燕合兵，军上谷。”[①]秦始皇十九年（前228）赵王迁投降，赵公子嘉率赵国贵族到代地，赵嘉被立为王，立国六年，被秦灭国。《史记》卷四三《赵世家》记载这段历史：“秦既虏迁，赵之亡大夫共立嘉为王，王代六岁，秦进兵破嘉，遂灭赵以为郡。”[②]此事又见于《秦始皇本纪》：“二十五年，大兴兵，使王贲将，攻燕辽东，得燕王喜。还攻代，虏代王嘉。”[③]秦始皇二十五年（前222）秦灭代后设立代郡，本文讨论的里耶秦简反映的就是秦灭代后的代地历史。

《史记·货殖列传》载：“杨、平阳陈西贾秦、翟，北贾种、代。地边胡，数被寇。人民矜懻忮，好气，任侠为奸，不事农商。然迫近北夷，师旅亟往，中国委输时有奇羡。其民羯羠不均，自全晋之时固已患其僄悍，而武灵王益厉之，其谣俗犹有赵之风也。故杨、平阳陈掾其间，得所欲。”[④]《汉书·地理志下》载：“钟、代、石、北，迫近胡寇，民俗懻忮，好气为奸，不事农商，自全晋时，已患其剽悍，而武灵王又益厉之。故冀州之部，盗贼常为它州剧。”[⑤]代地战国时就以民风剽悍著称，赵武灵王胡服骑射改革后，此地剽悍民风更剧。代地百姓骁勇善战，而代地士卒也以勇武骄悍闻名，史籍记载汉代代地士卒“悍，乘胜，军多骄”。[⑥] 秦末汉初代地多次反叛与这种民风也不无关系，不仅如此，“战国二百五十多年间，代地在赵国发挥了重要作用，甚至在赵国灭亡后，公子嘉跑到代地为王，还支撑了六年之久，确有点耐人寻味”。[⑦] 代地在被秦灭后初期，代人应当不是马上就顺从了新征服者秦人，简文记载“代人多坐从以毄”，很可

① 《史记》卷六《秦始皇本纪》，233页。

② 《史记》卷四三《赵世家》，1833页。

③ 《史记》卷六《秦始皇本纪》，234页。

④ 《史记》卷一二九《货殖列传》，3263页。

⑤ 《汉书》卷二八《地理志下》，北京：中华书局，1962，1656页。

⑥ 《史记》卷一一五《朝鲜列传》，2988页。

⑦ 黄绍雄：《代国代郡通志》，北京：中华书局，2015，105页。

能当时很多代人参与了反叛。

史籍记载秦末汉初代地多次易主以及反叛。首先，秦末各国贵族割据占地，赵国贵族占领了代地，汉元年（前206），项羽分封各路诸侯，“赵王歇徙王代”。[①] 汉二年（前205），刘邦派韩信、张耳“北击赵、代。后九月，破代兵，禽夏说阏与”。[②] 汉三年（前204）韩信、张耳斩杀陈余，设置代郡，“三年冬十月，韩信、张耳东下井陉击赵，斩陈余，获赵王歇。置常山、代郡”。[③] 高祖五年（前202）：“十月，燕王臧荼反，攻下代地。高祖自将击之，得燕工臧荼。即立太尉卢绾为燕王。使丞相哙将兵攻代。”[④] 到了高祖十年（前197）“八月，赵相国陈豨反代地”。[⑤]《史记·韩信卢绾列传》载陈豨在高祖十年“九月，遂与王黄等反，自立为代王，劫略赵、代”。[⑥] 于是刘邦派周勃平定代地，“凡别破军三，降定郡六，县七十三，得丞相、守相、大将各一人，小将二人，二千石以下至六百石十九人”。[⑦] 可以说秦末汉初代地几经叛乱，高祖十一年（前196）冬，刘邦平定陈豨之乱后下诏：“代地居常山之北，与夷狄边，赵乃从山南有之，远，数有胡寇，难以为国。颇取山南太原之地益属代，代之云中以西为云中郡，则代受边寇益少矣。王、相国、通侯、吏二千石择可立为代王者。”[⑧]代地与夷狄相邻，不仅容易受外族侵犯，而且秦末汉初之际屡次与外族交通反叛，因此刘邦将云中以西划为云中郡，而将南边太原郡归属代国，目的是使代国远离边境，以便汉朝加强控制。同时刘邦还示意群臣选择可以立为代王的人选，最终大臣们推荐刘邦的儿子刘恒为代王，“燕王绾、相国何等三十三人皆曰：‘子恒贤知温良，请立以为代王，都晋阳。’”[⑨]刘恒是刘邦的亲生儿子，立为代王而王代，对于刘邦来讲是最为放心和信任的人选。上文中提到的多次秦末汉初代地的反叛都是史籍有载，而本文记载的“代盗”等内容实际反映的应当就是代地在被秦占领后的反叛，中央朝廷发文派兵进行平叛，简文反映的内容虽不见于史籍，但却很幸运地保留在里耶秦简，这段亡佚的历史也得以一窥。

---

① 《史记》卷八《高祖本纪》，365页。

② 《史记》卷九二《淮阴侯列传》，2614页。

③ 《汉书》卷一上《高帝纪》，39页。

④ 《史记》卷八《高祖本纪》，381页。

⑤ 《史记》卷八《高祖本纪》，387页。

⑥ 《史记》卷九三《韩信卢绾列传》，2640页。

⑦ 《汉书》卷四一《樊郦滕灌傅靳周传》，2075页。

⑧ 《汉书》卷一下《高帝纪》，70页。

⑨ 《汉书》卷一下《高帝纪》，70页。

里耶秦简简 8－532＋8－674＋8－528

以上对里耶秦简简 8－532＋8－674＋8－528 进行了考述，本枚简文内容非常重要，可惜简文残缺，无法得窥全貌，虽然如此，简文中还是反映了很多重要的信息，特别是反映了秦在秦始皇二十五年灭掉代国后代人的反叛和秦派兵征服的历史。传世史籍保存记述了秦灭代的历史，对于秦灭代后代人的反叛等情况则无记载，但在本简中则有所反映，可以看到秦灭代后，代人的反抗并没有停止。至于本简所记载的内容是秦灭代后对派兵对代地反叛进行平叛的文书为什么会出现在洞庭郡的迁陵县，极有可能也是比较合理的解释就是迁陵县是被秦征服的楚国属地，秦政府将镇压代地反叛的文书颁发到此，可能是为了督导秦政府官员正确管理统治新占领地。

飞狐道与汉代军事交通

曾　磊

（中国社会科学院历史研究所；出土文献与中国古代文明研究协同创新中心

北京　100732）

内容提要：飞狐道是连接内蒙古高原和华北平原的重要通路，飞狐口、飞狐关皆位于飞狐道上，它们与紫荆关、五阮关、倒马关、隘口等关卡共同形成一个防御体系。飞狐道的形成是一个历史发展的过程。先秦时已经有飞狐道的交通路线雏形，而汉代飞狐道则是汉匈交战的必争之地。光武帝时修治飞狐道是为了防备匈奴和卢芳势力的军事威胁，其路线当自代郡至平城，并没有北通汉上谷郡郡治沮阳县。

关键词：飞狐道　汉代　代郡　军事交通

一

苏轼《次韵滕大夫三首》之一《雪浪石》诗说太行山“削成山东二百郡，气压代北三家村”，其势能与岱岳一争雄尊。[①] 巍巍太行山确实是横亘在三晋故地的一道天然屏障。曹操在《苦寒行》诗说“北上太行山，艰哉何巍巍”，所言虽是太行山南部羊肠坂的“诘屈”之势，但也反映了穿行太行山的艰辛。[②] 晋代郭缘生在《述征记》谈及太

① [宋]苏轼著，[清]冯应榴辑注，黄任轲、朱怀春校点：《苏轼诗集合注》卷三七，上海古籍出版社，2001，1888—1890页。全诗为：“太行西来万马屯，势与岱岳争雄尊。飞狐上党天下脊，半淹落日先黄昏。削成山东二百郡，气压代北三家村。千峰右卷矗牙帐，崩崖凿断开土门。揭来城下作飞石，一礮惊落天骄魂。承平百年烽燧冷，此物僵卧枯榆根。画师争摹雪浪石，天工不见雷斧痕。离堆四面绕江水，坐无蜀士谁与论？老翁儿戏作飞雨，把酒坐看珠跳盆。此身自幻孰非梦，故国山水聊心存。”

② 曹操《苦寒行》：“北上太行山，艰哉何巍巍！羊肠坂诘屈，车轮为之摧。树木何萧瑟，北风声正悲。熊罴对我蹲，虎豹夹路啼。溪谷少人民，雪落何霏霏。延颈长叹息，远行多所怀。我心何怫郁，思欲一东归。水深桥梁绝，中路正徘徊。迷惑失故路，薄暮无宿栖。行行日已远，人马同时饥。担囊行取薪，斧冰持作糜。悲彼《东山》诗，悠悠令我哀。”[宋]郭茂倩编：《乐府诗集》卷三三，北京：中华书局，1979，496页。

行山中有八条主要通道，即所谓“太行八陉”：

> 太行山首始于河内，自河内北至幽州，凡百岭，连亘十二州之界。有八陉：第一曰轵关陉，今属河南府济源县，在县理西十一里；第二太行陉，第三白陉，此两陉今在河内；第四滏口陉，对邺西；第五井陉；第六飞狐陉，一名望都关；第七蒲阴陉，此三陉在中山；第八军都陉，在幽州。[1]

元人刘因在说到晋东北和冀西北的地理形势时，有“按辔览形势，依依见全燕。易水开前襟，飞狐连右肩”之句。[2] 作为“太行八陉”之一的飞狐陉，东临小五台山，西倚北岳恒山，是连接内蒙古高原和华北平原的重要通路。唐陈子昂《送魏大从军》诗说：“雁山横代北，狐塞接云中。”[3]明人张以诚《赠萧大将军移镇渔阳》诗：“鸣沙城北接云中，千里飞狐一道通。”[4]

《元和郡县图志》说飞狐道“两崖峭立，一线微通，迤逦蜿蜒百有余里”。[5] 其山色如黑铁，古有黑石岭之称。光绪《广昌县志》卷一《诸山》“黑石岭”条引明杨嗣昌《飞狐口记略》说：“山则如两翼分张，皆北向而色紫，黯如古铁，形竖削如指掌……北口间得沙石细路……而左右山忽卓地起，如千夫拔剑，露立星攒。”卷一《形隘》“黑石岭口”条又有清人王化南《冬日过飞狐峪》诗：“四十飞狐峪，中留一线天。黑山迎马立，黄草与云连。”[6]

《水经注·㶟水》载：

> 祁夷水又东北，得飞狐谷，即广野君所谓杜飞狐之口也……晋建兴中，刘琨

---

① [唐]李吉甫撰，贺次君点校：《元和郡县图志》卷一六《河北道一》引，北京：中华书局，1983，444页。

② 刘因《经古城》：“我行常山尾，高城下吾前。按辔览形势，依依见全燕。易水开前襟，飞狐连右肩。遥想豪杰场，抚已增慨然。薪人过我傍，一笑如相怜。指城前问余，考古今几年。沈思未及答，行歌入苍烟。”(《静修集》卷一《丁亥集一》，文渊阁《四库全书》本)

③ [唐]陈子昂：《陈拾遗集》卷二，文渊阁《四库全书》本。全诗为：“匈奴犹未灭，魏绛复从戎。怅别三河道，言追六郡雄。雁山横代北，狐塞接云中。勿使燕然上，惟留汉将功。”

④ [清]朱彝尊编：《明诗综》卷六四，文渊阁《四库全书》本。全诗如下：“鸣沙城北接云中，千里飞狐一道通。十万健儿齐上马，旌旗猎猎动秋风。”

⑤ [北魏]郦道元注，杨守敬、熊会贞疏，段熙仲点校，陈桥驿复校：《水经注疏》卷一三《㶟水》引，南京：江苏古籍出版社，1989，1164页。

⑥ 全诗如下：“四十飞狐峪，中留一线天。黑山迎马立，黄草与云连。涧冷鸟难下，林深虎暗眠。风来鸣两岸，行路应愀然。行尽崎岖路，周回总是山。苍松浮碧翠，古石点斓斑。峡窄谁云险，峰高不可攀。古来征战地，即此是雄关。”又引黄河《飞狐铁壁》诗：“层崖如削出，截业莫攀缘。险镇云中地，高擎塞外天。龙门看对峙，仙掌觉孤悬。百二秦关壮，飞狐古已传。”[清]刘荣等纂修：光绪《广昌县志》卷一，台北：成文出版社有限公司，1969，104—105页，117页。

自代出飞狐口，奔于安次，即于此道也。《魏土地记》曰：代城南四十里有飞狐关，关水西北流，迳南舍亭西，又迳句瑑[①]亭西，西北注祁夷水。祁夷水又东北流，迳代城西。[②]

瀔水即今桑干河，祁夷水即今桑干河支流壶流河，源出今山西广灵县，流经今蔚县北，又经今代王城镇西，北流注入桑干河。祁夷水的支流飞狐关水即从黑石岭以北谷地，向北流经北口，最后注入壶流河。飞狐道的主干道即在此谷地，[③]今天的S010张石高速公路仍大致沿此峡谷通行。

飞狐道上的飞狐关形势险要，金人赵可《望海潮》词："云度飞狐绝险，天围紫塞高寒。"[④]欧阳修《塞垣》说："汉、唐之世，东自辽海、碣石、榆关、渔阳、卢龙、飞狐、雁门、云中、马邑、定襄，西抵五原、朔方诸郡，每岁匈奴高秋胶折。塞上草衰，控弦南牧，陵犯汉境。于是守边之臣，防秋之士，据险而出奇兵，持重而待外寇。"[⑤]所列自辽东至朔方的诸要塞中，即有飞狐之名。晋咸宁元年(275)句注碑说："北方之险，有卢龙、飞狐、句注为之首，天下之阻，所以分别内外也。"[⑥]卢龙、飞狐、句注即今燕山—太行山山系一带最重要的三个关口，它们阻隔了游牧民族南下的脚步，守卫了农耕民族的安全。而顾祖禹更是把飞狐关当作"山北诸州之噤喉"，与附近的紫荆关、倒马关共同形成一个防御体系，"诚边陲重地矣"。[⑦]

明尹耕《上谷歌》诗说"飞狐倒马紫荆连"。[⑧] 严耕望指出，以涞源县为中心有五

---

① 杨守敬疏："戴改作琐。"下文所引陈业新文即引作"句琐亭"。

② [北魏]郦道元注，杨守敬、熊会贞疏，段熙仲点校，陈桥驿复校：《水经注疏》卷一三《瀔水》，1164页。

③ 杨嗣昌《飞狐口记》："北至蔚州南至广昌百四十里间，古飞狐道也。"见上引光绪《广昌县志》卷一，104页。

④ [金]元好问编：《中州集》卷一〇，北京：中华书局，1959，545—546页。全词如下："云朔南陲，全赵幕府，河山襟带名藩。有朱楼缥缈，千雉回旋。云度飞狐绝险，天围紫塞高寒。吊兴亡遗迹，咫尺西陵，烟树苍然。时移事改，极目伤心，不堪独倚危栏。惟是年年飞雁，霜雪知还。楼上四时长好，人生一世谁闲。故人有酒，一尊高兴，不减东山。"

⑤ [宋]欧阳修著，李逸安点校：《居士外集》卷九《时论·塞垣》，《欧阳修全集》卷六〇，北京：中华书局，2001，875页。

⑥ [唐]李吉甫撰，贺次君点校：《元和郡县图志》卷一四《河东道三》引，402页。

⑦ [清]顾祖禹撰，贺次君、施和金点校：《读史方舆纪要》卷三九《山西一》，北京：中华书局，2005，1802页。

⑧ [清]朱彝尊编：《明诗综》卷四六。全诗为："飞狐倒马紫荆连，此去朝廷路一千。向日北门严锁钥，于今南牧盛烽烟。时名受脤当关将，岁德临分破阵年。愿假精兵临塞上，莫令疲病久戈铤。"

出通道，四周围绕飞狐口、紫荆关、五阮关、倒马关、隘口等五处关卡。[①] 涞源县，汉称广昌县，[②]是飞狐道的交通枢纽。上述五关中，《汉书·地理志下》提到五原关与常山关。[③]

五原关，即五阮关。《汉书·成帝纪》载，阳朔二年（前23）“秋，关东大水，流民欲入函谷、天井、壶口、五阮关者，勿苛留。”颜师古注引应劭曰：“天井在上党高都。壶口在壶关。五阮在代郡。”[④]《后汉书·乌桓传》：“建武二十一年，遣伏波将军马援将二千骑出五阮关掩击之。乌桓逆知，悉相率逃走，追斩百级而还。乌桓复尾击援后，援遂晨夜奔归，比入塞，马死者千余匹。”李贤注：“关在代郡。”[⑤]“五阮关”，《三国志·魏书·乌丸传》刘昭注补作“五原关”。[⑥] 又，《说文》：“阮，代郡五阮关也。”[⑦]后世学者多以紫荆关为汉五阮关，但严耕望认为五阮关可能在五回岭，而非紫荆关。[⑧]

常山关，后世称倒马关。[⑨] 据《后汉书·张禹传》李贤注引《东观记》，张禹祖父张况曾任“常山关长”。[⑩] 光武帝曾“徙雁门、代郡、上谷三郡民，置常山关、居庸关以东。”李贤注：“《前书》曰代郡有常山关，上谷郡居庸县有关。时胡寇数犯边，故徙之。”[⑪]

二

飞狐道的形成，是一个历史发展的过程。战国时，赵国之北有中山、代二国。赵国欲北上扩展，必先吞并中山和代国。《史记·赵世家》载：

---

① 严耕望：《唐代交通图考》第5卷《河东河北区》第43篇《太行飞狐诸陉道》，台北：中央研究院历史语言研究所，1986，1460页。

② 《汉书》卷二八下《地理志下》，北京：中华书局，1962，1622页。

③ 《汉书》卷二八下《地理志下》，1622页。

④ 《汉书》卷一〇《成帝纪》，313页。

⑤ 《后汉书》卷九〇《乌桓传》，北京：中华书局，1965，2982页。

⑥ 《三国志》卷三〇《魏书·乌丸传》，北京：中华书局，1959，834页。

⑦ 《说文解字注》卷二八，上海古籍出版社，1988，735页。

⑧ 严耕望：《唐代交通图考》第5卷《河东河北区》第43篇《太行飞狐诸陉道》，1473页。

⑨ 严耕望：《唐代交通图考》第5卷《河东河北区》第43篇《太行飞狐诸陉道》，1468—1469页。

⑩ 《后汉书》卷四四《张禹传》李贤注引《东观记》：“况迁涿郡太守，时年八十，不任兵马，上疏乞身，诏许之。后诏问起居何如，子歆对曰‘如故’。诏曰：‘家人居不足赡，且以一县自养。’复以况为常山关长。会赤眉攻关城，况出战死，上甚哀之。”（1496页）

⑪ 《后汉书》卷一下《光武帝纪下》，64页。事又见《后汉书》卷一八《吴汉传》，683页；《后汉书》卷八九《南匈奴传》，2940页；《续汉书·天文志上》，3221页。

简子乃告诸子曰："吾藏宝符于常山上，先得者赏。"诸子驰之常山上，求，无所得。无恤还，曰："已得符矣。"简子曰："奏之。"无恤曰："从常山上临代，代可取也。"简子于是知无恤果贤，乃废太子伯鲁，而以无恤为太子。①

"从常山上临代"，说明当时已经有从恒山至代都的通道。太子无恤即位后，果然"兴兵平代地"。② 至赵惠文王时，赵国"灭中山，迁其王于肤施。起灵寿，北地方从，代道大通。"③灵寿，即中山国都，在今河北灵寿县西北。所谓"代道大通"，严耕望以为即"中山北通代国道，即今考之飞狐道也；唯当时不见飞狐之名耳"。④

"飞狐"之名，始见于《史记·郦生陆贾列传》，字作"蜚狐"。郦食其向刘邦自荐使齐时说："愿足下急复进兵，收取荥阳，据敖仓之粟，塞成皋之险，杜大行之道，距蜚狐之口，守白马之津，以示诸侯效实形制之势，则天下知所归矣。"裴骃《集解》引如淳曰："上党壶关也。"不过，裴骃并不同意这以看法，他指出"蜚狐在代郡西南。"张守节《正义》亦说："蔚州飞狐县北百五十里有秦汉故郡城。西南有山，俗号为飞狐口也。"⑤《汉书·郦食其传》同句颜师古亦引如淳之言，又引臣瓒曰："飞狐在代郡西南。"颜师古以为"瓒说是。壶关无飞狐之名"。⑥ 郦食其所言荥阳、敖仓、成皋、大行、白马皆在太行山脉东南，而飞狐口则远在太行山脉北段，故如淳容易误将晋东南的上党壶关当作飞狐口。

陈业新认为，飞狐口与飞狐关并非一地。所据一为上引《史记·郦生陆贾列传》张守节《正义》："蔚州飞狐县北百五十里有秦汉故郡城。西南有山，俗号为飞狐口也。"一为胡注《通鉴》引《地道记》："恒山在上曲阳县西北百四十里，北行四百五十里，得恒山岋，号飞狐口，北则代郡也。"⑦陈业新指出：

"恒山岋"之"岋"，《康熙字典》引《正字通》"岋"本同"岌"。《说文》释岌为"山高貌"。胡注《通鉴》魏王"珪自邺还中山，将北归，发卒万人治直道，自望都凿恒岭，至代五百余里"："恒岭，恒山之岭"。雍正《畿辅通志》引胡注云"恒岭即恒山山岋也"，将"岭"书"岋"。可知，《地道记》"恒山岋"即恒山岭。但清初《骈字类编》"山岋"引《水经注·白水》"隆山南有一小山，山坂有两石虎"，则将"山坂"作"山岋"。坂，同"阪"，山坡、斜坡。又表明"山岋"为低矮山岭或山地。这

① 《史记》卷四三《赵世家》，北京：中华书局，1959，1789 页。

② 《史记》卷四三《赵世家》，1793 页。

③ 《史记》卷四三《赵世家》，1813 页。

④ 严耕望：《唐代交通图考》第 5 卷《河东河北区》第 43 篇《太行飞狐诸陉道》，1461 页。

⑤ 《史记》卷九七《郦生陆贾列传》，2694 页。

⑥ 《汉书》卷四三《郦食其传》，2108 页。

⑦ 《资治通鉴》卷一〇《汉纪二》，北京：中华书局，1956，339 页。

和宋人韩拙"小山曰岌,大山曰峘,岌谓高而过"之"岌"的界定相吻合。所以"恒山岌"就是相对低矮的山地。正由于其地势相对低矮,故而飞狐口落位于斯。蔚州,治今河北蔚县。由此可知:飞狐口应在蔚县或秦与西汉时代郡西南的恒山口,其所在地形乃恒山西北壶流河地区的低矮山地;飞狐关并非所谓的"亦即飞狐口",因为二者方位不同:飞狐口在代郡西南,飞狐关则在代郡南流经飞狐谷的飞狐关水上,不可混淆;飞狐关水所在飞狐谷应有一条道路,道上设有飞狐关、南舍亭、句瑣亭,表明该道交通地位十分突出。[①]

按,《史记·赵世家》张守节《正义》亦引《地道记》此句,"恒山岌"作"恒山岌"。"岌""岌"当是同字异形。但此处的"岌",或为"岅"之误。"岅"即"坂",[②]亦作"阪"。《说文》:"阪,坡者曰阪。一曰泽障。一曰山胁也。"根据飞狐道附近的地貌,这里的"阪",当作"山胁"之意,即山中峡谷,而非陈业新所说的"山坡、斜坡"。类似的例子又有太行陉的羊肠坂。陈业新所说《骈字类编》"山岌"引《水经注·白水》"隆山南有一小山,山坂有两石虎",当为《水经注·比水》:"隆山南有一小山,山坂有两石虎"。杨守敬疏:"朱作圾,《笺》曰:一作坂。戴、赵改坂。"[③]是将"山坂"误作"山圾"之例。与上引《地道记》类似的记载,如,《太平御览》卷五三引《晋太康地记》:"常山曲阳县有恒山坂,号飞狐口。"[④]《晋书·地理志上》:"恒山在县西北。有坂号飞狐口。"[⑤]其字均作"坂"。《续汉书·郡国志二》:"上曲阳故属常山。恒山在西北。"刘昭注补引《晋地道记》:"自县北行四百二十五里,恒多山坂,名飞狐口。"[⑥]《晋地道记》即陈业新所据之《地道记》,二者皆为晋王隐所作《晋书·地道记》之异名。其字亦作"坂"。

《史记·郦生陆贾列传》张守节《正义》所说"秦汉故郡城"即今蔚县代王城,其西南正是飞狐口所在之峡谷,飞狐道经行其间,又设有飞狐关。

---

① 陈业新:《"载纵载横"与无远弗近——秦汉时期燕蓟地区交通地理研究》,《社会科学》2010年第8期。

② 《资治通鉴》卷一五三《梁纪九》:"侍中尔朱世承镇崿岅",胡三省注:"岅,与坂同,音反。"(4758页)

③ [北魏]郦道元注,杨守敬、熊会贞疏,段熙仲点校,陈桥驿复校:《水经注疏》卷二九《比水》,2482页。

④ 《太平御览》卷五三,北京:中华书局,1960,258页。

⑤ 《晋书》卷一四《地理志上》,北京:中华书局,1974,425页。

⑥ 《续汉书·郡国志二》,3434页。参见蒋琪《王隐〈晋书地道记〉研究》,南京师范大学硕士学位论文,2015。

三

飞狐道是汉匈交战的必争之地。《史记·孝文本纪》载，汉文帝后六年(前158)冬，

> 匈奴三万人入上郡，三万人入云中。[①] 以中大夫令勉为车骑将军，军飞狐。故楚相苏意为将军，军句注。将军张武屯北地。河内守周亚夫为将军，居细柳。宗正刘礼为将军，居霸上。祝兹侯军棘门：以备胡。数月，胡人去，亦罢。[②]

此次匈奴入侵来势汹汹，《史记·匈奴列传》说："胡骑入代句注边，烽火通于甘泉、长安。"[③]汉军一方也做了完备的应对。屯兵细柳、霸上、棘门是为了保卫都城长安的安全，而屯兵飞狐、句注、北地则是设置外围防线，以防备匈奴南下。此事《汉书·匈奴传上》颜师古注说飞狐口说"险陁之处，在代郡之南，南冲燕赵之中"。[④]《盐铁论》卷九《险固》："赵结飞狐、句注、孟门，以存邢代。"[⑤]又刘劭《赵都赋》："其近则有天井句注，飞狐太行，璀错碨硌，属阜连冈。"[⑥]上引晋咸宁元年句注碑说："北方之险，有卢龙、飞狐、句注为之首，天下之阻，所以分别内外也。"均将"飞狐"与"句注"并列为北方天险。而匈奴军队一旦越过飞狐关并沿飞狐道南下，整个华北平原就会暴露在匈奴铁骑之下。因此，屯兵飞狐关事关汉代冀州、兖州、青州、徐州、豫州等地安危，是非常必要的举措。

东汉光武帝时，曾修治飞狐道。《后汉书·王霸传》载，建武十三年(37)：

> 卢芳与匈奴、乌桓连兵，寇盗尤数，缘边愁苦。诏霸将弛刑徒六千余人，与杜茂治飞狐道，堆石布土，筑起亭障，自代至平城三百余里。

李贤注："飞狐道在今蔚州飞狐县，北通妫州怀戎县，即古之飞狐口也。"[⑦]类似记载又见《后汉书·杜茂传》："十二年，遣谒者段忠将众郡弛刑配茂，镇守北边，因发边卒筑亭候，修烽火，又发委输金帛缯絮供给军士，并赐边民，冠盖相望。茂亦建屯田，驴车

---

① 《史记》卷二二《汉兴以来将相名臣年表》作："匈奴三万人入上郡，二万人入云中。"(2297页)

② 《史记》卷一〇《孝文本纪》，431—432页。

③ 《史记》卷一一〇《匈奴列传》，2904页。

④ 《汉书》卷九四上《匈奴传上》，3764页。

⑤ 王利器校注：《盐铁论》卷九《险固》，北京：中华书局，1992，526页。

⑥ 《艺文类聚》卷六一引，北京：中华书局，1965，1104页。

⑦ 《后汉书》卷二〇《王霸传》，737页。

转运。"[①]《后汉书·光武帝纪下》亦载，"遣骠骑大将军杜茂将众郡施刑屯北边，筑亭候，修烽燧"。[②]

《光武帝纪下》和《杜茂传》将此事系于建武十二年(36)，且只说"筑亭候，修烽火"，并未言及修治飞狐道。发动的劳役人员，一说为"弛刑徒"，一说为"边卒"。根据几处记载，当时应当是修筑了以飞狐道为主体的，包括亭障、烽燧在内的一系列军事设施，并辅以"发委输""赐边民""建屯田"等举措。关于此次所治飞狐道的走向，《王霸传》明确说"自代至平城三百余里。"但有学者却认为，此次修治的飞狐道北通妫州怀戎县(即汉上谷郡郡治沮阳县)。论者指出：

> 飞狐道北通妫州怀戎县，并见于《通典·州郡》、《元和郡县图志》。唐怀戎县，为妫州治，即今怀来县东南官厅水库北岸怀来镇。据李贤注释，由飞狐道向东北，通往怀戎县之路，为东汉王霸开修的结果。其时王霸任上谷郡太守，郡治沮阳县，在今怀来县东南官厅水库南岸大古城，北与唐怀戎县城隔妫水(北魏名清夷水，唐至清名妫水，今为官厅水库)而相对，在唐由飞狐道东北通往怀戎县，在东汉即通向沮阳县。可知王霸不仅修治飞狐道，又开修了通往上谷郡治沮阳县之路，以加强与河北平原的军事交通联系；再自代(今代王城)西北至平城(今大同市东古城)，修筑三百余里亭障，以阻御卢芳和匈奴、乌桓的南侵。[③]

这一观点当是受到了李贤注说飞狐道"北通妫州怀戎县"的影响，不过，仔细考察李贤注文，其中说"飞狐道在今蔚州飞狐县，北通妫州怀戎县，即古之飞狐口也。"将"今""古"对举，因此，李贤注所说飞狐道"北通妫州怀戎县"当是唐代的情况。[④]

考察东汉飞狐道的走向，不应忽视光武帝下诏修治飞狐道的历史背景。更始二年(24)，光武帝平定王朗、铜马等势力之后，称帝于河北，但不久就遭到了彭宠和张丰的反叛。彭宠和张丰分别占据渔阳和涿郡，"二郡畔戾，北州忧恐"。[⑤] 建武四年

---

① 《后汉书》卷二二《杜茂传》，777页。

② 《后汉书》卷一下《光武帝纪下》，60页。

③ 王文楚：《飞狐道的历史变迁》，《古代交通地理丛考》，北京：中华书局，1996，255—261页。陈业新亦持此观点，参见《"载纵载横"与无远弗近——秦汉时期燕蓟地区交通地理研究》。

④ 严耕望指出："飞狐口近在先秦相当强盛之代国都城之南郊，为南通塞内中山、燕、赵之要道，故飞狐之名最先著。汉代守在北塞之南麓，故因广昌平原南缘山河隘口置常山、五阮两关，晋因之曰两陉。北魏前期都平城，守在塞北，故分别置石门、飞狐两关。是以自魏以前，凡由飞狐口南下诸道皆可谓飞狐道，盖以常山关、倒马关道为主；及隋唐改广昌县曰飞狐县，则其南北东五关之道，皆可谓之飞狐道矣。"(《唐代交通图考》第5卷《河东河北区》第43篇《太行飞狐诸陉道》，1475页)"北通妫州怀戎县"的路线详见严耕望《唐代交通图考》第5卷《河东河北区》第37篇《太原北塞交通诸道》第3节《代州东北通蔚妫幽州道》，1366—1375页。

⑤ 《后汉书》卷三三《朱浮传》，1140页。

(28)，光武帝“遣征虏将军祭遵率四将军讨张丰于涿郡，斩丰”。① 建武五年(29)，“彭宠为其苍头所杀”，②幽州终于平定，但北边仍有卢芳势力割据。建武初年，卢芳在匈奴支持下称帝，定都九原，“掠有五原、朔方、云中、定襄、雁门五郡，并置守令，与胡通兵，侵苦北边”。③ 但随后几年，卢芳势力遭到巨大打击。建武七年(31)，④卢芳因事诛杀五原太守李兴兄弟，其朔方太守田飒、云中太守桥扈恐惧不安，叛归光武帝。不过，卢芳仍占有五原、定襄、雁门郡，并且时时对北方边地造成威胁。

光武帝此时虽然被公孙述、隗嚣等势力牵扯，但仍然对卢芳的动向非常警觉。建武七年，光武帝“诏茂引兵北屯田晋阳、广武，以备胡寇”。⑤ 为应对卢芳和匈奴势力布局。建武九年至建武十年(33—34)，吴汉、王霸、王常、朱祐、侯进、杜茂、郭凉、陈訢等又率军与卢芳、贾览、闵堪、尹由等在高柳、平城、崞、繁畤、楼烦一带展开激烈争夺。⑥ 飞狐道的修治，就是在这一历史背景下展开的。

飞狐道“自代至平城三百余里”，但当时平城仍在卢芳将尹由的控制之下。《后汉书·王霸传》载，建武十年：

> (王)霸复与吴汉等四将军六万人出高柳击贾览，诏霸与渔阳太守陈訢将兵为诸军锋。匈奴左南将军将数千骑救览，霸等连战于平城下，破之，追出塞，斩首数百级。霸及诸将还入雁门，与骠骑大将军杜茂会攻卢芳将尹由于崞、繁畤，不克。⑦

双方“连战于平城下”，虽然汉军取得胜绩，将贾览与匈奴军队“追出塞，斩首数百级”。但王霸等并没有在平城一带停留，而是南归“还入雁门”与杜茂配合在崞、繁畤一带进攻尹由，但战事不畅。因此，当时平城并未落入汉军之手。

随着隗嚣、公孙述等势力的荡平，光武帝终于可以专注于应对北边卢芳势力。根据上引《光武帝纪下》《王霸传》《杜茂传》的记载，王霸、杜茂所部当是在建武十二

---

① 《后汉书》卷一上《光武帝纪上》，36 页。

② 《后汉书》卷一上《光武帝纪上》，38 页。

③ 《后汉书》卷一二《卢芳传》，506 页。又《后汉书》卷一下《光武帝纪下》载，建武六年(30)，“代郡太守刘兴击卢芳将贾览于高柳，战殁”。(49 页)事又见《后汉书》卷一二《卢芳传》：“六年，芳将军贾览将胡骑击杀代郡太守刘兴。”(507 页)

④ 《后汉书》卷一二《卢芳传》将此事系于建武六年。

⑤ 《后汉书》卷二二《杜茂传》，776 页。

⑥ 《后汉书》卷一下《光武帝纪下》，建武九年，“遣大司马吴汉率四将军击卢芳将贾览于高柳，战不利”。“骠骑大将军杜茂与贾览战于繁畤，茂军败绩。”建武十年，“大司马吴汉率捕虏将军王霸等五将军击贾览于高柳，匈奴遣骑救览，诸将与战，却之”。(55—56 页)

⑦ 《后汉书》卷二〇《王霸传》，737 页。

年或十三年间修治了飞狐道。飞狐道深入前线，便利于军情传递和军队调动，这很明显是为了准备与卢芳势力下一步的战争。

与王霸、杜茂的行动相配合，光武帝还令王常“北屯故安，拒卢芳”。[1] 故安，即今河北易县东南。建武十三年二月，又“遣捕虏将军马武屯虖沱河以备匈奴”。[2] 从这一系列军事布署来看，光武帝当有针对卢芳的进一步军事行动。但未及行动，卢芳就因“羽翼外附，心膂内离”，“与十余骑亡入匈奴”。[3] 第二年，雁门人贾丹等听说卢芳败亡，于是杀尹由投降雁门太守郭凉。[4] 此时，平城才归入东汉。光武帝“诏送委输金帛赐茂、凉军吏及平城降民”。[5] 随后，雁门郡全境平定。

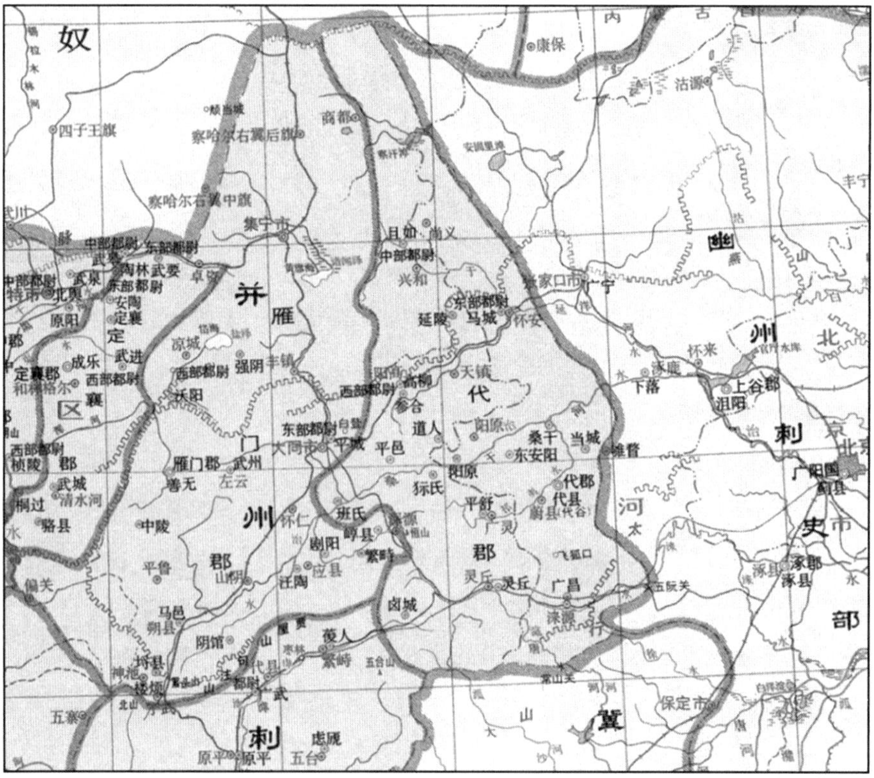

西汉并州刺史部、幽州刺史部示意图(局部)，引自谭其骧主编《中国历史地图集》第2册《秦、西汉、东汉时期》，北京：中国地图出版社，1982，17—18页。

---

① 《后汉书》卷一五《王常传》，581页。

② 《后汉书》卷一下《光武帝纪下》，61页。《续汉书·天文志上》作：“匈奴助芳侵边，汉遣将军马武、骑都尉刘纳、阎兴军下曲阳、临平、呼沱，以备胡。”(3221页)

③ 《后汉书》卷一二《卢芳传》，507页。

④ 《后汉书》卷一下《光武帝纪下》作：“秋九月，平城人贾丹杀卢芳将尹由来降。”(63页)

⑤ 《后汉书》卷二二《杜茂传》，777页。

再看上谷郡的情况，早在彭宠反叛时，就曾试图联合东汉开国名将耿弇之父——上谷郡太守耿况，但耿况不为所动。耿氏父子最终帮助光武帝平定幽州，其地基本稳固。而王霸自建武九年拜为上谷太守后，一直坚守在前线，[1]上谷郡也一直被光武帝一方牢牢控制。而当时汉军和卢芳军交锋主要在原飞狐道西北的代郡、雁门郡一带，因此当时也并没有太多必要将飞狐道和烽燧亭障延伸至东北方统治较为稳固的上谷郡。

原载《石家庄学院学报》2017 年第 2 期，收入本论文集时有所修订。

① 《后汉书》卷二〇《王霸传》载，建武九年，“玺书拜霸上谷太守，领屯兵如故，捕击胡虏，无拘郡界。”(737 页)

西汉时期的代郡

赵天昱

（郑州大学历史学院　河南郑州　450001）

内容提要：代郡是汉代的北方边郡之一。代郡在西汉前期主要隶属于代国，但也短暂属汉、属赵国。景帝三年（前141）以后属汉。代郡具有重要的军事地位。代郡尽管经济较为落后，但民风剽悍，尚武风气浓厚。

关键词：代郡　代国　西汉

代郡是汉代的北方边郡之一。对汉代的北方边郡研究主要集中在定襄郡、云中郡与朔方郡等郡上，辛德勇先生对九原郡与云中郡在西汉政治与军事地理格局中的作用、①周振鹤先生对汉高祖末年设置定襄郡的原因与意义、②萧映朝对河南地收复前的代北形势，③都有非常详细的分析。而对代郡的研究，有些不足。本文主要对西汉早期代郡的历史做一探讨，以期对代郡的历史有更深的了解。由于本人知识有限，不当之处，敬请专家指正！

一　西汉代郡的隶属

代郡最早为秦所设，秦始皇分天下为三十六郡，代郡便在其中。秦末六国贵族在反秦浪潮中割据占地，代地被赵国所占。汉元年（前206），项羽分封"赵王歇徙王代"。这时的代郡属代国。汉二年（前205），刘邦派大将军韩信与张耳"北击赵、代。后九月，破代兵，禽夏说阏与"。《汉书·高帝纪上》载："三年冬十月，韩信、张耳东下

---

① 辛德勇：《秦汉政区与边界地理研究》，北京：中华书局，2009，278—282页。

② 周振鹤：《西汉政区地理》，北京：人民出版社，1987，70—73页。

③ 萧映朝：《河南地收复前的代北形势与汉初地缘政治》，《兰州学刊》2010年第11期。

井陉击赵，斩陈余，获赵王歇。置常山、代郡。”[①]汉王三年(前204)斩陈余置代郡。

《史记·高祖本纪》载高祖五年(前202)：“十月，燕王臧荼反，攻下代地。高祖自将击之，得燕王臧荼。即立太尉卢绾为燕王。使丞相哙将兵攻代。”

平定天下后，刘邦大封同姓王，封自己的哥哥刘仲为代王。《汉书·高帝纪》载高祖六年(前201)：“以云中、雁门、代郡五十三县立兄宜信侯喜为代王。”当时代国的包括范围很大，云中、雁门、代郡在内的五十三县都属于代国的范围。仅仅一年后高祖七年(前200年)十二月“匈奴攻代，刘仲不能坚守，弃国亡，间行走雒阳，自归天子”。[②] 刘仲被废为合阳侯。

高祖七年(前200)十二月“辛卯，立子如意为代王”。但是刘如意并没有去自己的封地，刘邦任命陈豨为代国相国，坚守边郡。

《史记·高祖本纪》载高祖十年(前197)：“八月，赵相国陈豨反代地。”《汉书·高帝纪》载陈豨在高祖十年(前197)“九月，遂与王黄等反，自立为代王，劫略赵、代”。高祖刘邦派太尉周勃从太原进入，平定了代地，最终“凡别破军三，降定郡六，县七十三，得丞相、守相、大将各一人，小将二人，二千石以下至六百石十九人”。[③]

自从汉初设置代国后，此地诸侯王几经叛乱，勾结匈奴，严重威胁汉朝的边疆安宁。高祖刘邦为了维护边疆稳定，高祖十一年(前196)冬，刘邦在陈豨之乱基本平息后，下诏曰：“代地居常山之北，与夷狄边，赵乃从山南有之，远，数有胡寇，难以为国。颇取山南太原之地益属代，代之云中以西为云中郡，则代受边寇益少矣。”[④]刘邦并将云中郡划出代国，将太原郡划入代国范围，极大减少了代国的北部边境线，代国的国都也由代郡的蔚县向后迁移至太原郡的中都，深入内陆，远离边疆。

刘邦在改定代国版图的同时，还下诏推选新的代王：“王、相国、通侯、吏二千石择可立为代王者。”于是，“燕王绾、相国何等三十三人皆曰：‘子恒贤知温良，请立以为代王，都晋阳。’”[⑤]《史记·孝文本纪》亦载曰：“高祖十一年春，已破陈豨军，定代地，立为代王，都中都。”[⑥]赵凯先生的《论汉初赵、代二国政治地位的沉浮》一文中，对于这一事件进行了分析，认为这一事件中掺杂了刘邦的个人好恶，同时也表现出了当时，代国的政治地位比不上赵国。[⑦] 云中、雁门、代郡自西向东依次排列在汉朝北边的边境线上，代郡处在最东边。在刘邦立刘恒为代王时，云中郡就不属于代国的

① 《汉书》卷一上《高帝纪上》，北京：中华书局，1962，39页。

② 《史记》卷一〇六《吴王濞列传》，北京：中华书局，1959，2821页。

③ 《汉书》卷四一《樊郦滕灌傅靳周传》，2053页。

④ 《汉书》卷一《高帝纪》，70页。

⑤ 《汉书》卷一《高帝纪》，70页。

⑥ 《史记》卷一一《孝文本纪》，413页。

⑦ 赵凯：《论汉初赵、代二国政治地位的沉浮》，《河北学刊》1999年第4期。

管辖，但是“代、雁门皆属代”。

代王刘恒即位为皇帝后，在文帝二年（前178）封自己的儿子刘武为代王，刘参为太原王。二年后，“徙代王为淮阳王。以代尽与太原王，号曰代王”。武帝元鼎三年（前114），撤销代国。周振鹤先生认为代郡“高帝九年属赵国，十一年复属代国，景帝三年属汉。景帝三年以后之代国惟有太原一郡，与代郡无关，武帝元鼎三年代国除为太原郡”。[①]

二　代郡的军事地位

作为北方边防线上的郡，代郡的太守经常由武将担任，来督军备战警戒边境。如说李广、李椒父子就曾先后为代郡的太守，“（李广）于是乃徙为上郡太守。后广转为边郡太守，徙上郡。尝为陇西、北地、雁门、代郡、云中太守，皆以力战为名”。[②]“广三子，曰当户、椒、敢，皆为郎……当户蚤死，乃拜椒为代郡太守，皆先广死。”[③]后来几次跟随卫青出击匈奴的苏建，也担任过代郡太守。

代郡相对几个相邻的边境郡县来说，所受的战事要少。云中郡遭到入侵有2次，文帝“后六年（前158）冬，匈奴三万人入上郡，三万人入云中”。景帝中元六年（前144）“六月，匈奴入雁门，至武泉，入上郡，取苑马，吏卒战死者二千人”。[④]武泉是云中郡属县。雁门郡的次数则有5次，高祖六年（前201）“秋九月，匈奴围韩王信于马邑，信降匈奴”。[⑤]马邑是雁门郡属县。景帝中元六年（前144）“六月，匈奴入雁门，至武泉，入上郡，取苑马。吏卒战死者二千人”。景帝后元二年（前142）“春，匈奴入雁门，太守冯敬与战死。发车骑、材官屯”。[⑥]武帝元光二年（前133）“夏六月，御史大夫韩安国为护军将军，卫尉李广为骁骑将军，太仆公孙贺为轻车将军，大行王恢为将屯将军，太中大夫李息为材官将军，将三十万众屯马邑谷中，诱致单于，欲袭击之。单于入塞，觉之，走出”。[⑦]武帝元朔元年（前128）“秋，匈奴入辽西，杀太守；入渔阳、雁门，败都尉，杀略三千余人。遣将军卫青出雁门，将军李息出代，获首虏数千级”。[⑧]入侵代郡则只有在高祖刘邦时期有记载，即“是后韩信为匈奴将，及赵利、王黄等数

① 周振鹤编著：《汉书地理志汇释》，合肥：安徽教育出版社，2006，396页。

② 《史记》卷一〇九《李将军列传》，2868页。

③ 《史记》卷一〇九《李将军列传》，2876页。

④ 《汉书》卷五《景帝纪》，150页。

⑤ 《汉书》卷一《高帝纪》，63页。

⑥ 《汉书》卷五《景帝纪》，151页。

⑦ 《汉书》卷六《武帝纪》，162—163页。

⑧ 《汉书》卷六《武帝纪》，169页。

背约,侵盗代、雁门、云中”。[①] 而且是几个郡同时受到侵袭。在代郡东边的上谷郡受到的入侵也超过代郡,景帝中元二年(前 148)“二月,匈奴入燕,遂不和亲”。[②] 武帝元光六年(前 129)“春……匈奴入上谷,杀略吏民”。“秋,匈奴入辽西,杀太守;入渔阳、雁门,败都尉,杀略三千余人。”武帝元朔二年(前 127)“春正月……匈奴入上谷、渔阳,杀略吏民千余人”。

从《中国历史地图集》中所画的代郡北边的边境线与其他代北诸郡相比,要短的多。与秦代的代郡辖境相比,汉代的代郡东北部缺少了很多,原属秦代郡的河北康保南半部和张北西部,内蒙古化德南部都已经被划入上谷郡的管辖范围内,也使北边防线,短了很多。与代郡相邻的雁门郡也是如此,从地图上看,这两郡都是靠近北方边境线的地区较小,而向南方的延伸的范围较大。为了更好地防备边境,汉代设置在代北诸郡设置都尉,希望能够互相配合、遥为呼应,有效地控制各自地域并确保代北安全。其中代郡便在马城(今河北怀安)设置东部都尉,在且如(内蒙古兴和)设置中部都尉,在高柳(今山西高阳)设置西部都尉。其中代郡的东部都尉马城与上谷郡的西部都尉相呼应,代郡的西部都尉高柳与雁门郡的东部都尉平城相呼应,代郡的东西部都尉之间除了延陵,并没有其他重镇,相对于朔方郡、云中郡、上谷郡以及高祖晚年所设的定襄郡来说,代郡的防线远不如他们密集。在后来的记载中代郡则多为屯兵之地,作为部队出发的地点,而很少成为直接的作战区域。“后六年冬,匈奴三万人入上郡,三万人入云中。以中大夫令勉为车骑将军,军飞狐;故楚相苏意为将军,军句注;将军张武屯北地;河内守周亚夫为将军,居细柳;宗正刘礼为将军,居霸上;祝兹侯军棘门以备胡。数月,胡人去,亦罢。”[③]飞狐便是代郡的属县。在汉武帝北伐匈奴时,便是从上谷、云中、雁门、代郡四县所出,“元光五年,青为车骑将军,击匈奴,出上谷;太仆公孙贺为轻车将军,出云中;大中大夫公孙敖为骑将军,出代郡;卫尉李广为骁骑将军,出雁门,军各万骑”。[④]

由此可见代郡在西汉与匈奴作战的时期,处于战事的前线,其郡守人选也是经过细心挑选的军事型人才,然而从史实上看,代郡所受匈奴的进攻要少于周边的其他郡,更多作为屯兵与进击的地点。

---

① 《汉书》卷九四《匈奴传》,3754 页。

② 《史记》卷一二《孝景本纪》,444 页。

③ 《史记》卷一〇《孝文本纪》,431—432 页。

④ 《史记》卷一一一《卫将军骠骑列传》,2923 页。

三 代郡的经济与民风

与代北其他诸镇相比，战事相对较少，面积较大的代郡，户数与人口也较排在前列，“代郡，秦置。莽曰厌狄。有五原关、常山关。属幽州。户五万六千七百七十一，口二十七万八千七百五十四”。[①] 这与代郡的地形还是有很大的关系的，《读史方舆纪要》卷四十四《山西六》记载：“（蔚州，汉代郡郡治）州山川险固，关隘深严，控燕、晋之要冲，为边陲之屏蔽。飞狐形胜，实甲天下。”《边防考》：“州地气丰暖，岁收恒裕，居民繁庶，商贾辏集，虏每属意。又民属大同，军属宣镇，介两边之中，峻为要区。”[②]《边防考》中所说的民事与军事虽然不属于汉代，但是代郡所属地区确实是气候宜人且物产丰富，每年的粮食收获很多。代郡之中又有多条流域甚广的大河，《汉书·地理志》载：“且如，于延水出塞外，东至宁入沽……平舒，祁夷水北至桑乾入沽……灵丘，滱河东至文安入大河，过郡五，行九百四十里。并州川。广昌，涞水东南至容城入河，过郡三，行五百里，并州浸。卤城，虖池河东至参户入虖池别，过郡九，行千三百四十里，并州川。从河东至文安入海，过郡六，行千三百七十里。”[③]代郡战事较少，可能也与其多山多水的地形相关。

在刘恒为代王时期，代郡还是很贫困的，为了维护边疆平稳，从内地运送粮食经常耗费大量的钱财，“文帝自劳兵至太原、代郡。由是北边置屯待战，设备备胡，兵连不解，转输骆驿，费损虚耗。因以年岁不登，百姓饥乏，谷籴常至石五百，时不升一钱”。[④] 钱剑夫的《秦汉货币史稿》中认为汉文帝时期，按文帝四铢钱计算。社会安定时粮价每石百钱，而代郡的谷价达到五百钱。虽然从“漕转山东粟，以给中都官，以给中都官者，即今太仓以畜官储是也”，但是“岁不过数十万石”，[⑤]并不能够解决问题。不仅仅是代郡，整个代北诸郡都由于战事，而缺少粮食，“匈奴数侵盗北边，屯戍者多，边粟不足给食当食者。於是募民能输及转粟於边者拜爵，爵得至大庶长”。[⑥]到汉景帝时“上郡以西旱，亦复修卖爵令，而贱其价以招民；及徒复作，得输粟县官以除罪”。[⑦]

代郡的民风剽悍，在晋时就已经蔚然成风，《史记·货殖列传》记载：“杨、平阳陈西贾秦、翟，北贾种、代。地边胡，数被寇。人民矜懻忮，好气，任侠为奸，不事农商。

① 《汉书》卷二八下《地理志》，1622 页。

② 《读史方舆纪要》卷四四《山西六》，太原：山西人民出版社，1978，2020 页。

③ 《汉书》卷二八下《地理志》，1622 页。

④ 应劭：《风俗通义校注》，北京：中华书局，1981，97 页。

⑤ 《史记》卷三〇《平准书》，1418 页。

⑥ 《史记》卷三〇《平准书》，1419 页。

⑦ 《史记》卷三〇《平准书》，1419 页。

然迫近北夷，师旅亟往，中国委输时有奇羡。其民羯羠不均，自全晋之时固已患其僄悍，而武灵王益厉之，其谣俗犹有赵之风也。故杨、平阳陈掾其间，得所欲。”[①]代地的士卒也是如此，“左将军素侍中，幸，将燕代卒，悍，乘胜，军多骄”。[②]《货殖列传》中记载代地“田畜而事蚕”，《盐铁论·散不足》中记载“今……中者罽义金缕，燕騊代金”，[③]指代地的特产为黄鼠狼的皮毛，“今……中者貘皮代旃”，[④]指代地特产獾皮毛毡。

① 《史记》卷一二九《货殖列传》，3263页。

② 《史记》卷一一五《朝鲜列传》，2988页。

③ 王利器校注：《盐铁论校注》，北京：中华书局，1992，350页。

④ 王利器校注：《盐铁论校注》，352页。

窦太后"籍赵""籍代"及相关问题

蔡万进

（首都师范大学历史学院　北京　100089）

窦太后是西汉继吕太后之后涌现出来的又一女性重要人物，历经文、景、武三朝，对西汉前期政治产生了重要影响，史有明载，兹不赘述。本文仅就《史记·外戚世家》中的窦太后"籍赵""籍代"史实及相关问题略谈管见，以求教于方家。

一　窦太后"籍赵""籍代"年代分析

窦太后"籍赵""籍代"一事，首见于司马迁《史记·外戚世家》：

> 窦太后，赵之清河观津人也。吕太后时，窦姬以良家子入宫侍太后。太后出宫人以赐诸王，各五人，窦姬与在行中。窦姬家在清河，欲如赵近家，请其主遣宦者吏："必置我籍赵之伍中。"宦者忘之，误置其籍代伍中。籍奏，诏可，当行。窦姬涕泣，怨其宦者，不欲往，相强，乃肯行。至代，代王独幸窦姬，生女嫖，后生两男。①

类似记载又见于班固《汉书·外戚传》：

> 孝文窦皇后，景帝母也，吕太后时以良家子选入宫。太后出宫人以赐诸王各五人，窦姬与在行中。家在清河，愿如赵，近家，请其主遣宦者吏"必置我籍赵之伍中"。宦者忘之，误置籍代伍中。籍奏，诏可。当行，窦姬涕泣，怨其宦者，

① 《史记》卷四九，北京：中华书局，1959，1972 页。以下凡引《史记》皆见本书，不再出注。

不欲往，相强乃肯行。至代，代王独幸窦姬，生女嫖。孝惠七年，生景帝。①

据上载，窦太后家在赵国清河郡观津县，吕太后时“以良家子入宫侍太后”，“太后出宫人以赐诸王”，窦太后“与在行中”，“欲如赵近家”，故“请其主遣宦者吏‘必置我籍赵之伍中’”，“宦者忘之，误置其籍代伍中”，“籍奏，诏可，当行”。有关窦太后“籍赵”“籍代”的年代，《史记》《汉书》失载，本文试作分析。

首先，应在汉文帝刘恒诏封“代王”期间。《史记·外戚世家》载：“籍奏，诏可，当行。窦姬涕泣，怨其宦者，不欲往，相强，乃肯行。至代，代王独幸窦姬，生女嫖，后生两男。”此处之“代王”当即汉文帝刘恒。汉文帝刘恒诏封“代王”事在汉高祖十一年（前196），《史记·高帝本纪》：十一年，“分赵山北，立子恒以为代王，都晋阳”。《汉书·高帝纪》：十一年春正月，“诏曰：代地居常山之北，与夷狄边，赵乃从山南有之，远。数有胡寇，难以为国。颇取山南太原之地益属代，代之云中以西为云中郡，则代受边寇益少矣。王、相国、通侯、吏二千石择可立为代王者。燕王绾、相国何等三十三人皆曰：子恒贤知温良，请立以为代王，都晋阳”。如此，窦太后“籍赵”“籍代”“至代”及“代王独幸窦姬”，只有可能发生在汉文帝刘恒诏封“代王”期间，即汉高祖十一年（前196）至吕后八年（前180）。

其次，窦太后“籍赵”“籍代”的年代上限应在惠帝元年（前194）之后。《史记·外戚世家》载：“窦太后，赵之清河观津人也。吕太后时，窦姬以良家子入宫侍太后。”《史记》中有《吕太后本纪》而无《惠帝本纪》，《汉书》中既有《高后纪》又有《惠帝纪》，司马迁《史记》所称之“吕太后时”“窦姬以良家子入宫侍太后”语，清楚表明窦太后被选入宫服侍吕太后事，当发生在吕后当政的15年间（惠帝7年，吕后称制8年），而不应在此之前，也就是说窦太后“籍赵”“籍代”“至代”的年代上限不应在高祖十一、十二年间，而应在惠帝元年之后。

第三，窦太后“籍赵”“籍代”的年代下限不应超过惠帝七年（前188）。《汉书·外戚传》：“至代，代王独幸窦姬，生女嫖。孝惠七年，生景帝。”《史记·外戚世家》：“至代，代王独幸窦姬，生女嫖，后生两男。而代王王后生四男。先代王未入立为帝而王后卒。及代王立为帝，而王后所生四男更病死。孝文帝立数月，公卿请立太子，而窦姬长男最长，立为太子。立窦姬为皇后，女嫖为长公主。其明年，立少子武为代王，已而又徙梁，是为梁孝王。”如此可知窦太后所生一女二男当均在诏封“代王”期间，其中长男景帝刘启生于惠帝七年，则长女嫖当生于惠帝七年以前，准此，窦太后“籍赵”“籍代”和“至代”年代下限则应在惠帝七年以前，且不包括惠帝七年。

① 《汉书》卷九七上，北京：中华书局，1962，3942—3943页。以下凡引《汉书》皆见本书，不再出注。

综上所述，我们认为窦太后"籍赵""籍代"事件发生年代应在汉惠帝年间，考虑到《汉书·外戚传》"至代，代王独幸窦姬，生女嫖。孝惠七年，生景帝"的事实，该事件发生的年代似又可以推定在惠帝元年（前194）至惠帝六年（前189）或五年（前190）之间。文献记载，汉文帝刘恒8岁（汉高祖十一年，前196）封"代王"，24岁（吕太后八年，前180年）入立为帝，惠帝元年（前194）—惠帝六年（前189）或五年（前190），汉文帝刘恒年龄已在10—14、15岁之间，16岁与窦太后生景帝。《后汉书·皇后纪》云："（顺帝）虞美人者，以良家子年十三选入掖庭。"[①]《汉书·惠帝纪》曰：六年"女子年十五以上至三十不嫁，五算。"可知窦太后以良家子选入汉宫服侍太后时年龄不会太小，当在十三岁及其以上；"至代，代王独幸窦姬，生女嫖，后生两男"，表明窦太后此时至少已至婚育年龄十五岁及其以上。如此则知窦太后"至代"时年龄亦与文帝大致相当或略大，这从另一个侧面也旁证了我们有关窦太后"籍赵""籍代"年代的推定大致不误。

二　"太后出宫人以赐诸王"目的及用意蠡测

汉高祖末年，汉皇朝的异姓诸侯王已铲除殆尽，只留下一个不足为患的吴姓长沙王吴芮，至惠帝时，诸侯王只留下刘姓诸侯王九，异姓诸侯王一。《汉书·汉兴以来诸侯王年表》云："高祖末年，非刘氏而王者，若无功上所不置而侯者，天下共诛之。高祖子弟同姓为王者九国，唯独长沙异姓……内地北距山以东尽诸侯地，大者或五六郡，连城数十，置百官宫观，僭於天子。汉独有三河、东郡、颍川、南阳，自江陵以西至蜀，北自云中至陇西，与内史凡十五郡。"十王国分别是楚、齐、赵、代、梁、淮阳、淮南、吴、燕和长沙等。《史记·外戚世家》"太后出宫人以赐诸王，各五人"，当是指吕后将服侍自己的宫女赐给上述这些诸侯王。如是，则此次所赐诸王宫女即达五十人之多。

有关吕后此次"出宫人以赐诸王"的目的与用意，正史阙载，但从吕后当政期间对待刘姓诸侯王诸方面的行为与态度看，"太后出宫人以赐诸王，各五人"之举，其初衷、动机和目的绝非善良，不排除也是一种用来对付刘姓诸侯王的手段。梳理史料，吕后当政期间对待刘姓诸侯王的手段主要有以下诸方面：

（一）残杀刘姓诸侯王。

《史记·吕太后本纪》："吕后为人刚毅，佐高祖定天下，所诛大臣多吕后力。"高

① 《后汉书》卷一〇下，北京：中华书局，1965，440页。以下凡引《后汉书》皆见本书，不再出注。

祖死后，吕后对待刘姓诸侯王同样打开杀戒，残酷无情。惠帝元年，吕后诏赵王如意入长安，"太后闻其独居，使人持酖饮之"；二年十月，"孝惠与齐王燕饮太后前，孝惠以为齐王兄，置上坐，如家人之礼。太后怒，乃令酌两卮酖，置前，令齐王起为寿。齐王起，孝惠亦起，取卮欲俱为寿。太后乃恐，自起泛孝惠卮。齐王怪之，因不敢饮，详醉去。"后献城阳之郡，尊公主为王太后得脱归齐。一事不合其意便起鸩杀之意，足见吕后对待刘姓诸侯王态度之一斑。

（二）强受吕氏女为妻，"微伺"诸王。

惠帝元年，赵王如意被杀，吕后徙淮阳王友为赵王，"友以诸吕女为后，弗爱，爱他姬，诸吕女妒，怒去，谗之於太后，诬以罪过"，"太后怒，以故召赵王。赵王至，置邸不见，令卫围守之，弗与食"，"赵王饿，乃歌曰：诸吕用事兮刘氏危，迫胁王侯兮强授我妃。我妃既妒兮诬我以恶，谗女乱国兮上曾不寤。我无忠臣兮何故弃国？自决中野兮苍天举直！于嗟不可悔兮宁蚤自财。为王而饿死兮谁者怜之！吕氏绝理兮讬天报仇"。赵王友饿死长安赵邸，吕后又徙梁王恢王赵，"以吕产女为赵王后。王后从官皆诸吕，擅权，微伺赵王，赵王不得自恣"，不久悲愤自杀。[①]

（三）打击削弱刘姓诸侯王势力。

吕后一方面以废国改封方式减少刘姓诸侯王国数量，如淮阳王友惠帝元年徙封赵王，淮阳国除，梁王友徙封赵王，梁国改封为吕国；同时又以割地置国方式使原有刘姓诸侯王国已非完璧，如割齐济南郡置为吕国，割赵常山郡置为常山国，如此等等，已达到削弱刘姓诸侯王国势力的目的，吕后抑制刘姓诸侯王的做法自然引起刘氏宗室的不满，因此吕后一死，他们即与将相列侯一道，清楚诸吕，复齐、楚、赵同姓诸国故地，除长沙外，重又出现清一色的同姓王国局面。

由上所述，可以想见，窦太后一行五人"至代"，绝非一般善意举动，吕后也绝非无任何动机与目的，不排除也是一种用来"微伺"代王、对付刘姓诸侯王的手段。如上考知，窦太后"以良家子入宫侍太后"时年龄亦不太小，另外从其"欲如赵近家"，请托主遣宦者吏"必置我籍赵之伍中"行动看，窦太后同时也是一位颇有头脑、心计的女性。"至代，代王独幸窦姬"，进而贵为"皇后""太后"，在文帝、景帝、武帝朝纵横左右朝野凡四十五年（汉文帝元年立为皇后，武帝建元六年驾崩），这又不能不说窦太后本人聪慧、能力过人。她既然能独得代王刘恒宠幸，自然亦能周旋应付吕后以求自保。《史记·吕后本纪》记载：吕后七年秋，"太后使使告代王，欲徙王赵。代王谢，愿守代边"。这说明，虽然代地偏远，吕后丝毫也没有减少、放松和忘记对代王刘恒的防备，刘恒深知各位赵王的下场，战战兢兢，谢恩坚辞不受，以愿守边明志终得保全，这其中是否有窦太后的周全、得当处理也未可知，但可以肯定，从现有文献记载

---

① 《史记》卷九《吕后本纪》，403—404 页。

看，窦太后是这次“太后出宫人以赐诸王”中唯一一位最大的实际受惠者，没有成为吕后与刘姓诸侯王间相互倾轧斗争的工具和牺牲品，“宦者吏”的阴差阳错，“误置其籍代伍中”，因祸得福，成就了窦太后的美好人生。

三　窦太后“籍赵”“籍代”与汉初户籍制度

《史记·外戚世家》《汉书·外戚传》中窦太后“籍赵”“籍代”的记载，反映了汉初户籍制度及其与秦户籍制度的关系。

据《史记·外戚世家》所载，窦太后乃赵之清河观津人，其中的“赵”，当指西汉初年的赵王国。汉赵王国始封于高帝四年，《汉书·高帝纪》云：四年十一月“汉立张耳为赵王”，张耳赵国有故秦之邯郸、巨鹿、常山三郡；九年“春正月，徙代王如意为赵王，王赵国”，如意赵国辖邯郸、巨鹿、常山、清河、河间五郡。[①] 惠帝元年，淮阳王友徙赵，赵之封域如旧；吕后七年，梁王恢徙赵。前已考知，窦太后“籍赵”“籍代”“至代”事在惠帝年间，则此时赵王当为赵幽王刘友。《汉书·汉兴以来诸侯王年表》云：高祖末年，“内地北距山以东尽诸侯地，大者或五六郡，连城数十，置百官宫观，僭于天子。汉独有三河、东郡、颍川、南阳，自江陵以西至蜀，北自云中至陇西，与内史凡十五郡”。赵国有郡五，属诸侯中的“大者”，百官宫观僭于天子，地方行政组织郡县乡里同于汉郡。窦太后“家在清河，欲如赵近家，请其主遣宦者吏‘必置我籍赵之伍中’，宦者忘之，误置其籍代伍中”，表明汉初赵国、代国境内实行的是按五家为“伍”编制户口的户籍制度，这一制度当在刘邦、吕后时期的汉十五郡同样普遍推行，是一项全国性的户籍制度。

五家为“伍”编制户籍的制度，据《史记·秦始皇本纪》，大约始于秦献公时期，献公十年（前375）“为户籍相伍”。所谓“相伍”，大约是按五家为“伍”的办法编制户口册，这表明“伍”是户口编制的最基层单位。《史记·商君列传》云：“（孝公）令民为什伍，而相收司连坐。”知秦孝公时已确立五家为“伍”、十家为“什”的关于户口编制的“什伍”组织系统。1975年出土的云梦秦简，给我们提供了商鞅变法后确已实行什伍连坐的户籍制度的新材料，秦简中的《秦律》多次提到“伍”及“伍人”，《秦律杂抄》中一次提到“什伍”。[②]《续汉书·百官志》云：“里有里魁，民有什伍，善恶以告。”本注曰：“里魁，掌一里；什主十家，伍主五家，以相检察。民有善事恶事，以告监官。”[③]《续

---

① 周振鹤认为：“《汉志》云巨鹿郡秦置。高帝四年以封张耳赵国，九年析置清河、河间两郡，并属刘如意赵国。”参见周振鹤《西汉政区地理》，北京：人民出版社，1987，82页。

② 睡虎地秦墓竹简整理小组编：《睡虎地秦墓竹简》，北京：文物出版社，1990。

③ 《后汉书》志第二八《百官志五》，3625页。

汉书·百官志》所载虽为东汉之制，但东汉之制直接承西汉而来，可证西汉之制也是如此，这表明，西汉不仅在什、伍、里的户口编制系统和所管户数多少等方面，均汉承秦制，在什、伍居民互相纠察、监督等方面，也同于秦制，所不同的是，仅西汉废除了什伍连坐之律而已。窦太后的“必置我籍赵之伍中”和宦者的“误置其籍代伍中”，清楚地表明了汉初户籍制度完全承袭了战国以来秦的户籍制度。

此外，窦太后的“必置我籍赵之伍中”与宦者吏的“误置其籍代伍中”，还表明窦太后出长安赴赵、代入的是民户户籍，属汉之“编户民”。《史记·秦始皇本纪》的“为户籍相伍”，其核心含义是造籍的同时必须系民，即凡造籍必与人口的行政编组即编户相统一。编籍（编制人籍即户籍）与“相伍（即编户）”相为表里，相互为用，户籍组织与社会行政编组是统一的，以县系乡，以乡系里，以里系伍，以伍系户，以户系口。所谓“编户齐民”之称，谓凡独立为户，列名国版，相伍编户贯籍者，尽为同等之民也。“编户”者，即将户口编制使有所贯系并组织以相伍也，实即将“夫家”组织在“联伍”之中，亦即将“书户”定籍与编民、编伍合二为一事。[①] “籍赵伍中”与“籍代伍中”之语表明，回到赵地或代地的窦太后是要“为户籍相伍”，成为普通的“编户民”的。西汉初年有使用“编户民”的名称的，如《史记·高祖本纪》载刘邦临死时，吕后对审食其说：“诸将与帝为编户民”，即可为证。又《史记·平准书》云：“汉初……齐民无盖藏。”这里的“齐民”，也就是“编户民”。窦太后“籍赵”“籍代”“至代”，正值刘邦、吕后之时，本身“以良家子入宫侍太后”的窦太后，回原籍时也是根本不能编入如“宦籍”“市籍”等特殊户籍的。

再次，据《史记·外戚世家》所记，窦太后出入长安与归赵入代，其中是要履行一系列户口变更迁移手续的。窦太后“以良家子入宫侍太后”，离开“赵之清河观津”前往长安，看来一定办理了户籍变更与和迁移手续的，否则不会出现“太后出宫人以赐诸王”，窦太后离开长安欲回原籍“赵之清河观津”时，有“必置我籍赵之伍中”的要求；窦太后“请其主遣宦者吏‘必置我籍赵之伍中。’宦者忘之，误置其籍代伍中。籍奏，诏可，当行。窦姬涕泣，怨其宦者，不欲往，相强，乃肯行”，反映负责为这些“宫人”出宫到地方办理户籍变更与迁移手续的人员是“宦者”，这点与秦汉一般民众在户籍变更、迁移时都由县乡基层官吏办理不同，这或许是《史记·外戚世家》给我们提供的又一新的启示吧！

① 张金光：《秦制研究》，上海古籍出版社，2004，823—824页。

汉景帝时匈奴诸王入附考

冯金忠

（河北省社会科学院《河北学刊》杂志社 河北石家庄 050051）

内容提要：汉景帝时徐卢等七王降汉封侯是汉匈关系史上的一件大事，其意义不止于丞相周亚夫因之被免、朝廷内中枢权力的更迭，更在于标志着汉王朝对降附之外族政策的变化，即“初开封赏之科”，对后世影响巨大。但诸典籍对此事不仅记载阙略，而且相互间抵牾之处颇多，本文对降附者人数、姓名、身份、受封地望等加以考辨，发现《史记》《汉书》等均有错舛，二书应相互参证，但相较而言《史记》讹误较少。徐卢等人虽然诸典籍均言为“王”，但其实不过为匈奴部族之酋长，地位并不显赫，汉景帝对其封侯主要是出于政治上之考虑。而将其安置于涿郡、颍川等中原内地，反映了汉王朝对降附者的防范猜忌，这与汉武帝时代将降人置于边地，建立属国的方式有很大的不同，显示出不同时代汉匈之间力量的消长变化。

关键词： 汉景帝 匈奴 徐卢等王

汉景帝时徐卢诸王降汉是匈奴一次较大规模的降附活动，这对饱受匈奴困扰和屈辱的汉王朝来说总算挽回了一点颜面。汉景帝不惜变更祖制，欲悉封之为侯，并由此导致了反对此举的丞相周亚夫的罢相。但对于此事诸史籍记载阙略，即使同一书也往往前后抵牾，令人莫衷一是。本文以下试加以梳理，抛砖引玉，以期引起学界对此事件的关注。

一

徐卢等人入附在汉景帝中元三年（前 147），此时正值匈奴军臣单于（公元前 160—前 126 年在位）在位，势力鼎盛。汉景帝继承了汉初高祖以来与匈奴的和亲政策，匈奴虽然不时犯边，但汉匈之间基本上未发生大的战事，正如史书所云：“终孝景时，时小入盗边，无大寇。”[①]在相对安宁的背景之下，徐卢等人的入附很可能缘于匈奴的内乱。

据《史记·孝景本纪》，汉景帝中元三年“春，匈奴王二人率其徒来降，皆封为列侯”。同书《绛侯周勃世家》云：“其后匈奴王徐卢等五人降，景帝欲侯之以劝后”，悉封徐卢等为列侯。《汉书·景帝纪》和荀悦《汉纪》未载此事，以常理揆之，似乎殊不易解。但《汉书·周勃附亚夫传》有载：“其后匈奴徐卢等五人降汉，上欲侯之以劝后……乃悉封徐卢等为列侯。”

从上面材料来看，《史记·孝景本纪》言“匈奴王二人率其徒来降”，而《史记·绛侯周勃世家》和《汉书·周勃附亚夫传》则言“匈奴王徐卢等五人”。到底投附者是二人抑或五人？唐人张守节《史记正义》在此条下云：“《汉书表》云中三年，安陵侯子军、桓侯赐、遒侯陆强、容城侯徐卢、易侯仆黥、范阳侯代、翕侯邯郸七人，以匈奴王降，皆封为列侯。按：“《汉书表》”，即指《汉书·景武昭宣元成功臣表》，其中详列了降附者匈奴诸王七人的姓名和封爵：安陵侯于军、遒侯陆强、容城擕侯徐卢、易侯仆黥、范阳靖侯范代、翕侯邯郸、桓侯赐。

按之《汉表》，张守节所引多有差舛。例如，安陵侯子军，《汉表》作于军；容城侯，《汉表》作容城携侯。范阳侯代，《汉表》作范阳靖侯范代。而且《汉表》所列七人更与《史记》《汉书》纪、传所云二人、五人之说抵牾。张守节或许也意识到这个问题，他在按语中云：“《纪》言二人者，是匈奴二王为首降。”以他的说法，徐卢七人之中有首从之分，其中二人为首，故《史记·孝景本纪》以此二人通言之。这从逻辑而言，并无不可，但这二人具体是谁，张守节亦未确指，而且从七人都同样封侯而言，似乎难分首从。特别是《史记·绛侯周勃世家》《汉书·周勃附亚夫传》明言“匈奴王徐卢等五人”，故首从之说不过为张氏之臆测，纯属无根之言。既然二人之说为非，“二”当为“七”之讹，[②]这又产生了另外一个问题：既然《汉书·景武昭宣元成功臣表》和《史记·惠景间侯者年表》均明确条列了七人，为何二书列传中均言五人呢？

据《史记·孝景本纪》，中五年夏，封十侯。张守节《正义》云：“《惠景间年表》云亚谷侯卢他之、隆卢侯陈蟜、乘氏侯刘买、桓邑侯刘明、盖侯王信。按：其五人是中元五年封，余检不获，中元三年，匈奴王二人降，封为列侯。《惠景间表》云匈奴王降为侯者有七人，疑其五人是十侯之数。”张守节由于未能体认到《史记·孝景本纪》中二人书写有误，在面对《汉书·景武昭宣元成功臣表》的不同记载，为了调和两者之间的矛盾，只好强为之辞，认为中三年封侯者两人，后五人所封在中五年夏。清人梁玉

① 《史记》卷一一〇《匈奴列传》，北京：中华书局，1982，2904 页。

② ［清］梁玉绳《史记志疑》卷七言《史记·孝景本纪》“而以七人为二人，则误也。《正义》谓‘二人是首降’亦无据，盖与《绛侯世家》及《汉书勃传》言封徐、卢等五人为侯，并属误端。”［清］梁玉绳：《史记志疑》，北京：中华书局，1981，271 页。

绳在《史记志疑》卷七驳之曰："'十'乃'五'之误，犹前封七侯之误为二人也……张氏此言最谬，中五年止封五侯，并无十侯，何得强以中三年封者充其数。而安陵等七人之封皆在中三年，《史》《汉》明确可考，又何得割中三年所封五人移入中五年耶？"[①]张守节泥于《史记》记载，不敢疑其非，对于前后矛盾之处，强为说项，宜为后世所讥。但他指出七人分两次受封，亦有正确的成分，但时间上并非一次在中三年，一次在中五年。据《汉书·景武昭宣元成功臣表》《史记·惠景间侯者年表》，徐卢等七人中，最先受封者为于军，在中元三年十一月庚子，而徐卢等六人均在中三年十二月丁丑。[②]

除了以上二人说、五人说、七人说之外，还有《资治通鉴》之六人说。徐卢等人入附受封之事，《资治通鉴》并未专列条，只是在叙述周亚夫与汉景帝争执时附及之："其后匈奴王徐卢等六人降，帝欲侯之以劝后"。对于"徐卢等六人"，胡三省注曰："徐卢，容城侯；赐，桓侯；陆强，遒侯；仆黚，易侯；范代，范阳侯；邯郸，翕侯。"[③]这里不包括首次受封的安陵侯于军，显系第二次中元十二月赐封而言。

《史记·孝景纪》言匈奴诸王降附封侯在中元三年春，而这与《汉书·景武昭宣元成功臣表》和《史记·惠景间侯者年表》之记载矛盾。梁玉绳《史记志疑》卷七即云："此七人为匈奴王同，来降同，封侯同，其不同者只安陵以十一月封，余六侯以正月封，《史》、《汉》表误作十二月。故《纪》书封侯在春。"梁氏折衷其说，一方面认为于军受封在中元三年十一月，但同时又信从《史记·孝景本纪》认为其他诸人受封在中元三年正月，而否定了《汉书·景武昭宣元成功臣表》和《史记·惠景间侯者年表》言在中元三年十二月的观点。

汉初沿用秦之颛顼历，直至太初元年（前104）汉武帝才令公孙衍、壶遂、司马迁等人"改造汉历"，颁行《太初历》。其中一大变化是改以夏历之正月为岁首。在《太初历》颁行之前，当时仍以农历十月为一年的首月，故中元三年十二月是中元三年的第三个月，故《史记·孝景本纪》称其为春，并无不妥。相反，清人梁玉绳对汉初历法不甚了然，想当然地误以正月为岁首。

考诸《汉书》和《史记》，徐卢等七人姓名和封爵、食邑也多有不同。

容城擕，《史记》作容城，徐卢作"唯徐卢"。司马贞《索隐》亦作"容城侯唯徐卢"。王念孙则曰："'携'当为'唯'，且当在'侯'字下。唯徐，姓；卢，其名。《史表》作'侯唯徐卢'，《易水注》同。《公卿表》'容城侯唯途光为太常'。唯途即唯徐，光乃卢之孙也。《周勃传》'匈奴王徐卢等五人降汉'，颜注'《功臣表》云睢徐卢'，彼正文脱'唯'

① ［清］梁玉绳：《史记志疑》卷七，272—273页。

② 另参见司马光《资治通鉴考异》引《西汉年纪》卷九。［宋］司马光：《资治通鉴》卷一六《汉纪八》，北京：中华书局，1956，539页。

③ 《资治通鉴》卷一六《汉纪八》景帝中三年三月条，539页。

字，注‘睢’即‘唯’之误，则此为唯徐卢益明。”以此观之，王念孙以《史记》记载为是。其子王引之则提出异议：“‘徐’疑作‘涂’，涂与途同，故《公卿表》作‘唯途’，徐、涂形近而讹也。”[①]按：二王所论似乎均有可议之处，徐卢应为“唯徐卢”之省称，很可能是姓。唐人林宝《元和姓纂》卷二：“汉景帝时匈奴徐卢庸来降”。《通志》卷二八亦云：“徐卢氏，汉景帝匈奴徐卢庸来降”。据此徐卢姓名为“徐卢庸”，当然也不排除当时为名，后逐渐演变为姓之可能。

“遒”，颜师古注曰：“即古遒字”。[②] 陆强，《史记》卷一九作“隆强“，司马贞《索隐》云即李隆强。王先谦曰：“亦见《巨马水注》，‘陆’作‘隆’。《史表》‘遒’作‘遒’，‘陆’亦作‘隆’，则‘陆’为误字”。[③]

仆黥，《史记》作仆黥。

桓，《史记》卷一九作“垣”。

范阳靖，《史记》作范阳，范代，《史记》作端侯代。王先谦曰：“《易水注》‘代’上无‘范’字，疑‘范’字缘上‘范’字而误衍。匈奴不得有范姓也。《史表》作‘端侯代’，而亦无‘范’字。”[④]

西汉封爵分为国王、国侯、亭侯三等。“王皆裂地，侯以户数为差，分人自此始”。[⑤] 一般而言，除个别诸侯王有户邑数限定外，一般皆全食封国内的民户，即食邑以郡、县而不以户为单位；只有列侯（含功臣侯及王子侯）才既“功大者食县，小者食乡亭”，又有具体的食邑户数。即列侯采取分土与分民相结合的方式。[⑥] 关于徐卢等人食邑户数，为了便于比较，兹将《汉书·景武昭宣元成功臣表》和《史记·惠景间侯者年表》所载列表如下：

徐卢等人食邑户数《汉书》《史记》对照表

姓名	封爵	《汉书》所载户数	《史记》所载户数
于军	安陵侯	千五百五十户	一千五百一七户
陆强	遒侯	千五百七十户	五千五百六十九
徐卢	容城攜侯	七百户	七百户
仆黥	易侯（原作翕）	一千一百十户	未载
范代	范阳靖侯	六千二百户	千一百九十七。
邯郸	翕侯	未载	未载
赐	桓侯	未载	未载

① 王念孙、王引之之论，见[清]王先谦《汉书补注》，上海古籍出版社，2008，771页。

② 《汉书》卷一七《景武昭宣元成功臣表》，北京：中华书，1962，639页。

③ [清]王先谦：《汉书补注》，771页。

④ [清]王先谦：《汉书补注》，772页。

⑤ [唐]杜佑著，王文锦等点校：《通典》卷一九《职官一》，北京：中华书局，2002。

⑥ 杨光辉：《汉唐封爵制度》，北京：学苑出版社，2002，68页。

邯郸、赐二人封户，《史记》《汉书》均未载，其数字盖早已亡佚。徐卢封户，二书所载一致，易侯仆黥封户，《史记》阙载，而《汉书》言为一千一百十户，盖《汉书》于此除了《史记》外，还另有采择。于军的封户，《汉书》言为千五百五十户，《史记》则为一千五百一七户，略有差别，或者来自不同的史源，或者班固取整，而将作为零头的十七户舍去了。两书记载差别最大的为陆强、范代二人的封户。陆强，《汉书》言为千五百七十户，而《史记》则为五千五百六十九；范代，《汉书》言为六千二百户，《史记》则为千一百九十七户，相差悬殊。以清理言之，七人受封为侯，封户不应相差太甚，故六千二百户中"六"恐当为"一"之讹；五千五百六十九中"五"当为"一"之讹。

徐卢，在七人中最为人所知，诸史籍中提及此降附之事，多以徐卢指称以盖其余。徐卢所封不过区区七百户，由于邯郸、赐二人封户数不详，徐卢封户在诸人中数量即使不能称得上最少，但也绝对算不上多者。再则，从分封时间来看，最早封的是于军，也非徐卢。徐卢凭什么取得异于诸人之地位，颇堪玩味。

二

诸史籍在提及徐卢等人身份时无异词，均言为"王"，这不免使人心生疑窦。冒顿单于统一匈奴各部，建立起一个强大的奴隶主军事政权。其最高首领称为单于，其下包括一套比较严密的职官制度，如左右贤王、左右谷蠡王、左右大将、左右大都尉、左右大当户、左右骨都侯等。自左、右贤王以下至当户，大者万余骑，小者数千，凡二十四长，立号曰"万骑"。诸二十四长，亦各自置千长、百长、什长、裨小王、相、都尉、当户、且渠等。[①] 这些官职多由单于子弟或本部落贵族担任，一般世袭，父死子继。

在以上官职中，明确称为王的有左右贤王和左右谷蠡王。匈奴谓贤曰"屠耆"，常以太子为左屠耆王。"左右贤王、左右谷蠡最大国"，[②]地位最尊，一般由单于子弟担任。徐卢等七人绝非左右贤王、左右谷蠡王之类。在汉代封爵中，侯位于王之下，假如徐卢等人在匈奴已经为王，至汉朝后被封为侯，无疑属于贬黜，根本起不到所谓高官厚爵以縻之，并以之招徕后降者之目的。故徐卢等所谓的"王"，实际上可能只不过是某部族酋长之类。宋人吕祖谦《大事记解题》卷一一即云："彼徐卢等本匈奴酋长"。另，从徐卢诸人降附后，在匈奴似乎并未引起多大的震动。《汉书》《史记》等书在中元三年并无匈奴入犯以及与汉交涉的记载。《史记·孝景本纪》载，中六年八

---

① 《史记》卷一一〇《匈奴列传》，2890—2891页；《汉书》卷九四上《匈奴传》，3751页。

② 《史记》卷一一〇《匈奴列传》，2890—2891页；《汉书》卷九四上《匈奴传》，3751页。

月，匈奴入上郡，[1]《汉书·文帝纪》则系之于六月，“匈奴入雁门，至武泉，入上郡，取苑马。吏卒战死者二千人”。荀悦《汉纪》卷九同，惟言战死者三千人。诸书虽然在具体月份上稍有差别，但均系之于中元六年，这已在诸王受封三年以后，应与徐卢等人降附不存在因果关系。也就是说，中元六年匈奴之犯边，绝非是对徐卢等人降汉的报复行动。

汉高祖之后，继立的惠帝、文帝、景帝等继承了与匈奴的和亲政策。文帝后元六年（前158），由于匈奴大举侵扰，汉与匈奴关系一度紧张。不仅汉王朝每年送于匈奴的财物中止，就是汉匈之间的关市也一度中断。景帝即位后，着手修复出现裂痕的汉匈关系。景帝元年（前156），派御史大夫陶青至代郡（治今河北蔚县）与匈奴谈判，恢复了和亲。三年秋，与匈奴和亲。五年遣公主嫁匈奴单于。中二年（前148）二月“匈奴入燕，遂不和亲”。[2] 当时，汉匈之间和亲业已破裂，正是在匈奴与汉关系趋紧的情况下，汉王朝才接纳了徐卢等匈奴之叛臣。在这种情况下，匈奴似乎也没有理由患得患失。故基于以上种种迹象，可以肯定徐卢等七人在匈奴地位并不高，其投附对汉王朝而言更多是一种象征意义。

对于长期以屈辱和亲来笼络匈奴的汉王朝来说，徐卢等人的降附无疑是一次较大的外交胜利，朝野上下也将此视为王朝声威远播的结果。在此之前，虽然也有颓当、桀龙等人自匈奴来降，并分别被封以弓高侯和襄城侯，但二人本汉初功臣韩王信之子，他们随其父韩王信降匈奴，后又降汉，在族属上并非匈奴人。而作为匈奴酋长的徐卢等人率部来投，无疑更令汉王朝君臣欢欣鼓舞。汉景帝欲悉封之为侯，以劝后者。汉初，列侯地位极重，汉高祖曾立誓，“非刘氏不得王，非有功不得侯，不如约，天下共击之”。[3] 徐卢等人非有功者，按照祖制，不应封侯。汉景帝变更旧制的行为，也遭到了丞相周亚夫的极力反对，周亚夫认为：“彼背主降陛下，陛下侯之，则何以责人臣不守节者乎？”周亚夫恪守祖制，在徐卢之前他已曾拒绝窦太后欲封皇后之兄王信为侯的请求。此次，他反对徐卢等人为侯，主要是从儒家道德角度而言的，理由虽貌似义正词严、冠冕堂皇，但却不免迂阔。汉人荀悦评述道：“《春秋》之义，许夷狄者，不一而足也，若以利害由之，则以功封。其逋逃之臣，赏有等差，可无列土矣。”[4] 其论调与周亚夫并无二致。但景帝拒之，悉封徐卢七人人为侯，周亚夫因谢病免

① 《史记》卷一一《孝景本纪》，446页。

② 《史记》卷一一《孝景本纪》，444页。

③ 《史记》卷五七《绛侯周勃世家》，2077页。

④ ［汉］荀悦：《汉纪》卷九《孝景皇帝纪》，张烈点校《两汉纪》上，北京：中华书局，2002，148页。《汉魏六朝百三家集》卷一七（《文渊阁四库全书》集部·总集类）引之，而名之曰《封匈奴徐卢等论》。

相。[1] 其意义绝不止于朝廷内中枢权力的更迭,更标志着汉王朝对降附外族政策的变化。正如《汉书·景武昭宣元成功臣表》所言:"汉兴至于孝文时,乃有弓高、襄城之封,虽自外俫,本功臣后。故至孝景始欲侯降者,丞相周亚夫守约而争。帝黜其议,初开封赏之科。"[2]

以下对徐卢诸人所封列侯之地望加以考察。

安陵,据《汉书·地理志上》,乃战国旧县,汉改称傿陵。[3] 王先谦《汉书补注》引钱大昭曰:"颍川鄢陵,李奇云六国时口安陵。汝南邵陵亦有安陵乡"。[4] 在今河南鄢陵西。

"遒",据《汉书·地理志上》,属涿郡,王莽时改称遒屏。颜师古注曰:"即古'遒'字,音子修反,涿郡之县",[5]在今河北涞水。

容城携,《史记》作容城。容城,据《汉书·地理志》,属涿郡,王莽时曰深泽。司马贞《索隐》云县名,属涿郡。

桓,《史记》卷一九作"垣",《索隐》云:"县名,属河东。"恐误,当属涿郡。《水经注·圣水注》引《史记音义》,以为涿郡之垣县。

易,《汉书·地理志》云"易,广望,侯国"。《索隐》云:"县名,属涿郡"。

范阳靖,《史记》作范阳,据《汉书·地理志》,范阳,王莽时曰顺阴。应劭注曰:"在范水之阳。"《索隐》云县名,属涿郡。

翕,《索隐》云:"《汉表》在内黄"。王先谦曰:"《索隐》引《汉表》同。内黄,魏郡县。翕盖分置。国除后封赵信。"[6]

郦道元《水经注》对河流所经古迹、城镇等多有记述,此书对以上匈奴诸王之封地亦有记载。

卷一一《易水》云:"易水迳范阳县故城北……汉景帝中三年,封匈奴降王代为侯国,王莽之通顺也"。相当于今河北定兴县固城镇。

卷一一《易水》云:"易水又东迳容城县故城南……景帝中三年,以封匈奴降王唯徐卢于容城,皆为侯国,王莽更名深泽。"即今河北容城县。

卷一一《易水》云"易水又东,迳易县故城南……汉景帝中三年,封匈奴降王仆黜

---

① 《史记》言中三年三月丞相周亚夫死,误。是年周亚夫免相,非死也。详见《史记》卷二二《汉兴以来将相名臣年表》,1132页,《史记志疑》卷七,272页。

② 《汉书》卷一七《景武昭宣元成功臣表》,635页。

③ 《汉书》卷二八上《地理志上》颜师右注引李奇曰"六国为安陵",1561页。

④ [清]王先谦:《汉书补注》,770页。

⑤ 《汉书》卷一七《景武昭宣元成功臣表》颜师古注曰:"遒即古遒字,音子修反。涿郡之县。"(639页)《史记》卷一九《惠景间侯者年表》司马贞《索隐》云:"遒,县名,属涿郡,音兹鸠反。"(1019页)

⑥ [清]王先谦:《汉书补注》,772页。

为侯国也”。

卷一二《圣水》云:“(圣水)东,迳垣县故城北。《史记音义》曰:河间有武垣县,涿有垣县。汉景帝中三年,封匈奴降王赐为侯国,王莽之垣翰亭矣。”相当于今河北省肃宁。

卷一二《巨马水》云:“(涞水)东南流迳遒县故城东。汉景帝中三年,以封匈奴降王隆疆为侯国,王莽更名迺屏也”。相当于今河北涞水。

《畿辅通志》对这几个侯国也有记载。《畿辅通志》卷五八记载,“容城攜侯徐卢、遒侯陆强,景帝时以降王,侯七百戶。传缠光,光坐法死,国除。今保定府容城县西北有容城故城,以匈奴王降侯千五百七十户,景帝时封子则,嗣以罪诛。今保定府涞水县北有遒城。”

同书卷五八记载,范阳靖侯范代、易侯仆黚、亚谷简侯卢它之,景帝时以归降,侯六千二百户,传德政。范阳今保定府定兴县,景帝时以降王,侯千一百十户,无后,景帝时以故燕王绾子复降归汉,侯千户,传种漏贺。今保定府雄县有亚谷城。

有汉一代,附汉的匈奴王、将、相的食邑多在今河南、山西、山东、河北一带。[①] 以上徐卢七人,除于军、邯郸被安置于今河南外,其余五人均安置于涿郡,属于今河北(包括今北京)之地。河北、河南均处于中原内地,如此安排乃是出于堤防猜忌,为了隔断这些降附部众与匈奴本部之间的联系。这种安置方式与汉武帝时期浑邪王率领四万余众归汉后,被安置于陇西、北地、上郡、朔方、云中五郡黄河以南故塞以外,因其俗为“五属国”以统之的方式截然不同,显示了汉与匈奴之间力量的消长变化。徐卢等匈奴七王受封内地,其所带匈奴部众也随之进入内地。此为有史籍记载以来第一次匈奴部众较大规模的以和平方式进入内地,在汉代民族史上写下了光辉的一页。

① 林幹:《匈奴史》,呼和浩特:内蒙古人民出版社,1977,95页。

卫绾奏请开启罢黜百家的先河

——两汉代地历史人物与经学关系初探之一

秦进才

（河北师范大学历史文化学院 河北石家庄 050024）

内容提要：两汉代地正史记载的历史人物不多，但正史记载的代地历史人物中直接或间接地与经学有着各种不同的关系者占有比较大的比重。在统治思想需要转化的汉武帝初年，代大陵人卫绾奏请罢黜治法家、纵横家者的事件引人注目。本文从论述汉武初年的学术背景、卫绾的生平切入，辨析卫绾奏请的相关问题，探究卫绾奏请的历史意义，认为卫绾奏请开启了罢黜百家、表章六经的先河。

关键词：卫绾奏请　开启　罢黜百家的先河

两汉时代，代地的行政隶属关系经常变动，起初隶属于代国，又改为隶属于赵国，后又回归于代国，最终以北方边郡直接隶属于朝廷。无论行政隶属关系如何变化，代地都位处于农耕文明与游牧文明的交汇地区，是边防重镇，关系着中原政权的安危，又是频繁遭受匈奴、乌桓、鲜卑等侵扰的地区，也是汉朝军队征伐匈奴、乌桓等的出击地，发生在这里的众多历史事件进入了历史的记载。但两汉时期代地人物正史记载的不多，根据笔者目前看到的历史资料，人数当比代郡太守还要少。[①] 但这些正史记载为数不多的代地历史人物中，直接或间接地与经学史有关系者所占比重较

① 根据严耕望《两汉太守刺史表》记载，西汉有张苍、傅宽、灌夫、李蔡、李广等十四位代郡太守，东汉有赵永、苏竟、刘兴、耿宿、杜密等八位代郡太守（《两汉太守刺史表》，上海古籍出版社，2007，92—93、263—264页），合计二十二位。四百二十余年二十二位太守，平均每人任期十九年多，不合情理，当有遗漏。笔者认为还可以补充吴祉（见《后汉书》卷八七《西羌传》，北京：中华书局，1965，2883页）、傅睿（见《三国志》卷二一《魏书·傅嘏传》，北京：中华书局，1982，623页）两位，目前所知有二十四位代郡太守。而前四史记载的代地人物有名有姓者，有卫绾、赵绾、五鹿充宗、范守、范升、石鲔、闵堪、闵林、程绪、韩珩等，还有代诸白等有姓无名者群体，现在从数量看，代郡太守的人数是多于正史记载的代地历史人物的。这种情况，并非只有孤立的一例，其他郡也有此种情况。

大，笔者不揣浅陋，在前人研究的基础上，[①]试从两汉经学史的角度对于代地历史人物进行探讨，首先对于汉武帝时期代地人卫绾奏请罢黜治法家纵横家者稍作探讨，抛砖以引玉。

一　汉武帝初年的学术背景

秦始皇焚烧诗书，诛杀术士，六经从此残缺不全。汉高祖刘邦在战争年代，“不修文学”，[②]“不好儒，诸客冠儒冠来者，沛公辄解其冠，溲溺其中”。“方以天下为事，未暇见儒人也”。[③] 因此，有些儒生来投奔，也不敢以儒生自居，郦生自称高阳酒徒，秦博士叔孙通降汉，“儒服，汉王憎之；乃变其服，服短衣，楚制，汉王喜”。[④] 陆贾以客的身份追随等。刘邦战胜项羽，“举兵围鲁，鲁中诸儒尚讲诵习礼乐，弦歌之音不绝”，[⑤]也许对于刘邦有所触动。“汉兴，然后诸儒始得修其经艺，讲习大射乡饮之礼。”[⑥]叔孙通不失时机地提出制作汉礼仪，使刘邦体会到“吾乃今日知为皇帝之贵也”[⑦]的味道。陆贾称说诗书、秦朝兴亡的历史，使“乃公居马上而得之，安事《诗》《书》”的刘邦，明白了“居马上得之，宁可以马上治之乎？且汤武逆取而以顺守之，文武并用，长久之术也”的道理。[⑧] 汉高祖十二年（前 195）“十一月，行自淮南还。过鲁，以大牢祠孔子”。[⑨] 开创了中国历代皇帝祭祀孔子的先河，为后来的尊崇儒术奠定了基础，为儒学的发展提供了合法性的保障。

“孝惠、吕后时，公卿皆武力有功之臣。孝文时，颇征用，然孝文帝本好刑名之言。及至孝景，不任儒者，而窦太后又好黄老之术，故诸博士具官待问，未有进者。”[⑩]

---

① 宋代以来有诸多学者以论文、札记、专著章节等形式，对于卫绾罢黜法家、纵横家等进行了探讨，如宋代真德秀德《大学衍义》，王应麟德《通鉴问答》等书中的相关论述。现代有些论文进行了探讨，如萧平汉《卫绾“罢黜百家”说质疑》，《长沙理工大学学报》（社会科学版）2007 年第 4 期；秦学颀《关于汉武帝初年儒道之争若干史料史实的辨正》，《南都学坛》2009 年第 5 期；等。中国经学史、中国思想史以及两汉思想史、经学史等有关著述中涉及到两汉代地历史人物与经学的论著数量很多，而专门以代地为题集中探索者不多。

② 《汉书》卷一下《高帝纪下》，北京：中华书局，1962，80 页。

③ 《史记》卷九七《郦生列传》，北京：中华书局，2013，3244、3257 页。

④ 《史记》卷九九《叔孙通列传》，3277 页。

⑤ 《史记》卷一二一《儒林列传》，3761 页。

⑥ 《史记》卷一二一《儒林列传》，3761 页。

⑦ 《史记》卷九九《叔孙通列传》，3280 页。

⑧ 《史记》卷九七《陆贾列传》，3251—3252 页。

⑨ 《汉书》卷一下《高帝纪下》，76 页。

⑩ 《史记》卷一二一《儒林列传》，3761—3762 页。

正是汉惠帝到汉文景时期，推行黄老清静无为而治的政策，取得了经济恢复，社会进步的成果，形成了后世艳称的文景之治。与此同时，宽松的文化政策，为诸子百家的发展、融合提供了机会。又因为战国百家争鸣是场政治文化的探讨、创造运动，诸子直接或间接地提出了不同的治国方略、天下治道，“百川异源而皆归于海，百家殊业而皆务于治”。[①] 迥然相异的诸子百家融会贯通成为潮流，因为他们都以治理国家为目的。“夫阴阳、儒、墨、名、法、道德，此务为治者也，直所从言之异路，有省不省耳。”[②]诸子各家都以治理国家为目的，只是因为研究的视角不同而呈现出不同的面貌。“务为治者”与“皆务于治”，虽字面表述有所不同，含义却无大区别，说明诸子百家具有共同点，正因为有共同点，提供了诸子百家殊途同归、合道一体的基础。因此，有些学者博通诸家之书，融合于一人之身。学申商刑名的晁错，从伏生处受《尚书》，担任经书传承的博士；被称为“在汉朝之儒，唯贾生而已”[③]的贾谊“明申商”，[④]，称“明申韩”，[⑤]“颇通诸家之书”，[⑥]博采众长，融会贯通。西汉初年，诸家在彼此问难中相互汲取，在互相争鸣中走向融合，逐渐突破了战国诸子百家的界限，形成了一种新的思想文化，所谓纯粹的诸子百家实际上已经变化了。“因阴阳之大顺，采儒墨之善，撮名法之要，与时迁移，应物变化，立俗施事，无所不宜”[⑦]清静无为的黄老之学，成为汉初占主导地位的统治思想，与民休息，轻徭薄赋，实行无为而治。在取得成就的同时，也随着社会的发展，逐渐显示出其局限，无为变为因循，“国已屈矣，盗贼直须时耳，然而献计者曰‘毋动’，为大耳。夫俗至大不敬也，至亡等也，至冒上也，进计

① 刘文典：《淮南鸿烈集解》卷一三《氾论训》，北京：中华书局，1989，426—427 页。

② 《史记》卷一三〇《太史公自序》，3965 页。

③ 《汉书》卷三六《楚元王交传·刘歆》，1969 页。

④ 《史记》卷一三〇《太史公自序》，3998 页。

⑤ 《汉书》卷六二《司马迁传》，2723 页。《新书·权重》载：“诸侯势足以专制，力足以行逆，虽令冠处女，勿谓无敢；势不足以专制，力不足以行逆，虽生夏育，有仇雠之怨，犹之无伤也。”（[汉]贾谊撰，阎振益、锺夏校注：《新书校注》，北京：中华书局，2000，64 页）《新书校注》卷二《制不定》载：“屠牛坦一朝解十二牛，而芒刃不顿者，所排击，所剥割，皆象理也。然至髋髀之所，非斤则斧矣。仁义恩厚者，此人主之芒刃也；权势法制，此人主之斤斧也。势已定，权已足矣，乃以仁义恩厚因而泽之，故德布而天下有慕志。今诸侯王皆众髋髀也，释斤斧之用，而欲婴以芒刃，臣以为刃不折则缺耳。胡不用之淮南、济北？势不可也。”（71 页）以形象生动的比喻，阐释了权势法制在治理诸侯王的地位与作用。《韩非子·八经》言：“凡治天下，必因人情。人情者，有好恶，故赏罚可用；赏罚可用，则禁令可立而治道具矣。君执柄以处势，故令行禁止。柄者，杀生之制也；势者，胜众之资也。”（周勋初修订：《韩非子校注（修订本）》，南京：凤凰出版社，2009，533 页）《韩非子·心度》曰：“夫国之所以强者，政也；主之所以尊者，权也。”（《韩非子校注（修订本）》，596 页）两者表述虽然有所不同，但精神则大同而小异，可见“明申韩”不是虚言。

⑥ 《汉书》卷四八《贾谊传》，2221 页。

⑦ 《史记》卷一三〇《太史公自序》，3966 页。

者犹曰'毋为',可为长太息者此也"。[1] 限制了新的发展,社会的发展需要统治思想的转变,需要由清静无为而治走向奋发有为。

同时,中国古代社会是行政权力支配的社会,行政权力支配、制约着学术的发展,有时学术的发展也需要借助于行政权力的支持。统治者根据巩固统治的需要,也会选择不同流派的学术作为政治的装饰点缀,并不等于统治者也变成了他所支持、提倡的学术流派的忠实信徒,他们的身份仍然是统治者。汉武帝初年,已经进入晚年、出身平民家庭的窦太后,喜好黄老之学,汉景"帝及太子诸窦不得不读《黄帝》《老子》,尊其术"。[2] 她是文景之治的亲历者和见证者,珍惜文景之治的成果,维护来之不易的社会安定局面,继续推行无为而治的政策,维护黄老之学的主导地位,成为黄老之学的守护神。[3] 刚刚登上帝位的汉武帝,虽然年轻,看到了前辈的成就,也明白前朝的弊端,要变革更化,开创出新的社会局面,与主张变革的学者主张相契合,成为经学的支持者。祖母皇太后与孙子皇帝之间不同的学术流派选择、价值取向、代际冲突,直接地影响着朝廷的政局,影响着大臣的生死进退,也影响着不同流派学者的命运。学术问题与政治问题交缠在一起,祖孙代际冲突与朝政联系在一起,形成了错综复杂的局面。

汉文帝立经学博士的措施,提供了经学发展的空间,经学家也主动地与时迁徙,进退与时变化,以适应社会的变化,寻找发展的机遇。

正是这样的社会条件下,汉武帝初年,出现了一系列标志学术思想变迁的重要事件,代郡人卫绾奏请罢黜治法家纵横家者,成为引人注目的事件之一。

① 《汉书》卷四八《贾谊传》,2243 页。

② 《史记》卷四九《外戚世家·窦太后》,2381 页。

③ 《史记》卷一二一《儒林列传·申公》载:"太皇窦太后好老子言,不说儒术。"(3766 页)同卷又载:"窦太后好《老子》书,召辕固生问《老子》书。固曰:'此是家人言耳。'太后怒曰:'安得司空城旦书乎!'乃使固入圈刺豕。景帝知太后怒而固直言无罪,乃假固利兵,下圈刺豕,正中其心,一刺,豕应手而倒。太后默然,亡以复罪,罢之。"(3768 页)窦太后不喜欢儒术,而不允许人们对黄老之学说不尊敬的话,态度明确地维护黄老之学的地位,可视为黄老之学的保护神。

二　卫绾的生平

"建陵侯卫绾者，代大陵人也。"[1]西汉大陵县，治今山西文水县东北。[2]《汉书》卷二八上《地理志上》载：太原郡，"大陵，有铁官。"《后汉书》志二三《郡国志五》亦载：太原郡，"大陵，有铁"。两汉书记载相同，可知在《汉书·地理志》《续汉书·郡国志五》收录行政区划资料的时间点节上，大陵县都是隶属于太原郡，这并不等于《史记》、《汉书》记载卫绾是代大陵人，是错误的，是因为卫绾是代大陵人在《汉书·地理志》收录资料时间之前，大陵县行政隶属关系有变化。汉高祖十一年(前196)正月，下诏："代地居常山之北，与夷狄边，赵乃从山南有之，远，数有胡寇，难以为国。颇取山南太原之地益属代，代之云中以西为云中郡，则代受边寇益少矣。"[3]分割太原郡的一部分增益代地，太原郡大陵县当是这时划归代地的，后来又回归太原郡。汉文帝二年(前178)三月，封皇子刘武为代王、刘参为太原王。四年，"徙代王为淮阳王。以代尽与太原王，号曰代王"。[4] 代地与太原郡，均为代王封地。上述两次太原郡行政区划变动，都有使太原郡部分或整体变为代国疆域的可能性。元鼎三年(前114)，"汉广关，以常山为限，而徙代王王清河"。[5] 取消代国，太原郡回归为汉郡。[6] 从大陵县地理位置看，当以汉文帝二年太原郡合并于代国时大陵县也归为代国为长。此事发生的时间，不在《汉书·地理志》《续汉书·郡国志》收集资料的时间节点上，故不见于《地理志》《郡国志》的记载。卫绾卒于元光四年(前131)，元鼎三年(前114)，徙封代王为清河王，太原恢复为郡，这时卫绾已经去世十七年，卫绾生逢大陵县隶属于代地之时，故《史记》《汉书》记载其籍贯为代大陵县人，是符合历史实际的，也是可信的。

卫绾，汉文帝时，以代戏车士为郎，功次迁为中郎将，醇谨无他，人视为长者，受到了汉文帝的重视。汉景帝时，因忠实无他肠，出任为河间王太傅。汉景帝三年(前

---

① 《史记》卷一〇三《万石张叔列传·卫绾》，3333页。《汉书》卷四六《卫绾传》载："卫绾，代大陵人也。"(2200页)两书对于卫绾籍贯的记载相同。

② 戴均良等主编：《中国古今地名大词典》，上海辞书出版社，2005，163页。魏嵩山主编《中国历史地名辞典》载：大陵县。战国赵以平陵县改置，治所即今山西文水县东北武陵村(南昌：江西教育出版社，1986，36页)。崔乃夫主编《中华人民共和国地名大词典》第一卷载：文水县，春秋为晋平陵邑。战国属赵，为大陵邑。西汉置大陵县，治今城关东北10公里武陵村(北京：商务印书馆，1998，563页)文水县政协文史资料委员会编《文水文史资料》第18辑载：文水古城大陵，在今交城大陵村、文水武陵村北一带(文水县政协文史资料委员会，2005，18页)。对于两汉大陵县治所的地望，各种说法基本相同。

③ 《汉书》卷一《高帝纪》，70页。

④ 《史记》卷五八《梁孝王世家》，2517页。

⑤ 《史记》卷五八《梁孝王世家》，2517页。

⑥ 《史记》卷一七《汉兴以来诸侯王年表》，1027页。

154)，以将军率领河间国兵平定吴楚之乱有功，[①]后拜为中尉。汉景帝六年四月，封为建陵侯。汉景帝七年四月，立胶东王刘彻为太子后，担任太子太傅。汉景帝中元三年(前147)，迁为御史大夫。汉景帝后元元年(前143)八月，代桃侯刘舍为丞相，朝奏事如职所奏，遵守规章，不随便进行兴建与废罢。汉景帝以为敦厚可相少主，寄予重望，赏赐丰厚。然自初官以至丞相，终无可言。[②] 建元元年六月，以汉景帝疾病时诸官囚多坐不辜者而不任职，被免去丞相职务。卒于元光四年(前131)。[③]

本文所要探讨的是，建元元年(前140)冬十月，汉武帝诏丞相、御史、列侯、中二千石、二千石、诸侯相举贤良方正直言极谏之士。卫绾奏请："所举贤良，或治申、商、韩非、苏秦、张仪之言，乱国政，请皆罢。"奏可。应劭注曰："申不害，韩昭侯相也。卫公孙鞅为秦孝公相，封于商，号商君。韩非，韩诸公子，非，名也。苏秦为关东从长。张仪为秦昭王相，为衡说以抑诸侯。"李奇注曰："申不害书执术。商鞅为法，赏不失卑，刑不讳尊，然深刻无恩德。韩非兼行申、商之术。"[④]即是说，在丞相、御史大夫、列

---

① [清]全祖望《全祖望集汇校集注·经史问答》卷一〇《诸史问目答董秉纯》载：问："《直不疑传》：将河间兵击吴楚。先生谓是击赵，何也？"答："河间是赵之分国，是时赵方同反，安得逾赵而东征，误也。"(上海古籍出版社，2000，2024页)《汉书》卷四六《卫绾传》载："吴楚反，诏绾为将，将河间兵击吴楚有功，拜为中尉。"(2201页)同卷《直不疑传》载："吴楚反时，不疑以二千石将击之。景帝后元年，拜为御史大夫。天子修吴楚时功，封不疑为塞侯。"(2201页)由上述可知，吴楚反时，以将军将河间兵者是卫绾，而非直不疑。问的不准确答得也不清楚。李人鉴《太史公书校读记·万石张叔列传》认为："按吴楚反时，卫绾为河间王太傅，所谓'绾为将，将河间兵击吴楚'者，实即击从吴楚反之赵耳，非能逾赵而东征吴楚也"(兰州：甘肃人民出版社，1998，1380页)。说清楚了。

② [明]杨慎《升庵集》卷七二《卫绾》载："绾之相业他无闻焉，而此一节加于萧曹一等矣。史称武帝之美，曰罢黜百家，绾之功可少哉？"(《景印文渊阁四库全书》第1270册，台北：商务印书馆，1986，712页)。[清]周寿昌《汉书注校补》卷三四《万石卫直周张传》载："《武纪》：建元元年，举贤良方正直言极谏之士，丞相绾奏所举贤良，或治申商韩非苏秦张仪之言，乱国政，请皆罢，奏可。武帝承文景尚黄老之后，独能尊儒向学，得董仲舒诸人，皆绾此一言导之也，相业无有大于此者。本传称其自初宦以至相，终无可言，而不详载此奏于传中，仅于《纪》附书一语，似亦疎。"(《汉书疏证(外二种)》，上海古籍出版社，2006，679页)[清]梁玉绳《史记志疑》卷三三《万石张叔列传》亦认为："绾虽无甚相业，而此事加于萧曹一等，安得谓奏事如职，终无可言乎？"(北京：中华书局，1981，1363页)三人提出了不同看法，有些道理。

③ 《史记》卷一九《惠景间侯者年表》载：建陵。以将军击吴、楚功，用中尉，侯户一千三百一十。六年四月丁卯，敬侯卫绾元年。元光五年，侯信元年。(1200页)《汉书》卷一七《景武昭宣元成功臣表》载：建陵哀侯卫绾，以将军击吴楚，用中尉侯。四月丁卯封，二十一年薨。元光五年，侯信嗣，十八年，元鼎五年，坐酎金免。(636页)两书记载卫绾为建陵侯时间，都是二十一年。从汉景帝六年(前151)，向下数二十一年，当是元光四年(前131)，这年当是卫绾卒年。与其子元光五年继侯爵之位也吻合。

④ 《汉书》卷六《武帝纪，155—156页。[汉]荀悦《汉纪》卷九载："建元元年冬十月，诏举贤良方正。丞相卫绾奏：'所举贤良，或治刑名纵横之术，乱国政，罢之。'"(《两汉纪》上册，北京：中华书局，2002，156页)《汉纪》来源于《汉书》，荀悦做了些删减、概括，两者完全相同的仅是"乱国政"的三字，其含义则是相同的。

侯及各郡国所推举的贤良中，有治法家、纵横家者，因其“乱国政”，丞相卫绾请求全部罢黜。汉武帝批准了其奏请。以此截断治法家、纵横家者通过贤良为官的途径。现存这寥寥二十余字的卫绾奏请，在中国历史上写下了重要的一笔，具有深远的历史意义。

三　卫绾奏请相关问题的辨析

卫绾奏请，虽然只有寥寥的二十余字，但由于传世文献记载的不详细具体，至今还有一些疑点不清楚，从宋元以来学者们提出了不同看法，笔者试做辨析。

（一）卫绾有撰写奏请的能力

有些人怀疑卫绾奏请并非出自于他本人，而是来自于董仲舒。如宋人真德秀认为：“丞相绾奏所举贤良，或治申商韩非苏秦张仪之言，乱国政，请皆罢。奏可。而质之本传，则仲舒实发之。”[①]“或问：卫绾以戏车进为相，无可言者，乃能奏罢异端之言何欤?”王应麟认为：“董仲舒对策明春秋一统之义，以为不在六艺之科孔子之术者皆绝其道勿使并进。于是武帝卓然罢黜百家，丞相因此奏，非卫绾能为是言也。”[②]真德秀、王应麟等人均认为卫绾没有能力写出这个奏请，是受董仲舒的影响才提出了这个奏请。宋元之际的马端临引先公曰：“此行仲舒之言也，卫绾特使之书奏耳！建白大义岂绾所能辨哉?”[③]也认为是董仲舒的言论，而非卫绾所能够辨别的清楚。近人钱穆亦认为：“考卫绾为人，醕谨无他长。惟以敦厚见赏于文景两帝。何以少主初政，即突发此惊人之议。且其事并不著于绾之本传，而惟于《武纪》见之。又其年六月，据《百官公卿表》。绾即以不任职罢免。可知其议发动，实不在绾。或谓是年所举贤良，董仲舒亦预其列。罢申韩云云，其议实发自仲舒。”[④]继承了宋元以来的看法，做了更细致的论述。

其实，卫绾有没有能力上奏请，不是千余年之后的宋元以来人说说就能定论的。卫绾不是专治学术的人，在学术上的造诣的确也不是大师，并不等于卫绾对于学术一无所知。应当看到卫绾曾经担任河间献王刘德的太傅，而河间献王刘德，“修学好

---

① [宋]真德秀：《大学衍义》卷一三《格物致知之要一》，景印文渊阁《四库全书》第704册，621页。

② [宋]王应麟：《通鉴答问》卷四《丞相绾奏所举贤良或治申韩苏张之言者请皆罢》，景印文渊阁《四库全书》第686册，681—682页。

③ [元]马端临《文献通考》卷三三《选举六·贤良方正》(北京：中华书局，1986，310页)“先公曰”，即马端临之父马廷鸾的说法。

④ 钱穆：《秦汉史》，北京：三联书店，2004，88页。

古，实事求是。从民得善书，必为好写与之，留其真，加金帛赐以招之。繇是四方道术之人不远千里，或有先祖旧书，多奉以奏献王者，故得书多，与汉朝等……献王所得书皆古文先秦旧书，《周官》《尚书》《礼》《礼记》《孟子》《老子》之属，皆经传说记，七十子之徒所论。其学举六艺，立《毛氏诗》《左氏春秋》博士。修礼乐，被服儒术，造次必于儒者。山东诸儒多从而游”。[①] 从而形成了河间学术中心。是河间献王影响了太傅卫绾，还是河间王太傅卫绾支持了河间献王刘德的学术行为？没有直接材料可以证明，但也没有直接史料证明卫绾与河间献王有很大的矛盾冲突。这样就很难说河间学术中心对于卫绾没有一点点影响？河间献王收集、弘扬、振兴古典文献的精神、著述、成就应当会对于卫绾有耳濡目染的熏陶、影响，并受到一定的启迪，提高了其文化水平，否则有何资格担任太子太傅呢？而担任太子少傅的是鲁诗大师申公的弟子王臧。因此，卫绾写出奏请应当不存在能力的问题。

从时间方面来看，则可以清楚地证明奏请的确是卫绾的行为。卫绾的奏请，是建元元年（前 140）十月汉武帝下诏书举贤良方正直言极谏之士后上奏的，这是没有争议的事情。而关于董仲舒对策的年代有多种说法，笔者梳理归纳为八种，[②]但从一般情理上讲，无论如何也不会有董仲舒尚未对策，就能影响丞相卫绾奏请的事情。因为建元元年，是汉武帝拥有自己在皇帝之位纪年的第一年，当时汉承秦制以十月为岁首，建元元年十月是第一个月，无论哪种董仲舒对策的年代说法，都没有肯定地说就是在建元元年十月者。还有在西汉时代人员交通往来的速度、通信方式落后，朝廷诏令、文件不可能都朝发夕至，各郡国也不可能都即刻推荐出参与贤良对策的人选，总需要一定的办理过程和时间。因此真德秀、王应麟、马廷鸾等人在此问题上的说法，颠倒了卫绾奏请与董仲舒对策的因果关系，弄错了董仲舒对策的时间，其说法是不可信的，也是没有道理可言的。因为无论如何董仲舒对策都应当在汉武帝建元元年十月皇帝下诏书之后，不可能在此之前，[③]后到何时有不同的看法。笔者认为董仲舒对策在元光元年（前 134）五月，在建元元年六年之后。因此，建元元年（前140）十月后的卫绾奏请，不应当、也不会受到董仲舒对策的影响。

从事物发展顺序看，前因后果更明白了。建元元年（前 140）十月后，卫绾奏请“所举贤良，或治申、商、韩非、苏秦、张仪之言，乱国政，请皆罢”，开启了罢黜百家、表

---

① 《汉书》卷五三《景十三王传·河间献王德》，2410 页。

② 参见拙作《〈春秋繁露·止雨〉“二十一年”管窥》，《扬州大学学报》2008 年第 5 期。

③ ［宋］司马光《资治通鉴》卷一七汉武帝建元元年亦载：“冬，十月，诏举贤良方正直言极谏之士，上亲策问以古今治道，对者百余人。广川董仲舒对曰”（北京：中华书局，1956，549 页）把卫绾的奏议，放在董仲舒对策和“以仲舒为江都相了”（556 页）之后，董仲舒对策完了，卫绾再奏请，字面上似乎可以说通。而很多现代的著述沿袭这种记载，如《中国历史大事编年》第一卷把董仲舒对策，放在卫绾奏议之前（北京出版社，1997，485 页），与宋朝学者的看法是一致的。虽说持之有故，但难以言之成理，因为董仲舒对策年代没有肯定，只是推测、假设。

章六经的先河。建元六年,“及窦太后崩,武安侯田蚡为丞相,绌黄老、刑名百家之言,延文学儒者数百人”。[1] 田蚡扩大了卫绾罢黜的范围,扩大到了曾经占主导地位的黄老、刑名百家之言,与此同时招收文学儒者,体现出朝廷对于统治思想选择的意向。社会存在决定人们的意识,认识也在社会实践中升华、发展。元光元年五月,董仲舒对策,提出了“臣愚以为诸不在六艺之科、孔子之术者,皆绝其道,勿使并进”[2]的建议,董仲舒进一步扩大了卫绾、田蚡罢黜的范围,主张凡不属于“六艺之科、孔子之术”者都应当在罢黜之列,也就是所谓的罢黜百家的建议。切不说是否真正实施了罢黜百家的政策,就是明确罢黜百家的范围,至少就经过了前后三个人、历经七年的时间,三者层层递进,逐步扩大,日趋完善,前后发展顺序清楚,卫绾奏请属于起始阶段,是现实存在影响了董仲舒建议,而不是董仲舒建议影响了七年前的卫绾奏请。

笔者认为,不仅是卫绾有没有提出罢黜法家、纵横家者的能力问题,而且此事受卫绾性格的影响。卫绾是个忠于职守、寡言少语的忠厚长者,史籍所言:“醇谨无他”,“忠实无他肠”,“为丞相,朝奏事如职所奏。然自初官以至丞相,终无可言”,[3]体现了卫绾的为人处世的性格。而“法家者流,盖出于理官,信赏必罚,以辅礼制。《易》曰‘先王以明罚饬法’,此其所长也。及刻者为之,则无教化,去仁爱,专任刑法而欲以致治,至于残害至亲,伤恩薄厚”。[4] 法家也存在着严刑峻法、刻薄少恩、手段残酷等弊端。“从横家者流,盖出于行人之官……言其当权事制宜,受命而不受辞,此其所长也。及邪人为之,则上诈谖而弃其信。”[5]纵横家也有着朝秦暮楚、反覆无信、事无定主、说无定辞、诡谲权谋、崇尚欺诈等行为。虽说丞相肚里能撑船,不喜怒于色,但爱憎还是有的,作为忠厚长者的丞相卫绾,也许对于法家、纵横家的行为做派有着排斥、厌恶的心态,再加上社会风气的影响、政治上的需要等一些因素,在上奏的时候,提出罢黜治法家、纵横家者的请求,当也是合乎情理的。

退一步讲,官场上有很多文章,并不都是署名者亲自撰写的,这是公开的秘密。丞相的上奏,有些是丞相自己撰写的,有些是官属草拟的,丞相审定的。无论谁起草,都是一种职务行为,都是众人智慧的结晶,表达的是丞相的意志,著作权和署名权属于丞相,并由丞相负责。同样道理,无论是何人提出的动议,不管是何人撰写的

---

① 《史记》卷一二一《儒林列传》,3762 页。

② 《汉书》卷五六《董仲舒传》,2523 页。

③ 《史记》卷一〇三《万石君张叔列传·卫绾》,3333、3334 页。

④ 《汉书》卷三〇《艺文志》,1736 页。

⑤ 《汉书》卷三〇《艺文志》,1740 页。

文章，受到了何人的影响，[1]以丞相卫绾的名义奏请，都应当视为卫绾的主张。

我们应当以学术是天下公器的精神，实事求是地论述每个历史人物的贡献与局限。虽然世界上的事情都存在着联系，但后面发生的事情不可能影响前面发生的事情，因此，不能把建元元年十月后卫绾奏请说成是受元光元年五月董仲舒对策的影响，不仅仅是时间不吻合，还因为卫绾的奏请与董仲舒的建议，有着范围大小的不同，有着创始者的简陋与后来者的完善，更有着官员主张与学者思路、境界的明显差别。宋元以来，很多人认为卫绾没有撰写奏请的能力，主要受《汉书·董仲舒传》的“及仲舒对册，推明孔氏，抑黜百家。立学校之官，州郡举茂材孝廉，皆自仲舒发之”的影响，要落实到具体事件上，要以此作为衡量其他事件的标准。抑黜百家与罢黜百家有相同之处，也符合董仲舒身份，但这是一个大工程，并非一人一时就能够大功告成的，是很多人长时间努力的结果，[2]有个从点到面、从小到大逐渐发展的过程，有自觉地参与者，有不自觉地参与者，有被裹挟者，无论如何参与者都为此事尽了力，没有必要把罢黜百家的功劳都集中到董仲舒一人名下，因为这不符合历史的事实，也会造成当突如其来的光荣属于董仲舒，那么意想不到的耻辱也将属于董仲舒的结果。

（二）卫绾奏请的时间

卫绾奏请之年，是汉武帝建元元年，而具体的月日时间，已经很难说清楚，只能说《汉书·武帝纪》排列在汉武帝建元元年十月诏书之后，是比较可靠的。因为汉武帝不下诏书，就不会有卫绾的奏请，所以排在汉武帝诏书之后是合适的。但是后也应当有个时间限制，即是应在卫绾担任丞相之职时，也就是在建元元年六月卫绾被免去丞相之职以前。再具体一点，似乎应当在郡国举荐的贤良到都城之后、任命官职之前，如果郡国推荐的贤良都已经任命了官职，再请皆罢之，无疑是制造社会矛盾，挑起贤良与朝廷的纠纷，醇谨忠厚的卫绾当不会如此做事的。有的学者将其排在汉武帝建元元年“秋七月，武帝召用儒生，议立明堂”之后，接着是“丞相卫绾奏请

---

① 杨树达《汉书窥管》卷五《万石卫直周张传》则认为：“武帝初立时，田蚡以帝舅用事。蚡与窦婴俱好儒术，奏罢贤良盖婴蚡所主持，绾以丞相具奏尸其名耳。周〔寿昌〕以其事属绾，殊昧于当时情事。”（上海古籍出版社，1984，359 页）杨树达不认为受董仲舒影响，则以为是田蚡、窦婴所主持。当是据《史记》卷一〇七《魏其武安侯列传》载：“孝景崩，即日太子立，称制，所镇抚多有田蚡宾客计筴”（3418 页）的记载而言，其实，这段话的前提是针对着“孝景崩”这个特定的时间节点而言，而非所有问题而言，但杨树达所言也是一种持之有故的推断。

② ［明］丘濬《大学衍义补》卷七八《治国平天下之要·崇教化》载：“至今儒道盛行，经术大明，皆武帝振作之功，卫绾奏请之绩，仲舒发扬之力也。呜呼！其有功于世道亦岂细哉。”（《景印文渊阁四库全书》第 712 册，885 页）不把罢黜百家儒道盛行视为一人之功。

罢治刑名纵横术者”。[1] 建元元年“六月，丞相绾免。丙寅，魏其侯窦婴为丞相”。[2]汉武帝建元元年六月庚申朔，丙寅，六月初七日，对应是公元前140年7月4日，在此日之前卫绾已经免职，怎可能到秋七月还会以丞相身份奏请罢治刑名纵横术者。此处排列的顺序似乎错误，当纠正。

（三）卫绾奏请罢黜贤良中治法家纵横家者不是独尊黄老

有学者认为：“一般论者大都认为这是汉武帝第一次罢黜百家，独尊儒术，这似乎已是不可移易的定论。但我们在细读这一时期的史料后，对这一次罢黜百家之举颇有些疑惑。武帝即位时，年仅16岁，由于不到亲政年龄，故由窦太后临朝称制，朝中大事都要向她‘奏请’。那么，这里的‘奏可’究竟是汉武帝的旨意，还是窦太后的旨意呢？如果是窦太后的旨意，那么这次罢黜百家的性质显然不会是‘独尊儒术’，而是独尊黄老。我们认为，后一种情况较符合当时的实情。”[3]提出了新的看法，启迪人们的思考，很有意义。笔者不敢苟同，试论述于下。

首先，奏可应当是汉武帝的旨意，而非窦太后的旨意。西汉时，谓临御朝廷处理政事为临朝，即位执政为称制，有时特指皇太后当政，代行皇帝权力为临朝称制。西汉皇太后临朝称制，是一件很重要的事情，并非是所有能够干涉朝政的皇太后都有临朝称制的名号，只有两个皇太后名正言顺地拥有临朝称制的名号，一是汉高祖吕皇后，汉“惠帝崩，太子立为皇帝，年幼，太后临朝称制，大赦天下”。颜师古注曰：“天子之言，一曰制书，二曰诏书。制书者，谓为制度之命也。非皇后所得称。今吕太后临朝行天子事，断决万机，故称制诏。”[4]《史记》《汉书》对于这段时间，都是以高后纪年。[5] 二是汉元帝王皇后，汉平“帝年九岁，太后临朝称制，委政于〔王〕莽”。[6] 皇太后临朝称制，又称“临朝”“称制”等，如“孝惠帝崩，吕太后称制，天下事皆决于高后”。[7] “元年，号令一出太后。太后称制，议欲立诸吕为王”，周勃等曰：“高帝定天下，王子弟，今太后称制，王昆弟诸吕，无所不可。”[8]汉“平帝即位，太后临朝，莽秉

---

① 《中国学术思想编年》（西安：陕西师范大学出版社，2005，105页）；《秦汉经学学术编年》（南京：凤凰出版社，2015，109—110页），两书表述基本相同。

② 《汉书》卷一九下《百官公卿表下》，766—767页。

③ 《关于汉武帝初年儒道之争若干史料史实的辨正》，《南都学坛》2009年第5期。

④ 《汉书》卷三《高后纪》（95页）。《汉书》卷九七上《外戚传上·高祖吕皇后》亦载：“乃立孝惠后宫子为帝，太后临朝称制。”（3939页）。两者可互证其事。

⑤ 《史记》卷九《吕太后本纪》载：少帝刘弘“不称元年者，以太后制天下事也。”（506页）撰写于汉文帝三年（前177）后的帛书《五星占》上载有“高皇后元”[《长沙马王堆汉墓简帛集成》（肆），北京：中华书局，2014，240页]。《史记》《汉书》均称“高后元年”等，一直延续到现代。

⑥ 《汉书》卷九九上《王莽传上》，4044页。

⑦ 《史记》卷五二《齐悼惠王世家》，2414页。

⑧ 《史记》卷九《吕太后本纪》，502页。

政”。[①] 汉高祖吕皇后、汉元帝王皇后，都是在皇帝年幼继位而临朝称制的。汉惠帝二十三岁去世，其子年龄之小可知，汉平帝即位九岁，属于年幼合乎情理。

汉武帝即位时，则似乎不再属于年幼的范围。古代一般情况下，男子二十岁举行冠礼，以表示成年，二十岁还被称为弱冠，即初加冠，因身体犹未壮故称弱冠。而皇太子刘彻当时十六岁，似乎还不是成年人。但古代中国是个等级社会，等级不同，举行冠礼的年龄也不同。晋悼公曰：鲁襄公“十二年矣！是谓一终，一星终也。国君十五而生子，冠而生子，礼也。君可以冠矣！”注曰：“岁星十二岁而一周天。”“冠，成人之服，故必冠而后生子。”[②]也就是国君十二岁就可以行冠礼了，其说法被后人认同。从这个角度看，十六岁的皇太子刘彻已经随时可以举行冠礼，都符合礼制。汉景帝后三年“正月甲寅，皇太子冠”。[③] 冠，即举行冠礼，标志着皇太子已经成年。

皇太子举行过冠礼，标志着已经成年，如即皇帝位后，一般即可亲政，实际上，两汉皇帝亲政的年龄，因各种因素的影响而不相同。[④] 皇太子刘彻行加冠礼十天后，后元三年正月甲子(前 141 年 3 月 9 日)，“孝景崩，即日太子立，称制”，[⑤]这个记载是可靠的。[⑥] 后来皇帝驾崩，皇太子即日即位，成为两汉的传统。[⑦] 后元三年正月甲子，汉景帝崩，太子立，称制，以表示国不可一日无君，标明继体(泛指即位)以凝聚民心。

---

① 《汉书》卷一〇〇上《叙传上》，4204 页。

② [晋]杜预：《春秋左传集解》第十四《襄公一》(上海人民出版社，1977，855、859 页)。后人接受了晋悼公的说法。如《淮南鸿烈集解》卷一三《氾论训》引汉人高诱注曰：“国君十二岁而冠，冠而娶。十五生子，重国嗣也，不从故制也。”(424 页)实际上，西汉皇太子冠的年龄，并不相同，汉宣帝皇太子、汉元帝皇太子是二十岁而冠。汉景帝皇太子刘彻十六岁冠，也在礼制规定的范围内。

③ 《史记》卷一一《孝景本纪》，563 页。《汉书》卷五《景帝纪》载：三年春正月，“皇太子冠，赐民为父后者爵一级。”(153 页)皇太子冠礼后，标志着已经是成年人了。

④ 如《后汉书》卷五《孝安帝纪》载：延平元年(106)八月，刘祜“即皇帝位，年十三。太后犹临朝。”李贤注引《公羊传》曰：“犹者，可止之辞也。”(204 页)《后汉书》卷一〇《皇后纪上·和熹邓皇后》载：“及殇帝崩，太后策立安帝，犹临朝政。”永宁二年(121)三月崩，“在位二十年，年四十一。”“邓后称制终身，号令自出，术谢前政之良，身阙明辟之义，至使嗣主侧目，敛衽于虚器，直生怀懑，悬书于象魏。”(423、430 页)汉安帝亲政时，已经二十八岁了。

⑤ 《史记》卷一〇七《魏其武安侯列传》，3418 页。

⑥ 《史记》卷一一《孝景本纪》载：后三年正月“甲子，孝景皇帝崩。”(563 页)《汉书》卷五《景帝纪》载：后三年正月“甲子，帝崩于未央宫。”(153 页)两书记载汉景帝崩日期相同。《汉书》卷六《武帝纪》载：“后三年正月，景帝崩，甲子，太子即皇帝位”(155 页)《汉书》两帝纪，一记载汉景帝正月甲子崩，一记载太子正月甲子即位，由此可知《史记》卷一〇七《魏其武安侯列传》的记载“孝景崩，即日太子立，称制”是可靠的。

⑦ 《后汉书》有关帝纪记载：汉明帝、汉章帝、汉和帝、汉殇帝、汉冲帝等，都是在老皇帝驾崩的当天，即日即皇帝位的。

二月丙子(3 月 21 日),太子即位,标志着正式成为皇帝。[①] 这些都标志着汉武帝合法地拥有了皇帝亲政的资格。再加上窦皇后因疾病失明,也不便于临朝称制。正因为如此,传世文献中没有记载汉文帝窦皇后临朝称制的事情。有些时候,权力并非都是名副其实而是名实分离,拥有最高权力名号者并非都是最高权力的实际掌握者,最高权力的实际掌握者不一定都拥有最高权力的名号。窦太后虽然没有临朝称制的名号,但的确对于儿子汉景帝、孙子汉武帝的朝政进行过干涉,这是与临朝称是有相似点的两回事。皇太后称制,是亲临朝堂,决断天下政事,有时还有自己的纪年,是名正言顺的朝廷政务的决断者,而窦太后更多是幕后掌控,干涉朝政的地点多是在其所居住的东宫——长信宫中,有时听皇帝、大臣的上奏请示、报告,提出自己的主张,或者派人调查某些事情,这与临朝称制还是有着明显的区别。因此,对于卫绾奏请的"可",无疑是汉武帝的旨意,即使窦太后有不同意见,也需要告诉汉武帝,由汉武帝出面称制"奏可"或否定,不会是窦太后出面做此事,因为她没有临朝称制的名号,名不正言不顺。

再则,罢黜法家纵横家与独尊黄老不是一回事。

法家与黄老之学有着密切的联系。作为法家代表人物中以术著称的申不害,汲取、改造、发展了道家的无为思想,提出"善为主者,倚于愚,立于不盈,设于不敢,藏于无事,窜端匿迹,示天下无为"。[②] 君无为而臣要有为,"君设其本,臣操其末;君治其要,臣行其详;君操其柄,臣事其常"。[③] 循名以责实,"尧之治也,盖明法审令而已。圣君任法而不任智,任数而不任说。黄帝之治天下,置法而不变,使民而安不安乐其

---

① 《史记》卷二二《汉兴以来将名臣年表》汉景帝后三年载:"正月甲子,孝景皇帝崩。二月丙子,太子立。"(1337 页)此处记载似乎与《史记》卷一〇七《魏其武安侯列传》记载相矛盾,因此,[宋]王益之撰《西汉年纪》卷一〇《武帝》认为:"当是《史记·大事记》误,今从《汉书·本纪》。"(郑州:中州古籍出版社,1993,173 页)其实是汉武帝即位有两个不同的仪式,与其祖父汉文帝、父亲汉景帝相同。《史记》卷一〇《孝文本纪》载:代王刘恒至代邸,丞相陈平等奏:"愿大王即天子位。"代王不肯,群臣固请。数次推让后,代王"遂即天子位。"(522 页)《汉书》卷四《文帝纪》载:高后八年"闰月己酉,入代邸。群臣从至。""遂即天子位。"(108 页)《史记》卷一〇《孝文本纪》载:孝文皇帝元年十月"辛亥,皇帝即阼,谒高庙。"即祚,《正义》曰:"主人阶也。"(524 页)后来解释即祚为皇帝即位登基。由此看来,代王刘恒在高后八年闰九月己酉(前 180 年 11 月 14 日),即天子位。又在汉文帝元年十月辛亥(前 180 年 11 月 16 日),即祚。先后有两次仪式。《史记》卷一〇《孝文本纪》载:汉文帝后七年六月己亥崩,"乙巳,群臣皆顿首上尊号曰孝文皇帝。太子即位于高庙。丁未,袭号曰皇帝。"(544 页)汉景帝六月乙巳(前 157 年 7 月 12 日)即位,六月丁未(7 月 14 日)袭皇帝号,分在两天进行。汉武帝祖孙三人在不同的条件下,用了三种不同的即位仪式,后来有不同的延续、发展,共同的是都搞了两日两次,体现了不同的理念。

② [唐]魏征等:《群书治要》卷三六《申子·大体》,北京:团结出版社,2015,904 页。

③ 《群书治要》卷三六《申子·大体》,904 页。

法也”。[1] 尊君卑臣，崇上抑下，并给后世的黄老之学以深刻的影响，又被董仲舒所吸收，“故屈民而伸君，屈君而伸天，《春秋》之大义也”。[2] 逐渐形成中国古代社会君尊臣卑的大格局。战国法家集大成者韩非的《韩非子》中有《解老》篇，是中国历史上第一次解释《老子》的文章；有《喻老》篇，是用历史故事、民间传说等来阐述《老子》思想的文章；有《主道》篇，借鉴道家思想阐述君道等，诸如此类，既反映了道家思想对于韩非的影响，也体现了韩非对于道家思想的理解、解释，还说明了韩非对于道家思想的利用、发挥、改造，刑名为韩非学说的表象，黄老是韩非思想的本源之一。由上述不难看到法家与道家联系密切。

汉代黄老之学也讲刑名之学。如长沙马王堆汉墓出土简帛文书中，有现代学者命名为黄帝四经者，亦有称之为黄老书、黄老帛书、帛书黄老等。其中不仅论述了道，也涉及到了法，有《经法》《十六法》等书名，有《道法》等篇名，讲“道生法。法者，引得失以绳，而明曲直者也”。[3] “是非有分，以法断之。虚静谨听，以法为符。”[4]援法入道，以法为准绳，讲究刑名之学。

黄老之学与法家，不仅认同共同的老子，而且有些共同的理念，如黄老帛书言：“人主者，天地之口也，号令之所出也。”[5]申子言：“君之所以尊者令。令不行，是无君也。故明君慎令。”[6]两者都认为令自君主出，尊君卑臣。再如黄老帛书曰：“名实(不)相应则定，名实不相应则静〔争〕。勿〔物〕自正也，名自命也，事自定也。”[7]申子言：“动者摇，静者安，名自正也，事自定也。”[8]韩非言：“故虚静以待令，令名自命也，令事自定也。”[9]又曰：“故圣人执一以静。使名自命，令事自定。”[10]黄老帛书、申不害、韩非都涉及到了“事自定”的概念，三者有相通之处。对于黄老与申韩关系，司马迁指出：“申子之学，本于黄老而主刑名……韩非者，韩之诸公子也。喜刑名法术之学，而其归本于黄老。”又说：“老子所贵道，虚无，因应变化于无为，故著书辞称微妙难识。庄子散道德，放论，要亦归之自然。申子卑卑，施之于名实。韩子引绳墨，切事情，明是非，其极惨礉少恩。皆原于道德之意，而老子深远矣。”[11]司马迁把老子、韩

---

① [唐]欧阳询：《艺文类聚》卷五四《刑法部·刑法》引《申子》，上海古籍出版社，1982，967页。

② [清]苏舆：《春秋繁露义证》卷一《玉杯》，北京：中华书局，1992，32页。

③ 《长沙马王堆汉墓简帛集成》(肆)《经法·道法》，127页。

④ 《长沙马王堆汉墓简帛集成》(肆)《经法·名理》，147页。

⑤ 《长沙马王堆汉墓简帛集成》(肆)《经法·论》，140页。

⑥ 《艺文类聚》卷五四《刑法部·刑法》，968页。

⑦ 《长沙马王堆汉墓简帛集成》(肆)《经法·论》，141页。

⑧ 《群书治要》卷三六《申子·大体》，904页。

⑨ 《韩非子校注(修订本)·主道》，29页。

⑩ 《韩非子校注(修订本)·扬权》，50页。

⑪ 《史记》卷六三《老子韩非列传》，2597—2598、2608页。

非子、申子等编在同一列传中，考源察流，论述其异同变迁，申子与韩非的区别在于，申子本源于黄老，韩非归本于黄老，殊途同归。黄老是某些法家流派之源，法家思想也影响了黄老，两者是相互汲取、相得益彰、息息相通的关系。“道家、法家一张一弛，后来治道莫能外焉。”[①]由此也就好理解“本好刑名之言”的汉文帝与“又好黄老之术”的窦皇后，表面上好像是两回事，其实是相通、相同的，因此，又作“孝文好道家之学”。[②] 正因为如此，卫绾奏请罢黜治法家、纵横家者，未必会得到素好黄老之学的窦太后允许，应当是得到了汉武帝的奏可，只是窦太后不好发作而已。

综上所述，皇太子刘彻已经举行了冠礼，标志着已经成年，原则上即皇帝位后不需要太皇太后临朝称制。汉景帝崩，即日皇太子称制，标志国家不可一日无君，皇太子举行即位仪式，宣示拥有皇权的合法性，这些都说明不用皇太后临朝称制，传世文献中也没有窦太后临朝称制的记载，窦太后对于朝政的影响主要体现在幕后而不是朝廷殿堂上发号施令。卫绾奏请罢黜治法家、纵横家者，未必会得到喜好黄老之学的窦太后允许，应当是得到了汉武帝的奏可，但也顾及到了干涉国事决策的窦太后的感受，使得窦太后不好发作而已。黄老之学与法家有着密切的源流关系，两者相互影响、相得益彰。因此，卫绾奏请罢黜贤良中治法家、纵横家学说者，应当说是罢黜黄老之学的先声，而不会是“独尊黄老”的举措。如果真是为了“独尊黄老”，应当罢黜与黄老互绌的儒家，而不应当罢黜与黄老联系密切的法家、纵横家。

四　卫绾奏请的历史意义

黄河源于细流，泰山起于抔土。有些事情的起源，似乎细小的微不足道，因为它契合了社会发展的趋势，埋下了后来发展的伏线，所以其影响不容小觑。卫绾奏请，现在仅保存寥寥二十余字，从字面看也没有十分深奥之处，平淡无奇，还由于传世文献资料的缺乏，有些具体问题千百年来，也没有说的清清楚楚，也不可能近期内搞得明明白白，这并不影响探究其历史意义与影响。

战国时代，七雄争胜，连横合纵，东西角逐，士人以积极向上的精神风貌，“志于道，据于德”，[③]凭借着自己的知识、智慧与才能，“在布衣之位，荡然肆志，不诎于诸侯，谈说于当世，折卿相之权”。[④] 位卑志高，自由潇洒地保持着自己的尊严，展示着

---

① 刘咸炘：《刘咸炘学术论集·史学编·太史公知意》卷六《老子韩非列传》，桂林：广西师范大学出版社，2007，105 页。

② 《史记》卷二三《礼书》，1368 页。

③ ［清］刘宝楠：《论语正义》卷八《述而》，北京：中华书局，1990，257 页。

④ 《史记》卷八三《鲁仲连邹阳列传》太史公曰，2989 页。

自己的才华。“以道事君，不可则止。”[①]“士逢有道之君，则顺其令；逢无道之君，则争其不义。故君者择臣而使之，臣虽贱，亦得择君而事之。”[②]“君择臣而使之，臣择君而事之，有道顺君，无道横命。”[③]士人保持着独立的人格尊严，与君主双向选择，道义合则留，不合则去，寻找欣赏自己主张的君主，寻找适合发挥自己才智的君主，寻找心有灵犀相通的君主。因此，“邦无定交，士无定主”。[④] 朝秦暮楚，经常处于变动当中。在适合的国家施展自己的才华，建功立业，“贤才之臣，入楚楚重，出齐齐轻，为赵赵完，畔魏魏伤”。[⑤] 成为兼并霸业中不可或缺的因素，使得君主认识到，“失士者亡，得士者昌”。[⑥] “得士者富，失士者贫”，[⑦]诸国君主则以礼贤下士招徕自己所需要的人才，突破了世卿世禄的旧制度，形成了布衣将相的新格局。

秦汉之际，楚汉相争当中，平民出身的刘邦，豁达大度，知人善任，自己总结成功的经验，认为“夫运筹帷幄之中，决胜千里之外，吾不如子房；填国家，抚百姓，给饷馈，不绝粮道，吾不如萧何；连百万之众，战必胜，攻必取，吾不如韩信。三者皆人杰，吾能用之，此吾所以取天下者也。项羽有一范增而不能用，此所以为我禽也”。[⑧] 汉初三杰对于刘邦战胜项羽起了关键作用，叔孙通等士人也得到了封君的称号，刘邦宣告：“贤士大夫有肯从我游者，吾能尊显之。布告天下，使明知朕意。”[⑨]汉初分封诸侯王，也为士人提供了一些多元的选择机会。随着中央集权君主专制的发展，诸侯王国的衰落，逐渐发生了变化。“汉家承秦之制，并立郡县，主有专己之威，臣无百年之柄”，[⑩]世袭的、专制的皇帝制度与流动的、任命的官僚制度结合在一起。因此，“县令不请士，郡守不迎师，群卿不揖客，将相不俯眉”，[⑪]皇帝成为唯一而至高无上的君主，掌握着“生之、杀之、富之、贫之、贵之、贱之”的权力，[⑫]对于士人“绥之则安，动之则苦；尊之则为将，卑之则为虏；抗之则在青云之上，抑之则在深泉之下；用之则为

---

① 《论语正义》卷一四《先进》，463 页。

② 吴则虞：《晏子春秋集释》卷三《内篇问上·景公问臣之报君何以晏子对报以德》，北京：中华书局，1962，238 页。

③ [清]王聘珍：《大戴礼记解诂》卷六《卫将军文子》，北京：中华书局，1983，115 页。

④ [清]顾炎武著，[清]黄汝成集释：《日知录集释》卷一三《周末风俗》，上海古籍出版社，1985，1006 页。

⑤ 黄晖：《论衡校释》卷一三《效力篇》，北京：中华书局，1990，586 页。

⑥ 周生春：《吴越春秋辑校汇考》卷九《勾践阴谋外传》，上海古籍出版社，1997，142 页。《汉书》卷六五《东方朔传》作“得士者彊，失士者亡，故谈说行焉。”(2865 页)两者“失士者亡”说法相同。

⑦ 《汉书》卷八七《扬雄传》，3567 页。

⑧ 《汉书》卷一下《高帝纪下》，56 页。

⑨ 《汉书》卷一下《高帝纪下》，71 页。

⑩ 《汉书》卷一〇〇《叙传上》，4207 页。

⑪ 《汉书》卷八七《扬雄传》，3570 页。

⑫ 黎翔凤：《管子校注》卷一五《任法》，北京：中华书局，2004，909 页。

虎，不用则为鼠”，[①]“当涂者入青云，失路者委沟渠，旦握权则为卿相，夕失势则为匹夫”，[②]士人的荣华富贵与穷困潦倒，取决于皇帝重用与厌恶的态度。学成文武艺，只能卖与帝王家，逐渐由君主士人的双向自由选择变成了皇帝、政府的单向主动地选择士人，士人变成了被动的被选择者。学而优则仕，是士人优先的选择目标，朝廷掌握着准许士人入仕的权力，控制着士人当官的数量。“武帝初即位，征天下举方正贤良文学材力之士，待以不次之位。四方士多上书言得失，自炫鬻者以千数，其不足采者辄报闻罢。”[③]朝廷有着充分的可供选择的人力资源，卫绾就是在这种条件下，奏请罢黜治法家纵横家者，不仅标志着政府选拔人才时有了明确的标准规定，清楚地画出了思想流派的禁区，不合乎规定者罢黜，而且标志着行政权力规定了士人治学的导向与内容，把自由发展的学术纳入了政府规定的范围，由行政权力评判思想、选择流派。士人逐渐由战国时代独立思考、朝气蓬勃、神采飞扬的智者，变成了迎合皇权、为皇帝服务、符合规范的驯服工具，即使在“汉之得人，于兹为盛”[④]的汉武盛世，那些功成名就、彪炳青史的大师们也在为逢盛世而士不遇而悲伤、自嘲。[⑤] 因此说，卫绾奏请标志着时代巨变的开始。

其二，卫绾奏请截断了治法家、纵横家学说者从贤良途径进入仕途之路的可能性。“治申、商、韩非、苏秦、张仪之言，乱国政，请皆罢。”申不害、商鞅、韩非属于法家标志性人物，苏秦、张仪是纵横家的代表人物，所谓“乱国政”，是卫绾奏请罢黜的理由，作为尚未入仕的治法家纵横家的贤良有“乱国政”的能力吗？此话带着权力霸道的气息，具有汉武帝时代的特色。[⑥] 所谓“请皆罢”，即是不允许、不选拔治法家、纵横家的贤良成为官员，也就截断了他们以举贤良方式走上仕途的可能性，堵塞了他们的禄利之路。卫绾的建议被汉武帝所认同，“奏可。”如果长期推行下去，将会诱导学者按照国家的提倡，实现自我转型，促使一些人由治法家、纵横家学说转为治经学，有助于经学的发展。

其三，卫绾奏请表面上看是截断了治法家、纵横家学说者从举贤良途径进入仕

① 《汉书》卷六五《东方朔传》，2865 页。

② 《汉书》卷八七《扬雄传》，3568 页。

③ 《汉书》卷六五《东方朔传》，2841 页。

④ 《汉书》卷五八《公孙弘卜式兒宽传·赞》，2634 页。

⑤ 如儒学大师董仲舒撰写了《士不遇赋》，史学大师司马迁撰有《悲士不遇赋》，滑稽大师东方朔撰《答客难》，以自解嘲，可见汉武盛世士人心态之一斑。

⑥ “乱国政”一词，目前笔者所知，比较早的见于汉景帝韩诗博士韩婴撰《韩诗内传》曰：“孔子为鲁司寇，先诛少正卯，谓：佞道已行，乱国政也。佞道未行章明，远之而已。”(《白虎通义疏证》卷五《诛杀·诛佞人》引，北京：中华书局，1994，217 页)。少正卯，是鲁国大夫，有“乱国政”的可能性。卫绾以“乱国政”的来罢黜尚未入仕的治法家纵横家的贤良，理由并非充分，也可能受到了《韩诗内传》的影响。后世说“乱国政”者，多是指朝廷的高官，并且多在“乱国政”前，加上行、浊、惑、扰、干、败、倾、紊、变等字，直接用“乱国政”者少，故可称“乱国政”为汉武帝时代的特色语言。

途之路，实际上，申韩等法家与黄老之学有着密切的关系。汉朝初年，黄老之学占据主导地位，实行休养生息政策，不仅促进了社会经济的恢复和发展，也为诸子百家提供了比较宽松的发展环境。但诸子之间相互攻击，“世之学老子者则绌儒学，儒学亦绌老子。‘道不同不相为谋’，岂谓是邪?”[①]又相互汲取，相互融合，已如上述申韩与黄老之学有着密切联系。卫绾奏请，表面上是罢黜“治申、商、韩非、苏秦、张仪之言”者为官，实际上，也就预示着对于黄老之学也要限制，只是没有明确指出，没有采取措施而已。从这个角度看，卫绾主张截断治法家、纵横家学说者从贤良走上仕途的道路，可以说是“罢黜百家、表章六经”的先声，为后来经学的发展扫清了障碍。在窦太后去世后，“武安侯田蚡为丞相，绌黄老、刑名百家之言，延文学儒者数百人，而公孙弘以《春秋》白衣为天子三公，封以平津侯。天下之学士靡然乡风矣”。[②] 再加上设立五经博士，设立博士弟子员等一系列措施，标志着“罢黜百家、表章六经”的形成，而开其先河就是卫绾的奏请。

其四，卫绾奏请罢黜治法家、纵横家从举贤良为官，并不等于说朝廷不用学习法家、纵横家者为官，有些治纵横家者，为皇帝所喜欢，仍然会被任命为官。如治纵横家者严助，[③]“对策百余人，武帝善助对，繇是独擢助为中大夫”。[④] 皇帝言出法随，何人敢于非议。有些人没有严助那么幸运，不能通过举贤良对策的方式走上仕途之路，只能通过其他途径获得官职，如治纵横家的主父偃通过自己上书，获得了汉武帝的青睐，进入了仕途，快速升迁，官至齐国王相等。汉武帝朝廷依然有纵横之士，如严助、徐乐、严安等人，除严助外，其他人也是通过上书言事而获得官职的，并留下了自己的著述，有“《主父偃》二十八篇。《徐乐》一篇。《庄安》一篇。《待诏金马聊苍》三篇”。[⑤] 班固将上述著述分在诸子部纵横家类。西汉时代也并没有全面否定申韩，在盐铁会议上，御史曰：“待周公而为相，则世无列国。待孔子而后学，则世无儒、墨。夫衣小缺，幓裂可以补，而必待全匹而易之；政小缺，法令可以防，而必待《雅》《颂》乃治之；是犹舍邻之医，而求俞跗而后治病，废汙池之水，待江、海而后救火也。迂而不径，阙而无务，是以教令不从而治烦乱。夫善为政者，弊则补之，决则塞之，故吴子以法治楚、魏，申、商以法强秦、韩也。”文学曰：“有国者选众而任贤，学者博览而就善，何必是周公、孔子！故曰法之而已。”“故世不患无法，而患无必行之法也。”[⑥]教化臣民向善和用刑法惩治犯罪，是治理国家两件不可缺少的法宝，治法家者无疑也是国

① 《史记》卷六三《老子韩非列传》，2594页。

② 《史记》卷一二一《儒林列传》，3762页。

③ 《汉书》卷六四上《严助传》载：汉武帝赐严助书曰：“间者，阔焉久不闻问，具以《春秋》对，毋以苏秦从横。”(2789页)由此可见，严助也是治纵横家者。

④ 《汉书》卷六四上《严助传》，2775页。

⑤ 《汉书》卷三〇《艺文志》，1739页。

⑥ 王利器：《盐铁论校注》卷一〇《申韩》，北京：中华书局，1992，578—579、580页。

家治理中不可或缺的人员，即使后来经学占据了主导地位，治法家者仍然有一定的社会地位，在朝廷上，有公开宣布"汉家自有制度，本以霸王道杂之，奈何纯任德教，用周政乎"的汉宣帝，有治法家的御史大夫晁错、桑弘羊等官僚，《汉书·艺文志》中收录了十部法家著述，总计二百一十七篇，其中包括西汉的《晁错》三十一篇等，法家等因为是治理国家不可缺少的手段，依然发挥着作用，是只是转为外儒内法或儒表法里而已。

同时，我们应当看到汉武帝时代，人们进入仕途为官的途径，并非只有举贤良一条。汉武帝内兴更化，对外征伐，以军功为官；国家军费赏赐支出大增，财政困难，需要广开聚集财源之路，以支持越来越大的财政开支。因此，"孝武皇帝攘九夷，平百越，师旅数起，粮食不足。故立田官，置钱，入谷射官，救急赡不给"。[①] "财赂衰耗而不赡。入物者补官，出货者除罪，选举陵迟，廉耻相冒。"[②]"乃募民能入奴婢得以终身复，为郎增秩，及入羊为郎，始于此。"[③]具体的如黄霸，汉"武帝末以待诏入钱赏官，补侍郎谒者，坐同产有劾免。后复入谷沈黎郡，补左冯翊二百石卒史。"颜师古曰："因入钱而见赏官。"[④]即缴纳钱谷入官府而为官。这些措施，增加了国家财政收入，为解决国家财政危机做出了贡献。同时，也随之而来的是多种途径、各方面的人都可以为官，"卜式拔于刍牧，弘羊擢于贾竖，卫青奋于奴仆，日磾出于降虏，斯亦曩时版筑饭牛之朋已"。[⑤] 因此，卫绾奏请罢黜法家纵横家为官的意义也就打了折扣。尤其是"废仁义之术，而任刑名之徒"，[⑥]实行酷吏政治之后，申商韩非学说流行。因此，我们不能够认为卫绾的奏请一出，经学马上就占据了主导地位，还需要一个漫长的历史发展过程，还需要一系列的相关措施，卫绾奏请的历史贡献、意义在于开启了罢黜百家、表章六经的先河。

两汉时代的代地历史人物与经学发展有着密切的关系，虽然他们不都是经学大师，然而他们的行为，标志了两汉经学发展的特点。在统治思想需要转化的汉武帝初年，代大陵人卫绾，以丞相的角色，运用奏请的方式，提出了罢黜贤良中治法家、纵横家者的主张，获得了汉武帝的奏可，不自觉地参加了经学发展的活动，开启了罢黜百家、表章六经的先河，是历史的机遇，使卫绾参与到标志性的历史事件之中，这决不是后人随便说说就能够否定的。成败荣辱早已成为过去，我们今天回过头去，梳

① 《盐铁论校注》卷一《复古》，79 页。
② 《史记》卷三〇《平准书》，1707 页。
③ 《史记》卷三〇《平准书》，1708 页。
④ 《汉书》卷八九《循吏传·黄霸》，3627—3628 页。
⑤ 《汉书》卷五八《公孙弘卜式兒宽传·赞》，2633—2634 页。
⑥ 《盐铁论校注》卷一〇《刑德》，568 页。

理这些陈年旧事，为的是提供现实借鉴的经验，从中我们不难看到，两汉时代是行政权力支配的社会，经学的发展与政治的主导联系在一起，政治的博弈有时是以学术思想的形式表现出来的，学术思想变迁的背后，既有社会风气、文化发展的需求，也有着行政权力的支配、选择和政治利益的博弈，学术的尊崇由行政权力的需要来决定取舍，思想的对错凭皇帝的好恶来评判裁决。

从守相看两汉代地军事地位

王文涛　苑　苑

（河北师范大学历史文化学院 河北石家庄 050024）

内容提要：考察两汉代地守、相的任职情况，可以认识代地军事地位的变化。汉初代郡受内外军事威胁，军事地位最高。武帝时，作为对匈奴作战的重要地点，代郡依然是重要的用武之地。这一时期代郡守相几乎皆为军功起家，或死于战事。武帝后，汉匈关系变化，代郡军事地位有所下降，太守的军事素质降低。东汉代郡军事地位逐渐走低，建武后太守再无因军功而记名者。代郡的军事地位呈现出阶段性波动的特征。这种波动受多种因素的影响和制约，其中最主要的因素是汉王朝与北边少数民族的关系，受民族政策、边疆政策和政治体制的制约，也与汉王朝国力的强弱和统治集团的清浊有关。东汉代郡军事地位下降，人口减少和少数民族内迁也是重要的因素。

关键词：两汉　代国　代郡　守相　军事

代地最早为国，即古代国。“它是冀西北，晋东北交界地区最早建立的政权。”[①] 后为赵襄子所灭，成为赵的封国。代郡的设置见于《史记·匈奴列传》：赵武灵王“自代并阴山下，至高阙为塞。而置云中、雁门、代郡”。[②] 秦统一，代郡恢复。楚汉相争，代复为国，一直延续到汉初。景帝时“以代郡边疆重镇收归中央。仍沿旧名与代国并存”。[③] 武帝元鼎三年（前 114），“徙代王于清河，是为刚王”。[④] 代国撤销，代郡直属中央。

王国相和郡守是两汉代地的最高行政长官，从其身份与任职情况可见代地军事地位变化之一斑。

---

① 黄绍雄：《代国代郡通志》，北京：中华书局，2008，41 页。

② 沈长云先生认为代废国为郡的时间是惠文王四年（前 295）。沈长云：《赵国史稿》，北京：中华书局，2000，566—567 页。

③ 严耕望：《两汉太守刺史表》，上海古籍出版社，2007，92 页。

④ 《汉书》卷四七《代孝王刘参传》，北京：中华书局，1962，2211 页。

一　西汉代国相、代郡守(汉王三年至绥和三年)

(一)西汉代国相(汉王三年至武帝元朔五年)

严耕望先生《两汉太守刺史表》统计,见于记载的两汉代国相、代郡太守共二十二人,西汉十四人,东汉八人。其中西汉代国相五人,代郡太守九人。

张苍是汉立国后的首任代相,两任此职,在第二任上封侯。但是,此时的代地"名义上置为代郡,而从官职任命看,又相当于代国",[①]有代相而无代王。汉王三年(前204),张苍"从淮阴侯击赵,苍得陈余。赵地已平,汉王以苍为代相,备边寇"。[②]这里的"边寇"既包括国内敌对势力,也包括北方匈奴。不久,张苍徙为赵相,相赵王张耳。张耳卒,张苍又相赵王张敖。复徙相代王。燕王臧荼反,高祖往击之,张苍以代相随高祖击臧荼有功,于高祖六年(前201)中封北平侯,食邑一千二百户。可见,张苍两任代相期间,主要职责是保卫西汉帝国的边地安全,并因此立功封侯。

冯梁,严耕望先生说其"高祖六年相王韩信,从信反,为樊哙所得"。[③]《史记·樊哙列传》记载:樊哙"军所将卒斩韩信,破豨胡骑横谷,斩将军赵既,虏代丞相冯梁、守孙奋"。[④] 此为高祖十一年(前196)事。并无冯梁"高祖六年相王韩信,从信反"的记载。如果冯梁在高祖六年就随从韩信反叛,那么为何在十一年仍可为代丞相?应是陈豨于十年叛乱,当时任代国相的冯梁从叛,所以朝廷平叛时其仍为代国相。严先生之言,可能是将陈豨之乱看作了韩信反叛的一部分。

傅宽"以魏五大夫骑将从,为舍人,起横阳"。[⑤] 以军功先后封通德侯、阳陵侯,高祖十年(前197)"以相国代丞相哙击豨。一月,徙为代相国,将屯。二岁,为代丞相,将屯"。[⑥]《史记集解》:"案:律谓勒兵而守曰屯。"颜师古曰:"时代国常有屯兵以备边寇,宽为代相,兼将此屯兵也。"[⑦]傅宽任代国相是陈豨叛乱终结和卢绾谋反前后,北边局势不稳,首要任务是加强戍卫、稳定治安,因称其职责为"将屯"。

---

① 《代国代郡通志》,131页。这一现象的原因,应是国家统一前对当地行政建制的延续。韩信夺取代地前,陈余为代王,未就国,夏说以相国守代。汉三年代地归汉,毕竟统一未成,虽置郡,仍沿用旧的体制。

② 《史记》卷九六《张丞相列传》,北京:中华书局,1959,2675页。

③ 严耕望:《两汉太守刺史表》,上海:商务印书馆,1948年,92页。

④ "将军、太仆",《汉书·樊哙传》作"将军大将一人"。汉天子代诸侯王国置相。初名相国,惠帝元年更名丞相,景帝中五年,改丞相为相。

⑤ 《史记》卷九八《傅宽列传》,2707页。

⑥ 《史记》卷九八《傅宽列传》,2708页。

⑦ 《汉书》卷四一《傅宽传》,2086页。

灌夫本是一武夫。"孝景时，至代相。"[①]景帝"中二年二月，匈奴入燕，遂不和亲"。[②] 北部边郡受到匈奴的侵扰。中四年三月，大蝗。中五年六月丁巳，天下大潦。秋，地动。中六年三月，雨雹。内地人心不安。看来，灌夫"复为代相"的职责主要是加强北部边郡的防御，应对来自匈奴的军事压力，缓解"内忧外患"的局面。

李蔡为李广从弟，"景帝时，蔡积功劳至二千石。孝武帝时，至代相"。[③] 青年时与李广同为汉中郎而补任武骑常侍，以武功起家。武帝元朔五年(前124)春，李蔡以代相任轻车将军，随车骑将军卫青出朔方击匈奴，有功，封乐安侯，食邑一千六百户。

上述代相，除冯梁记述不详，余皆由军功起家，因军事需要而授职。原因有二：第一，代地地理位置重要，物产资源丰富，使其成为兵家必争之地。汉初所封韩、燕、赵三个异姓王国在黄河以北，都与代地相邻；代地的北部强邻是气势正盛的匈奴，面临匈奴的强大军事压力。其次，汉初代地尚未形成强有力的防御能力，行政建制仅为一郡。张苍先后两次为代相，镇守代地，取得了一定的效果。随着汉匈冲突的加剧，一郡之地难以抵御匈奴。高祖六年，刘邦以云中、雁门、代郡五十三县立兄刘喜为代王，代国建立。次年，代国遭匈奴严重侵扰，刘喜弃国被废。接着，高祖立幼子如意为代王，但始终未就国(高祖七年至九年)。陈豨在高祖七年以赵相国守代，其背景即刘邦所言"代地吾所急也"。[④] 高祖十年，代相陈豨叛汉，次年被镇压。汉高祖将代国都城西迁晋阳，辖区也向西偏移。十一年正月，高祖下"择立代王诏"："代地居常山之北，与夷狄边，赵乃从山南有之，远数有胡寇，难以为国。颇取山南太原之地益属代，代之云中以西为云中郡，则代受边寇益少矣。"[⑤]看来，由于西汉立国时日尚浅，国力不足，内忧不断，此时代国虽驻屯有精兵良将，但实力仍不如匈奴，难以抵挡匈奴的侵扰。至武帝时，这种情况发生变化，改代国为代郡，归中央直接管辖。

(二)西汉代郡太守(景帝末至绥和三年)

文献所见西汉九位代郡太守，可知在任者年代的有八位，任期在景、武、昭、宣和成帝时。

李广，陇西成纪(今甘肃秦安县境)人，景帝前三年(前154)至武帝建元六年(前135)，历任上谷、上郡、陇西、北地、雁门、代郡、云中七郡太守，"皆以力战为名"。[⑥]《汉书·李广传》："后徙为陇西、北地、雁门、云中太守。"王先谦《汉书补注》曰："此漏书代郡也。"李广所任太守均在北部边郡，军事职责大于政治治理，力战匈奴是其要

---

① 《史记》卷一〇七《魏其武安侯列传》，2846页。

② 《史记》卷一一《景帝本纪》，444页。

③ 《史记》卷一〇九《李将军列传》，2873页。

④ 《史记》卷八《高祖本纪》，387页。

⑤ 《汉书》卷一下《高帝纪下》，70页。

⑥ 《史记》卷一〇九《李将军列传》，2868页。

务。李广任代郡太守盖景帝末叶，亦或武帝建元初。本文倾向于景帝末。

从防御和反击匈奴的角度看，武帝时代郡的军事地位达到了顶峰。与汉初相比，经济繁荣，诸侯王国对中央的威胁已经消除，汉王朝反击匈奴的条件已经成熟，代地受到的军事压力大大减轻。武帝时见于记载的代郡太守三位：共友、苏建、李椒。

元朔三年（前126）夏，匈奴数万骑入侵代郡，杀太守共友，掳掠一千余人。① 颜师古注曰："共友，太守姓名也。共读曰龚。""共友"，《史记·匈奴列传》作"恭友"。"伊稚斜单于既立，其夏，匈奴数万骑入杀代郡太守恭友，略千余人。"

苏建，京兆杜陵人。武帝时，以校尉、将军卫尉多次随大将军卫青击匈奴，封平陵侯。后因失军当斩，赎为庶人。元朔六年（前123）前后起家复为代郡太守，卒官。

李椒任代郡太守也与武帝的军事活动有关。李椒是李广的次子，以郎官起家，后拜李椒为代郡太守。李椒大概在武帝元朔年间前后居郡。② 武帝任命李椒为代郡太守，是对李广父子军事能力的肯定和赏识，"天子以为李氏世将"。③ 同时也说明代郡在抗击匈奴的军事活动中非常重要，需要配备熟悉军事的良将驻守。

武帝以后，出任代郡太守者的军事素质似不如前。王山，齐人，故为丞相史，昭帝元凤元年（前80），骑将军上官安谋反，王山诱劝安与其一同入见丞相，趁机斩杀上官安。王山以军功封侯，食邑三千户。"上书愿治民，为代太守"。④ 任宣，霍光女婿。霍氏谋反前，霍光之子霍云任命太中大夫任宣为代郡太守。霍氏谋反事发，相连坐诛灭者数千家，任宣也在其中。⑤ 冯参是冯奉世子，上党人，徙杜陵，冯昭仪少弟，汉成帝舅，"以数病徙为寝中郎，有诏勿事。阳朔中……参擢为上河农都尉。病免官，复为渭陵寝中郎。永始中，超迁代郡太守。以边郡道远，徙为安定太守"。⑥ 任宏是由执金吾贬为代郡太守。这四人，无一是武功起家，无一是积军功上任，更无一是为守边而任代郡太守。这些情况可以说明，武帝以后随着匈奴势力的衰落和汉匈关系转好，代郡军事地位下降。不过，代郡太守的地位受影响不大，仍以封侯者、高官子弟居多。这也是整个西汉代地守、相的特点。

西汉代地军事地位的变化与匈奴的盛衰直接相关，原因如下：首先，代郡水草丰

---

① 《汉书》卷九四上《匈奴列传上》。

② 据《史记》卷一〇九《李将军列传》，李广元狩四年（前119）自杀，而李椒先于李广去世。推其任代郡太守时间当如此。

③ 《史记》卷一〇九《李将军列传》，2877页。

④ 《史记》卷二〇《建元以来侯者年表》末附褚先生补，1061页。

⑤ 《汉书·儒林传·梁丘贺传》说："霍氏外孙代郡太守任宣坐谋反诛。"颜师古曰："《霍光传》云任宣霍氏之婿，此云外孙，误。"颜说是。严耕望《两汉太守刺史表》采用《汉书·儒林传》之说，"任宣，霍光外孙，以宣帝时诛。《儒林传》"。（93页）严说误。应从《汉书·霍光传》。

⑥ 《汉书》卷七九《冯奉世传》，3306页。

美，自战国以来就是汉匈争夺的焦点。境内有五原关、常山关两处关隘，控制往来交通。太行山在代郡东南，有延水流向塞外，为往来行人和军队提供用水保障。郡内还有祁夷水、㶟河、涞水、虖池河等河流连接郡县，有利于运输和屯戍。从关中到代郡的道路也很发达，黄绍雄先生认为，秦时驰道已抵达代郡，西汉时从关中、中原经代地至平城的道路也很畅通。①

其次，因匈奴"单于之庭直代、云中"，②匈奴王庭的正南面是代地和云中郡。所以代地经常遭受匈奴侵扰。《史记》《汉书》多有记载：汉初立不久，"冒顿常往来侵盗代地"。③ 文帝时，"匈奴日已骄，岁入边，杀略人民畜产甚多，云中、辽东最甚，至代郡万余人"。④ 到武帝时，汉朝开始大规模反击匈奴，代郡是汉军出兵的主要地点之一。1.元光六年（前129），匈奴侵入上谷，杀掠吏民。武帝派骑将军公孙敖出代郡，车骑将军卫青出上谷，骁骑将军李广出雁门，轻车将军公孙贺出云中。每人领兵一万，从四个地方同时出兵。2.元朔元年（前128）秋，李息出代郡，卫青出雁门进击匈奴。3.元朔三年（前126），"匈奴数万骑入代郡，杀太守共友，略千余人"。4.第二年，匈奴"又入代郡、定襄、上郡，各三万骑，杀略数千人"。5.其明年，"匈奴万骑入代郡，杀都尉朱央，略千余人"。⑤ 6.元狩二年（前121），匈奴"入代郡、雁门、杀略数百人"。⑥ 7.元狩四年（前119），发骑兵十万，霍去病出代郡，卫青出定襄。8.昭帝始元四年（前83），匈奴又入寇代郡。后来汉匈关系转为以和亲为主，汉朝北部边郡趋于安定，代郡军事地位开始下降。

二　东汉代郡太守（光武初至建安中）

王莽时汉与匈奴、乌桓等少数民族关系遭到破坏。"光武初，乌桓与匈奴连兵为寇，代郡以东尤被其害。"⑦卢芳与匈奴勾连，"侵苦北边"。代郡成为北方军事冲突不断的地区。文献所见东汉代郡太守共八位，其中光武时有四位。

赵永是更始政权任命的代郡太守。更始新立，遣刘秀徇河北。更始征代郡太守赵永，渔阳太守耿况劝赵永不应召，诣于光武。"光武遣永复郡。永北还，而代令张

① 黄绍雄：《代国代郡通志》，177—178页。
② 《史记》卷一一〇《匈奴列传》，2891页。
③ 《史记》卷一一〇《匈奴列传》，2895页。
④ 《史记》卷一一〇《匈奴列传》，2901页。
⑤ 《汉书》卷九四上《匈奴传上》，3767页。
⑥ 《史记》卷一一〇《匈奴列传》，2908页。
⑦ 《后汉书》卷九〇《乌桓传》，北京：中华书局，1965，2982页。

晔据城反畔，乃招迎匈奴、乌桓以为援助。光武以弇弟舒为复胡将军，使击晔，破之。永乃得复郡”。[①] 苏竟，扶风平陵人。王莽末年任代郡中尉。此时匈奴扰乱，北边多罹其祸，而苏竟“终完辑一郡”。光武即帝位，任命苏竟为代郡太守，命其固守边塞，抗拒匈奴。建武五年(29)冬，卢芳略占北边诸郡，光武帝派偏将军随弟(随姓，弟名)驻守代郡。苏竟病重，将军队交给随弟管理，自己到京师谢罪。拜侍中，“数月，以病免”。[②] 东汉第三位代郡太守刘兴，事见《后汉书·光武帝纪上》：建武六年(30)六月，“代郡太守刘兴击卢芳将贾览于高柳，战殁”。耿宿，钜鹿宋子人，东汉名将耿纯从昆弟。光武徇河北，是时郡国多降邯郸王郎，光武自蓟城向东南逃命，耿纯与耿宿等共率宗族宾客二千余人奉迎刘秀于育县，任命耿宿为偏将军。后官至代郡太守，封遂乡侯。[③]

上述四位太守，除耿宿外，其他三人的资历和声望均不能与西汉代地的守、相相比。这大概是因为光武帝的统一战争一直持续到建武十二年，刘秀专注于统一，天下苦兵已久，所以在与北边少数民族的军事冲突中多采守势，以防御为主，代郡长官少有骁勇善战的良将贤才。建武二十四年(48)，匈奴分裂为南北两部，南匈奴内附，助汉守边，北部边郡安宁。“及明、章、和三世，皆保塞无事。”[④]这一时期史籍没有代郡太守之事。

东汉中期，鲜卑、乌桓、南匈奴开始频繁侵扰汉边。安帝永初三年(109)夏，渔阳乌桓与右北平“胡千余寇代郡、上谷”。元初六年(119)秋，“鲜卑入马城塞，杀长吏，度辽将军邓遵发积射士三千人，及中郎将马续率南单于，与辽西、右北平兵马会，出塞追击鲜卑，大破之，获生口及牛羊财物甚众”。[⑤] 建光元年(121)，“鲜卑于是围乌桓校尉徐常于马城。度辽将军耿夔与幽州刺史庞参发广阳、渔阳、涿郡甲卒，分为两道救之”。[⑥] 顺帝永建元年(126)八月，鲜卑其至鞬进犯代郡，太守李超战死。[⑦] “明年春，中郎将张国遣从事将南单于兵步骑万余人出塞，击破之，获其资重二千余种。”[⑧] 永和五年(140)夏，“南匈奴左部句龙王吾斯、车纽等北叛，率三千余骑寇西河，因复招诱右贤王，合七八千骑围美稷，杀朔方、代郡长史。马续与中郎将梁并、乌桓校尉王元发缘边兵及乌桓、鲜卑、羌胡合二万余人，掩击破之”。[⑨] 代郡再次成为用武之

---

① 《后汉书》卷一九《耿弇传》，705页。

② 《后汉书》卷三〇上《苏竟传》，1041页。

③ 《后汉书》卷二一《耿纯传》，765页。

④ 《后汉书》卷九〇《乌桓传》，2983页。

⑤ 《后汉书》卷九〇《鲜卑传》，2987页。

⑥ 《后汉书》卷九〇《鲜卑传》，2987页。

⑦ 《后汉书》卷六《顺帝纪》，253页；卷九〇《鲜卑传》，2988页。

⑧ 《后汉书》卷九〇《鲜卑传》，2988页。

⑨ 《后汉书》卷七九《南匈奴传》，2960页。

地，其太守的地位并未如西汉时提升。因为此时应对北边少数民族对代地的侵扰，一般由度辽将军、中郎将、乌桓校尉等中央官员负责，而不是由代郡太守处置，这也是代郡军事地位下降的反映。阳嘉二年(133)，“鲜卑穿塞入马城，代郡太守击之，不能克”。[①] 代郡太守所部兵力不能击退来犯之敌，此亦可视为代郡军事地位下降的表现。

桓、灵、献时期，外戚和宦官交替专权，政治混乱，北方边郡的防御力量不断削弱。杜密，颍川阳城人，汉桓帝时“为司徒胡广所辟”，[②]后稍迁代郡太守。王泽，字季道，太原郡晋阳县人。大概在汉灵帝时任代郡太守。[③] 史籍无二人治郡之事。

建安中叶，裴潜治理代郡，为两汉代郡太守理郡之事记载最详者，事见《三国志·魏书·裴潜传》。裴潜，字文行，河东闻喜人，避乱荆州。曹操平定荆州，以裴潜参丞相军事，出京历任三县县令，又进京任仓曹属。时(建安中叶)代郡大乱，曹操任命裴潜为代郡太守。乌丸王与其部下的首领三人，各自号称单于，专制操纵代郡事务。前任太守无人能治，曹操拟派裴潜率精兵前往镇压征讨。裴潜没有接受曹操的建议，而是以超人的胆识说出了自己的意见：

代郡户口殷众，士马控弦，动有万数。单于自知放横日久，内不自安。今多将兵往，必惧而拒境，少将则不见惮。宜以计谋图之，不可以兵威迫也。

曹操赞佩裴潜的胆略，允其所请。裴潜仅乘一辆车抵达代郡。单于又惊又喜。裴潜以平静的态度安抚他们。单于以下人员谢罪，将前后所抢掠的妇女、器械和财物全部归还。裴潜处死郡中与单于勾结的官吏郝温、郭端等十余人，“北边大震，百姓归心”。裴潜在代郡任职三年，回京任丞相理曹掾。曹操褒扬他治理代郡的功劳，裴潜答道：“我待百姓宽厚，对胡人却很严厉。继任者一定会认为我理政过于严厉，而施行宽大德惠；胡人素来骄横放纵，过于宽大必定变得放肆。根据形势推断，代郡必定再次反叛”。曹操非常后悔，不应急着召裴潜回京。果然，数十天后，就传来了三单于反叛的消息，曹操不得不派遣鄢陵侯曹彰为骁骑将军前往征讨。就文献记载所见，裴潜堪称东汉治理代郡最具胆识才能的太守，其政绩充分说明，治理边郡，行政长官的政治才能往往比武力威慑更加重要。

总之，东汉代郡太守从建武时的领兵守卫，到东汉中后期的默默无闻，再到汉末的专务治理，代郡的军事地位也是逐渐下降的。就整个汉代来说，代郡的军事地位呈现出阶段性波动的特征。这种阶段性波动受多种因素的影响和制约，其中最主要的因素是汉王朝与北边少数民族的关系，受民族政策、边疆政策和政治体制的制约，也与汉王朝国力的强弱和统治集团自身政治的清浊有直接关联。整体上看，武帝以

① 《后汉书》卷九〇《鲜卑传》，2989 页。

② 《后汉书》卷六七《党锢列传·杜密传》，2197 页。

③ 《后汉书》卷六八《郭太传》，2231 页。

后代郡军事地位的重要性逐渐走低，东汉代郡太守的地位和影响力不如西汉。

三　东汉代郡军事地位下降与人口变化

东汉代郡军事地位下降，与代郡人口减少和少数民族内迁有直接关系。

(一)代郡人口减少的原因

代郡人口的数量，两汉增减波动很大。汉平帝元始二年时的户口为："户五万六千七百七十一，口二十七万八千七百五十四。"[①]到东汉永和五年时户二万一百二十三，口十二万六千一百八十八。[②] 138年间减少36648户，152566口。"顺帝永和五年的户口比东汉初年有成倍增加，但仍少于西汉兴盛时期，边郡更为明显。"[③]代郡人口减少的主要原因有三点：战争频仍，人口内迁，辖区面积减少。

1.战争频仍。王莽时，汉与北方民族关系恶化，兵祸始结。至光武统一前，军阀混战。明、章、和三世经历了短暂的太平之日，到安帝时，鲜卑、乌桓、南匈奴开始频繁侵扰汉边，终汉世未休。

始建国二年(9)，王莽出兵攻打匈奴单于。派遣五威将军苗䜣、虎贲将军王况出五原，厌难将军陈钦、震狄将军王巡出云中，振武将军王嘉、平狄将军王萌出代郡，相威将军李棽、镇远将军李翁出西河，诛貉将军阳俊、讨秽将军严尤出渔阳，奋武将军王骏、定胡将军王晏出张掖，以及偏裨以下将领一百八十人。召募天下囚徒、丁男、甲卒三十万人，转运"众郡委输五大夫衣裘、兵器、粮食，长吏送自负海江淮至北边，使者驰传督趣，以军兴法从事，天下骚动。先至者屯边郡，须毕具乃同时出"。[④]

汉末卢芳割据代郡，《后汉书·光武帝纪下》："代郡太守刘兴击卢芳将贾览于高柳，战殁。"李贤注曰："高柳，县，属代郡，故城在今云州定襄县。"此外，少数民族也趁乱侵扰。"光武初，乌桓与匈奴连兵为寇，代郡以东尤被其害。"[⑤]代郡必受波及。

《后汉书·马援传》载：建武二十一年(45)秋，"援乃将三千骑出高柳，行雁门、代郡、上谷障塞。乌桓候者见汉军至，虏遂散去，援无所得而还"。《后汉书·乌桓传》也记此事："建武二十一年，遣伏波将军马援将三千骑出五阮关掩击之。关在代郡。乌桓逆知，悉相率逃走，追斩百级而还。乌桓复尾击援后，援遂晨夜奔归，比入塞，马死者千余匹。"

① 《汉书》卷二八下《地理志下》，1622页。

② 《后汉书》卷一一三《郡国志》，3526页。

③ 黄绍雄：《代国代郡通志》，166页。

④ 《汉书》卷九九中《王莽传中》，4121页。

⑤ 《后汉书》卷九〇《乌桓传》，2982页。

《后汉书·安帝纪》载：安帝永初三年六月，“乌桓寇代郡、上谷、涿郡”；元初五年(118)八月，“鲜卑寇代郡，杀长吏”。

《后汉书·乌桓传》：“安帝永初三年夏，渔阳乌桓与右北平胡千余寇代郡、上谷。”

《后汉书·南匈奴传》：安帝建光五年夏，“南匈奴左部句龙王吾斯、车纽等北叛，率三千余骑寇西河，因复招诱右贤王，合七八千骑围美稷，杀朔方、代郡长史。马续与中郎将梁并、乌桓校尉王元发缘边兵及乌桓、鲜卑、羌胡合二万余人，掩击破之”。

《后汉书·顺帝纪》载：永建元年八月，“鲜卑寇代郡，代郡太守李超战殁”；“阳嘉二年八月，鲜卑寇代郡”。

《后汉书·耿夔传》载：建光中“时鲜卑攻杀云中太守成严，围乌桓校尉徐常于马城”。注曰：“马城，县名，属代郡，故城在今云州定襄县”。

《后汉书·耿恭传》载：顺帝初，“时鲜卑寇缘边，杀代郡太守”。

《后汉书·郎顗传》：阳嘉二年，“秋，鲜卑入马邑城，破代郡兵”。

战争频繁必定导致人口锐减。代地百姓在遭受杀掠的同时还要应募从军投身战场，保卫家园。例如，明帝时击匈奴，通西域，“太仆祭肜、度辽将军吴棠将河东、北地、西河羌胡及南单于兵万一千骑出高阙塞，骑都尉来苗、护乌桓校尉文穆将太原、雁门、代郡、上谷、渔阳、右北平、定襄郡兵及乌桓、鲜卑万一千骑出平城塞”。[①] 此次出征的士兵主要来自上述边郡。安帝永初三年冬，南单于与乌桓大人俱反。汉廷以大司农何熙行车骑将军事，中郎将庞雄为副，将羽林五校营士，征发缘边十郡兵二万余人，辽东太守耿夔率将鲜卑种众共击之。注曰：“缘边十郡谓五原、云中、定襄、雁门、朔方、代郡、上谷、渔阳、辽西、右北平。”[②]

2.人口内迁。东汉时，代郡人口的内迁全部与战争有关。《后汉书·南匈奴传》：建武十三年，匈奴“寇河东，州郡不能禁。于是渐徙幽、并边人于常山关、居庸关已东，匈奴左部遂复转居塞内”。《后汉书·光武帝纪下》：建武十五年二月，“徙雁门、代郡、上谷三郡民，置常关、居庸关以东”。注曰：“《前书》曰，代郡有常山关，上谷郡居庸县有关。时胡寇数犯边，故徙之。”《后汉书·吴汉传》亦记：建武十五年，吴汉率扬武将军马成、捕虏将军马武北击匈奴，“徙雁门、代郡、上谷吏人六万余口，置居庸、常关以东”。常(山)关，今倒马关，位于河北唐县西北六十公里。常山关西汉时属代郡，东汉时属中山国。常山关以东已不在代郡，上述移民都为外迁。

3.辖区面积减少。西汉时代郡属并州刺史部，下辖桑乾、道人、当城、高柳、马城、班氏、延陵，狋氏、且如、平邑、阳原、东安阳、参合、平舒、代县、灵丘、广昌、卤城十

---

① 《后汉书》卷二三《窦固传》，810 页。

② 《后汉书》卷四七《梁慬传》，1592 页。

八县。东汉时代郡仅辖县十一，即高柳、桑乾、道人、当城、马城、班氏、标氏、北平邑、东安阳、平舒、代县。比西汉少七个县。广昌归入中山国，卤城划入雁门郡，且如为鲜卑所占，延陵、阳原、参合、灵丘在建武六年省并。《后汉书·光武帝纪下》：建武六年六月辛卯，诏曰："今百姓遭难，户口耗少……并省四百余县，吏职减损，十置其一"。东汉初代郡亦在户口锐减之列。

东汉代郡所辖十一个县，至东汉末年，高柳、桑乾、道人、马城、班氏、标氏、北平邑、东安阳"八县地为鲜"，①意为这八个县遭受鲜卑的严重侵扰，人口锐减，"城邑残破，弃为荒外之地"。② 东汉时将代郡的治所从代县迁至北部的高柳，显然是为了加强防御。

（二）少数民族内迁

代郡地处边陲，与少数民族相邻。这里的居民除汉族外，还有乌桓、匈奴、鲜卑等民族，到东汉末，已有"代郡胡"③之称。这些民族的内迁也与军事活动相关。

王莽时，乌桓、丁令人就有在代郡屯驻的记录："及王莽篡位，欲击匈奴，兴十二部军，使东域将严尤领乌桓、丁令兵屯代郡，皆质其妻子于郡县。乌桓不便水土，惧久屯不休，数求谒去。"④东汉护乌桓校尉改置于代郡北部，主乌桓胡，说明乌桓势力已达代郡。到东汉建安时，已多有"代郡乌丸"见于史籍。如建安十二年（207）十一月，曹操"至易水，代郡乌丸行单于普富卢、上郡乌丸行单于那楼将其名王来贺"。⑤建安二十一年（216），"代郡乌丸行单于普富卢与其侯王来朝"。⑥ 二十三年四月，"代郡、上谷乌丸无臣氐等叛，遣鄢陵侯彰讨破之"。⑦

在南匈奴归附东汉前，就已有部分匈奴转居代地。前引《后汉书·吴汉传》说，建武十三年，"匈奴左部遂复转居塞内"。此处所言"塞内"，应为雁门、代郡、上谷三郡。因为光武帝将这三个郡的百姓徙居常山关、居庸关已东，边地空虚，于是匈奴左部遂转居于此。到了建武二十六年（50），"南单于既居西河，亦列置诸部王，助为捍戍。使韩氏骨都侯屯北地，右贤王屯朔方，当于骨都侯屯五原，呼衍骨都侯屯云中，郎氏骨都侯屯定襄，左南将军屯雁门，栗籍骨都侯屯代郡，皆领部众为郡县侦罗耳目"。⑧ 南匈奴已开始在代郡为汉守边。

鲜卑在匈奴衰落后强盛起来，自安帝时开始频繁入侵中原。安帝元初时已有

---

① 《杨守敬集》第一册《三国郡县表补正》，武汉：湖北人民出版社，1988，445页。

② 李晓杰：《东汉政区地理》，济南：山东教育出版社，1999，131页。

③ 《三国志》卷九《魏书·夏侯尚传》，北京：中华书局，1959，293页。

④ 《后汉书》卷九〇《乌桓传》，2981页。

⑤ 《三国志》卷一《魏书·武帝纪》，30页。

⑥ 《三国志》卷一《魏书·武帝纪》，47页。

⑦ 《三国志》卷一《魏书·武帝纪》，51页。

⑧ 《后汉书》卷七九《南匈奴传》，2945页。

"代郡鲜卑"之名。元初五年秋,"代郡鲜卑万余骑遂穿塞入寇,分攻城邑,烧官寺,杀长吏而去"。① 建光元年,"鲜卑于是围乌桓校尉徐常于马城",②鲜卑的势力已达代郡北部的马城。顺帝永建元年(126)秋,"鲜卑其至鞬寇代郡,太守李超战死"。阳嘉二年(133)"秋,鲜卑穿塞入马城,代郡太守击之,不能克"。桓帝延熹九年(166)夏,"乌桓复与鲜卑及南匈奴寇缘边九郡,俱反,张奂讨之,皆出塞去"。③ 以致灵帝时"幽、并、凉三州缘边诸郡无岁不被鲜卑寇抄,杀略不可胜数"。④ 遂有上文所言"八县地为鲜"的情况。

因为频繁的战争,导致代郡人口减少。由于人口减少,东汉时代地军事地位进一步下降,难以阻挡北方少数民族的内迁与侵入。匈奴、乌桓、鲜卑三族成为代地人口的重要组成部分。东汉政府对代郡的实际控制力越来越小,以至于"多将兵往,必惧而拒境,少将则不见惮"。⑤

① 《后汉书》卷九〇《鲜卑传》,2987 页。

② 《后汉书》卷九〇《鲜卑传》,2987 页。

③ 《后汉书》卷九〇《乌桓传》,2983 页。

④ 《后汉书》卷九〇《鲜卑传》,2990 页。

⑤ 《三国志》卷二三《魏书·裴潜传附子秀传》,672 页。

魏晋北朝时期代地的社会经济

张　伟

（河北师范大学历史文化学院　河北石家庄 050024）

内容提要：在北方各民族交界地区的代地，各种力量围绕地方资源反复争夺，形成了盛衰交替、分合相生的历史过程，其中魏晋北朝是最具有代表性的时期。这个时期北方游牧民族继续南下，对这个地区的社会经济造成冲击，既有的社会经济被破坏，同时也重塑了本地具有融合特质的社会经济。

关键词：代地　社会经济　魏晋北朝

代地的历史属于地方史，经历了由国史转变为郡史的过程，经历了繁荣高潮与衰弱低谷，但一直靠近先秦时期的政治经济中心。“赵襄子兴兵平代地，封其兄伯鲁子为代成君，”始有赵国。赵武灵王“北破林胡、楼烦。筑长城，自代并阴山下，至高阙为塞。而置云中、雁门、代郡”，[①]这是由国入郡的开始。“汉高祖六年正月以云中、雁门、代郡五十三县为诸侯国，立兄宜信侯刘喜为代王。七年匈奴攻代，代王喜弃国自归，十年，代相国陈豨反，自立为代王，劫略代地。”“上还雒阳。诏曰：‘代地居常山之北，与夷狄边，赵乃从山南有之，远数有胡寇，难以为国。颇取山南太原之地益属代。代之云中以西为云中郡，则代受边寇益少矣。王、相国、通侯、吏二千石择可立为代王者。’燕王绾、相国何等三十三人皆曰：‘子恒贤知温良，请立以为代王，都晋阳。’”[②]随着时代变迁，代国、代郡之间不断更迭变换，但是河北蔚县代王城无论作为国都亦或治所，都不曾荒废，依旧在代地发挥着重要作用。

两汉至魏晋北朝时期的代地，所辖区域并没有太大变化，大致相当于今河北怀安、蔚县以西、山西阳高、浑源一带的桑干河流域地区。代郡有着王城的规模，却没有王城的经济。魏晋北朝时期整体的社会结构急速转变，尤其是北方地区的社会经济表现出更加激烈的挤压融合。少数民族入主中原使得北方地区，尤其是冀州、幽

① 《史记》卷一一〇《匈奴列传》，北京：中华书局，1959，2883 页。

② 《汉书》卷一《高帝纪下》，北京：中华书局，1962，70 页。

州成为了农牧经济的交错区域，拥有王城规模的代郡便成为了人口的主要流动区域之一，这个时期所发生的社会变迁与社会融合，凸现出了民族融合的状况，所形成的社会经济也别具特点。

一　政权更替下的自然经济

代地地处边塞，从东汉后期群雄割据时期起，要面对北方的草原部落匈奴、鲜卑，还要不断地经受南方各个势力的战火，政权交替频繁，整体上看社会经济低迷杂乱。最直观的表现就是币制十分混乱，曹操为适应当时的混乱状况不得不将货币为主的两汉税制改变为全部征收实物，成了后来田租户调制的滥觞，直到唐朝中期两税法实施才退出历史舞台。[①] 该地反叛、平叛与重建的不稳定性，也使其农业深受影响。《三国志·任城王彰传》记载：建安二十三年(218)“代郡乌丸反，以彰为北中郎将，行骁骑将军……彰北征，入涿郡界，叛胡数千骑卒至。时兵马未集，唯有步卒千人，骑数百匹。用田豫计，固守要隙，虏乃退散。彰追之，身自搏战，射胡骑，应弦而倒者前后相属。战过半日，彰铠中数箭，意气益厉，乘胜逐北，至于桑干，去代二百余里。长史诸将皆以为新涉远，士马疲顿，又受节度，不得过代，不可深进，违令轻敌”。[②] 平乌丸之乱说明，该地在曹魏时期还属于汉氏政权，却为少数民族聚集区，足见此时的代郡已然是边界地区，社会极不稳定。

曹魏时期，代地政治相对稳定、经济文化也相对发展。由于此地处于与鲜卑接壤之处，曹魏政权对该地区驻扎重兵，采取恩威并用的手段对辖区内的少数民族部落进行控制，而这一切需要强有力的控制，所以大量的军事贵族在此生根发芽，形成以军事为特色的社会经济，单一自然经济的屯兵制成为了该地备战的主要形式，小农经济在此得到长足的发展，社会分工简单粗疏，仅为满足备战粮草、防御工事的需求，主要为战争做准备。魏晋之后，代地成为了游牧民族的地盘，先后为匈奴、乌桓、鲜卑统辖，游牧经济一度有取代农耕经济的趋势。什翼犍曾为质子，于咸康四年(338)即代王位，置百官，制法律，这样便由部落联盟的形式转变成为了国家形式。代建国三年(340)定都云中盛乐宫，此后又曾在故城南部建盛乐新城，不断发展农业。建国三十九年(376)前秦苻坚发兵攻代，什翼犍兵败奔逃后被杀，代亡。386年，在贺兰部等部族的支持下，拓跋珪在牛川(今内蒙古呼和浩特市东南锡拉木林河)召开部落大会，宣布复国。第二年，拓跋珪将新生的代国国都迁到了故都盛乐。

① 陈明光、郑学檬:《中国古代赋役制度史研究的回顾与展望》,《历史研究》2001年第1期。

② 《三国志》卷一九《任城陈萧王传》,北京:中华书局,1999,415页。

代地也相应的从王城经济弱化为郡县经济，整体的社会经济也随之衰弱。魏晋之后，代地成为了少数民族的聚集地，原本以军事贵族为核心的社会经济也转变为由北魏皇室贵族所把持的社会经济，由自然经济为主、弱化商品经济的状况转变为商品经济发展，并与自然经济相融合，从战备模式切换为资源互换模式，实现了鲜卑贵族的资源满足。

自然经济的发展立足于土地的开发，无论是魏晋时期边防备战状态下的屯田制，还是北魏改革后所施行的均田制，都是为了保证自然经济的顺利发展。代地处于温和的气候地区，适合作物生长，是天然的粮食产地，无论是魏晋还是北朝时期都接近政治中心。蒋福亚先生指出："历史的实际是北方历尽曲折，商品经济和传统市场在魏孝文帝改革后，出现了恢复的局面；南方则从无到有，逐步走向了繁荣。就东晋南朝和北朝中后期的商品经济和传统市场而言，和两汉相比，恐怕难以说有多大的差距，甚至某些方面还略有发展。"[①]代地的经济发展对于代北地区具有重要意义。皇始二年(397)，道武帝诏征东大将军东平公元仪"积租杨城"，[②]又如右将军尹国也曾"督租于冀州"。[③] 北魏前期曾多次复除河北地区的租税，后来严格地收取租税，以此来保证代北地区社会经济的正常运转，同时，采取"诏工商杂伎，尽听赴农，诸州课人益种菜果"的措施，[④]恢复发展农业生产。另外，北魏政府还在河北诸州设立粮仓储备粮食，以供赈灾和征战之用，明元帝泰常三年九月，北魏政府"诏诸州调民租，户五十石，积于定、相、冀三州"。[⑤] 北魏孝文帝改革之后，自然经济发展速度有所增长，所创立的均田制大大提高了耕种民众的劳作热情，增加了粮食产量，缓和了社会矛盾。尤其是曾被高度开发的代地区域，是均田制推行的重点地区，将土地、劳力和赋役三者紧密地结合起来，对农民实行"计口授田"。[⑥] 均田制的实施，有利于依附农民摆脱豪强大族控制，转变为国家编户，使政府控制的自耕小农这一阶层的人数大大增加，保证了赋役来源，也确保了政府在相当长的时间内能够控制足够的土地。同时采用桑田也就是准私田的名义，"诸桑田不在还受之限；诸桑田皆为世业，身终不还，恒从见口。有盈者无受无还，不足者受种如法。盈着得卖其所盈，不足者得卖所不足。不得卖其分，亦不得买过所足"。[⑦] 通过"身终不还"的方式，使无地或少地的农民在一定程度上拥有私有土地，还调整了税收，比魏晋的田租户调减轻许多，促进了经济的发展。均田制比屯田和占田更能适应土地有余而劳力不足以及人户隐匿

---

① 《代县志》。

② 《魏书》卷二《太祖纪》，北京：中华书局，1974，29页。

③ 《魏书》卷二《太祖纪》，31页。

④ 《北史》卷三《魏本纪》，北京：中华书局，1974年，第88页。

⑤ 《魏书》卷三《太宗明元帝纪》，59页。

⑥ 《魏书》卷三《太宗明元帝纪》，53页。

⑦ 《魏书》卷一一〇《食货志》，2854页。

严重的社会状况，所以不仅在北魏时期普遍推行，而且历经东魏、北齐和西魏、北周和隋朝，直到唐中叶两税法实施后才被停止。均田制实施的几百年间，代地社会经济逐渐恢复和发展很快。

土地的开发对于人口的依赖极大，需要大量的人口进行开发、耕种。魏晋时期可以由军队进行耕种，同时使用战俘进行劳作。北朝时期，统治者迁徙大量人口到此处进行开发，代地形成了放牧和耕种融合的过程。天兴元年(398)，北魏徙"山东六州民吏及徒何、高丽杂夷三十六万，百工伎巧十万余口，以充京师"，[①]配给耕牛，"计口授田"，[②]并且"诏工商杂伎，尽听赴农，诸州课人益种菜果"，[③]增加了京畿之地的人口。为了加强平城与河北地区的联系，道武帝还曾"发卒万人治直道，自望都铁关凿恒岭至代五百余里"，[④]大大增加了代地的人口，重新将农耕经济导入这一地区，为其农业发展提供了充足劳动力。但是，以拓跋部为核心的各部各族由游牧狩猎传统转变为定居农耕，在这一过程中对资源、人口的需求量是很大的，作为土地肥沃的桑干河流域、已被高度开发的代地地区，成为了游牧与农耕的混杂之地。桑干河作为重要的地理界限，"汉末西晋时期是游牧地区与农牧交错地带的分界线，北魏时期是农业生产水准的分界线，是'灅北地瘠'局面形成的重要原因。就此而言，游牧经济转变为农耕经济成为了环境需求，桑干河流域的景观也逐渐由牛羊被野、麋鹿成群转变为阡陌纵横、城郭相望"。[⑤]

二　民族融合下的农牧经济

魏晋北朝时期，北方游牧地区的气候、土质等方面发生很大变化，游牧人需要寻找更加合适生存的地域。同时，与中原诸国发生边界战争，急需补充大量的劳动力与兵力，北方游牧民族大量内迁中原。据蒋福亚先生在《魏晋南北朝社会经济史》中统计，这个时期迁徙中原的少数民族人口将近600万，超过了北方的汉族人口数。少数民族内迁的目的地主要聚集于边界地区，而桑干河流域气候适宜作物的生长与农业的发展，成为了定居的首选地之一。在魏晋期间，桑干河成为代北地区的农牧业分界线，桑干河以南地区保持着农耕经济和城市生活，以北则是游牧与狩猎经济。

① 《魏书》卷二《太祖纪》，32页。
② 《魏书》卷三《太宗明元帝纪》，53页。
③ 《北史》卷三《魏本纪》，88页。
④ 《魏书》卷二《太祖纪》，31页。
⑤ 孙靖国：《中古时期桑干河流域农牧环境的变迁——兼论北魏为何定都平城》，《南都学坛》2012年第3期。

值得注意的是，在中原的耕地上从事劳作的并不都是汉族人民，也有大量的少数民族人民。[①] 他们都是根据代地代王城的发展或者军事布防而进行的迁徙，而且数量巨大。建安十一年(206)，曹操北定乌桓之后，受降人数多达二十万，流落于乌桓的幽、冀汉人不断归乡，流亡于鲜卑境内的五百多家还徙代郡。《魏书》卷一《序纪》提到，穆皇帝三年："帝以封邑去国悬远，民不相接，乃从(刘)琨求勾注陉北之地。琨自以托付，闻之大喜，乃徙马邑、阴馆、楼烦、繁畤、崞五县之民于陉南，更立城邑。尽献其地，东接代郡，西连西河、朔方，方数百里。帝乃徙十万家以充之。"[②]又拓跋珪于天兴元年(398)迁"六州二十二郡守宰、豪杰、吏民两千家于代都"。[③]

中原地区民族杂居的情况大大发展，作为民族聚集地的代地成了融合的重地。多民族的杂居，使得不同民族的文化之间相互沟通与杂糅。但无论是怎样的杂糅，都最终进行了汉化。该地的社会经济也不断提升，从"畜牧迁徙，射猎为业"[④]的游牧经济转换为较为稳定的农耕经济。在内徙过程中，由于受到中原农业文明的影响，这些少数民族逐渐从游牧或半农半牧转向农业定居的状态。拓跋珪灭燕后，于天兴元年(398)"制定京邑，东至代郡(郡治今河北蔚县西)，西及善无(今山西右玉县南)，南极阴馆(今山西朔县东南)，北尽参合(今山西阳高东北)，为畿内之田，其外四方四维至八部帅以监之，劝课农耕，量校收入，以为殿最。又躬耕籍田率先百姓"。[⑤] 此时的京畿之地，大致为代地的范围，可见统治者对于此处农业耕作的重视，这一系列的措施推动了拓跋部向农业定居的转化。蒋福亚先生指出，"拓跋珪建国后第二个月，便下令息众课农，紧接着是离散诸部，分土定居；其后有在五原大规模屯田，对掠徙平城一带的战俘计口授田，劝课农桑，直至亲耕籍田等一系列的措施。雁代地区的农业生产在此过程中逐步发展起来。虽然史籍中还可以找到一些拓跋部游牧或者半农半牧的记载，昔日游牧生活在思想上留下的烙印也须久久才能肃清，但说其锲入河北不久，经济生活的主体已转向农业定居，并不为过，至迟也不会超过拓跋珪的生前。否则北魏前期的统治者岂能一遇灾荒就组织成员就食河北，渡过灾荒再回故土。因为对于游牧民族来说，其习俗是逐水草而居，只有农业民族才会如此"。[⑥] 由此可见，昔日的牧民渐渐转变成为小农经济下的自耕农、半自耕农或佃农，以往的部落贵族渐渐转变成为地主。胡玉春先生指出，"北魏前期，汉化以一种自然融合状态在北魏政权中潜移默化展开，保持鲜卑旧俗和汉化两种倾向的矛盾在魏初并不尖

① 李凭：《南贫北富局面的转变及相关经济问题——读蒋福亚〈魏晋南北朝社会经济史〉》，《中国史研究》2006 年第 3 期。

② 《魏书》卷一《序纪》，7 页。

③ 《魏书》卷二《太祖纪》，34 页。

④ 《魏书》卷一《序纪》，1 页。

⑤ 《魏书》卷一一〇《食货志》，2850 页。

⑥ 蒋福亚：《魏晋南北朝社会经济史》，天津古籍出版社，2005。

锐。孝文帝迁都洛阳后，大张旗鼓的实行汉化改革，致使两种倾向的对立明显化”。[1]临近云中的代地所进行的农耕经济更为昌盛，所获得的财政收入也使得北魏贵族意识到土地的重要性，但由于征战的需要，原有的游牧经济并不会被农业完全取代，鲜卑贵族在适宜游牧的地区进行着大规模的放牧。然而在社会生活中，汉化成为主旋律，无论是从婚丧嫁娶、饮食习俗、衣冠服饰以及语言等都逐渐转变。经济基础也随之变化，其生产结构也由放牧转变为耕织和饲养相结合的个体经济。“统治者也认识到汉人的重要性，各少数民族统治者都野心勃勃，都想建立自己的政权，但仅仅依靠本民族的力量难以实现，必须利用和借助汉族，才能达到和巩固统治，尤其是对汉族地主阶级。”[2]因此对于本民族在社会生活中的转变也是大力支持的，各少数民族王朝的统治者们对于其政权的腹心地区大多采取胡汉分治的方针，对于腹心以外的地区则尽可能地维持秦汉以来的体制。“所谓胡汉分治方针的实质是，保持各自的生活信俗，配以不同的社会功能，如让少数民族承担兵役，让汉族承担赋役，以此来缓和民族矛盾、发挥各自所长。”[3]代地作为北朝少数民族难得的汉族耕种之地，又近政权中心，所以少数民族的诸多改制在此得到很好实施，如后赵石勒招抚流亡扩充人口、前秦苻坚起用王猛施行汉政、后秦姚兴治理关中诸地、北魏文明太后和孝文帝推行太和改制等。

三　自然灾害下的救济经济

魏晋北朝时期，频繁的战争给北方人民的生活环境带来巨大的影响，加之自然灾害对生活生产一次次重创，使得社会动荡不安。民众的安抚与救济便成为了统治者需要关注的问题。代地在魏晋之时多为驻军之地，无论是作为定居、还是北上的通道都没有明显的经济价值，所以流民对于此地的社会经济没有形成大的冲击。北魏时期，该地得到了长足的发展，人口增加，一旦发生饥荒，则会对社会经济产生更大的冲击。此时，旱灾频繁发生，涉及范围广，对农业和畜牧业都造成极大危害，严重影响了北魏食物的保障。从北魏太祖登国元年（386）到出帝太昌元年（532）近150余年内，发生旱灾的年份有69年，占1/3的时间，北魏后期灾害的高发率竟达到

---

① 胡玉春：《北魏六镇起义的原因和启示》，《内蒙古社会科学（汉文版）》2011年第3期。.

② 李凭：《南贫北富局面的转变及相关经济问题——读蒋福亚〈魏晋南北朝社会经济史〉》，《中国史研究》2006年第3期。

③ 蒋福亚：《魏晋南北朝时期内徙少数民族对社会经济的影响》，《首都师范大学学报（社会科学版）》2004年第2期。

65%，灾害几乎波及北魏全境。[①] 每当代北地区发生严重饥荒时，北魏政府采取的重要措施就是使饥民到农业经济发达的河北地区“就食”，[②]就近的代地成为了良好的选择。《魏书》中多次提到神瑞二年(415)的饥荒，那是北魏最为严重的饥荒之一，最后的解决方式是对灾情较轻又有粮食供应的地区减免租税，让受灾严重的人们去“就食”。泰常三年(418)，因雁门大雨，“京师民饥”，[③]明元帝采取“复其租税”[④]的措施，并“分散于冀、定、瀛三州就食”。[⑤]《魏书·食货志》记载，“神瑞二年，又不熟，京畿之内，路有行馑。帝以饥将迁都于邺，用博士崔浩计乃止。于是分简尤贫者就食山东”。[⑥] 此处的“山东”指太行山以东的河北地区，正如北魏人所说“国之资储，唯藉河北”。[⑦] 同时，北魏政府也曾采取移民方式救灾，《崔浩传》载：“浩等对曰‘可简穷下之户，诸州就谷，若来秋无年，愿更图也。但不可迁都。’太宗从之，于是分民诣山东三州就食，出仓谷以察之。来年遂大熟。”[⑧]这次饥民就食的谷丰之地，便主要集中于桑干河流域的代地，这不仅在很大程度上缓冲了流民对于北魏政权的冲击，也使得逐渐恢复的商品经济得到保持。这种救济性经济具有时效性，对于社会稳定的维持具有修补作用，在短期内保证了社会经济的稳定。

四　结语

在魏晋北朝三四百年间，北方战乱多，各个民族政权你征服我，我征服你；千年过后，征尘散去，我们回头审视这段历史，却是北方民族大融合的一段历史过程。随着各个民族政权的更替、战争和自然灾害的频繁发生，代地形成了独特的自然经济、农牧经济以及救济经济相融合的经济特色。位于现在河北蔚县的代王城，自战国起便是代地的政治经济文化中心，受到统治者的青睐，优先对其开发，到魏晋北朝时期成为了民族融合的中心，使得代地成为了中原农耕文明与北方游牧文明交互融合的地区。这种由民族交往和战争、灾害等诸多因素所形成的社会经济，对古代代地的社会状况、对民族经济的融合发展有直接的多方面的影响，对今天该地区的社会与经济建设也有借鉴作用。

---

① 胡玉春：《北魏六镇起义的原因和启示》，《内蒙古社会科学(汉文版)》2011 年第 3 期。

② 《北史》卷六《齐本纪》，213 页。

③ 《魏书》卷三《太宗纪》，55 页。

④ 《魏书》卷三《太宗纪》，58 页。

⑤ 《魏书》卷五八《杨播传》，1293 页。

⑥ 《魏书》卷一一〇《食货志》，2850 页。

⑦ 《魏书》卷一五《昭成子孙·常山王遵传附元晖传》，380 页。

⑧ 《魏书》卷三五《崔浩传》，808 页。

《资治通鉴》胡注“八部”刍议*

刘　凯

（中国社会科学院历史研究所　北京　100732）

内容提要：北魏初年史料见有“八部”，其职官所见有“八部帅”“八部大人”“八部尚书”“八部大夫”云云。“八部”问题之焦点在于“八部大人”和“八部帅”是否为一。本文以为二者有别，八部大夫明确是在皇城四方四维，且“待诏侍直左右，出入王命”，当在畿内。四至为畿内的边界，也成为中央权力所到达的可见外延，其外四方为“八部帅”所监。囿于原始文献数量稀缺，可于此之外，在后世史家的书写中探求作者之观点，其所处之时代必然早于当代，而其观点亦当为今日之借鉴。本文选定《资治通鉴》胡注关于北魏初年“八部”的记载作出考察，指出《通鉴》胡注“神部，八部之一”中的“八部”当是指官制之有“八部”，确指“八部尚书”。

关键词：《资治通鉴》　胡注　八部

北魏初年史料见有“八部”，其职官所见有“八部帅”“八部大人”“八部尚书”“八部大夫”云云，前辈学者已多有研究，然至于今日，依然未能达成共识。“八部”问题之焦点在于“八部大人”和“八部帅”是否为一。学者所关注之点，多在《魏书》卷一一〇《食货志》、《魏书》卷一一三《官氏志》等寥寥几条材料上。“八部帅”出自《魏书·食货志》：“太祖定中原……自五原至于椆阳塞外为屯田……天兴初，制定京邑，东至代郡，西及善无，南极阴馆，北尽参合，为畿内之田；其外四方四维置八部帅以监之，劝课农耕，量校收入，以为殿最。”①畿内之田的四至，最东为代郡。

北魏有两代郡，由盛乐迁都平城后置代郡，王仲荦《北魏延昌地形志北边州镇考证》“恒州代郡条”称“代郡治平城”，其中沿革大致四段：“魏初定都平城，置代尹治。

* 本文系中国博士后科学基金第10批特别资助（2017T100132）、中国博士后科学基金第61批面上资助（2017M610146）阶段性成果。

① 《魏书》卷一一〇《食货志》，北京：中华书局，1974，2849—2850页。

延和元年，改为万年尹。太和中，复称代尹。及迁都洛阳，改称代郡。尹亦改称太守也。"[①]平城在今山西大同，为晋西北，其所对应的是"天兴初，制定京邑"的京邑："(天兴元年)秋七月，迁都平城，始营宫室，建宗庙，立社稷"。[②] 以代郡平城为中心，划定四方为畿内，其东至为另一代郡。"东至代郡之代郡，指东代郡，治代县，今河北蔚县西。"王仲荦将此代郡称为"东代郡"，辟有"东代郡(治代)"条。《晋书·地理志》称："代郡，秦置。统县四……代、广昌、平舒、当城。"至北魏时多有省废，领有代、平舒二县。东代郡虽肇自秦世，但其治所屡移："秦代郡治代，今河北蔚县西。汉文帝初封代王，都晋阳，今山西太原市西。寻徙都中都，今山西平遥县。后改置代郡，治桑乾县，今河北阳原县东北。后汉代郡治高柳，今山西阳高县西北。晋代郡复治代县，今河北蔚县西。后魏于平城置司州代尹，后改曰万年尹，迁都洛阳以后，又改曰代郡。"而北魏两代郡的交替更名颇为少见："先是后魏置代郡于代县，而平城则称万年尹。及平城改称代郡，而此代郡则谓之东代郡。"东代郡不见载于《魏书·地形志》，清张穆著二十卷《延昌地形志》以补《魏书》之缺，但其书大多散佚，具体情形不可得而知，王仲荦先生以为："此东代郡，不见于地形志。缘此东代郡后魏太和以后已改隶燕州，逮孝昌末，燕州荒废，及魏收著地形志，但据东魏武定世侨置于军都城之东燕州郡县簿籍著录。故旧燕州所属广宁、大宁、东代、平原诸郡，概删略也。"此说当可从。《魏书·灵征志下》载："(神䴥)三年二月，白鹿见于代郡倒剌山。"[③]倒剌山在今河北蔚县东七十里，因此此代郡所指为东代郡。王仲荦指出："自后魏延和元年三月，改平城之代尹为万年尹……至太和中复旧称代尹。其间纪传之称代郡者，皆指此东代郡而言也。"此为时段下限，而其上限则在太和十一年："太和十一年以前，平城称万年，故《魏书》纪传所云之代郡，皆指此东代郡而言之者也。"[④]东代郡有温泉："魏土地记曰，代城北九十里有桑乾城。城西渡桑乾水，去城十里，有温汤，瘳疾有验。"可能正因为其瘳疾之功效有验，吸引达官显贵来此。《魏书·陆丽传》载："和平六年，高宗崩。先是丽疗疾于代郡温泉，闻讳欲赴"，[⑤]而北魏皇帝、太皇太后多临幸之，《魏书·孝文帝纪》便载有两次："(太和二年)二月丁亥，行幸代之汤泉"，"(三年)二月辛巳，帝、太皇太后幸代郡温泉。"[⑥]

东代郡只是畿内的四至之一，将其作为考察的例子，关键便在于"东代郡"与"代

---

① 王仲荦：《北魏延昌地形志北边州镇考证》，其著《北周地理志》附篇，北京：中华书局，1980，1031—1032页。

② 《魏书》卷二《道武帝纪》，33页。

③ 《魏书》卷一一二《灵征志下》，2930页。

④ 王仲荦：《北魏延昌地形志北边州镇考证》，其著《北周地理志》附篇，1108页。

⑤ 《魏书》卷四〇《陆丽传》，908页。

⑥ 《魏书》卷七上《孝文帝纪上》，145页。

郡”的名字重合与变更上。其他三至之点——善无、阴馆、参合皆有可对应的今地：“善无，今今山西右玉县南。阴馆，今山西代县西北四十里。参合，汉县在今山西阳高县东北，后魏县在今内蒙凉城县西男。”①四至为畿内的边界，也成为中央权力所到达的可见外延，其外四方为“八部帅”所监。《魏书·官氏志》：“（道武帝天兴元年）十二月，置八部大夫、散骑常侍、待诏等官。其八部大夫于皇城四方四维面置一人，以拟八座，谓之八国常侍。待诏侍直左右，出入王命。”②“八部”问题之焦点在于“八部大人”和“八部帅”是否为一。日本学者内田吟风主张八部帅即八部大夫，③国内学者何兹全先生亦认为二者“是一回事”；④山崎宏则提出相反看法，其据“其外”字样认为“八部帅”与“八部大夫”当是不同之职；⑤黄惠贤先生指出八部帅管甸服之事，并随着地方行政的变化，“畿外八部大概已经不存在了”；⑥严耕望先生的观点是：“‘八国’决不限于京城，可能即《食货志》所称畿内之地，所谓‘其外’或亦误也”；⑦日本学者窪添庆文保守提出：“一般认为八部帅监管畿外之事，但究竟在参合陂‘北侧’是否设帅督管农业一点尚属疑问”；⑧俞鹿年先生所著《北魏职官制度考》一书部分引用了卢开万先生的《代迁户初探》⑨一文的观点并给予肯定：“这里（指《食货志》）所说的‘四方四维’地区，并不能理解为‘畿内之田’的‘其外四方四维’。所谓‘其外’，是指皇城的‘其外’”，俞先生据此得出“八国即畿内八部，而八部大夫即八国帅”的结论。⑩ 本文认为《食货志》八部帅所在为畿外，而《官氏志》所载之八部大夫则明确是在皇城四方四维，且“待诏侍直左右，出入王命”，当在畿内。此处的“八部大夫”明显与畿内四至之外的“八部帅”相异，按照文义，当是于平城四方四维各面皆置一人，职能是“待诏侍直左右，出入王命”，类拟常侍，则其所在当在平城之内或附近，必然不会离最高统治者过远。

此两条为目下可见最为原始之文献，深挖探求，自为允当，而本文以为囿于原始文献数量稀缺，可于此之外，在后世史家的书写中探求作者之观点，其所处之时代必然早于当代，而其观点亦当为今日之借鉴。故本文选定《资治通鉴》胡注关于北魏初

① 王仲荦：《北魏延昌地形志北边州镇考证》，其著《北周地理志》附篇，1031页。

② 《魏书》卷一一三《官氏志》，2972页。

③ 参见[日]内田吟风《北朝政局に於ける鮮卑及諸北族系貴族の地位》，《东洋史研究》第1卷第3號，1936。

④ 参见何兹全《府兵制前的北朝兵制》，收入其著《读史集》，上海人民出版社，1982，323页。

⑤ 参见山崎宏《北魏の大人官に就いて(下)》，《东洋史研究》第10卷第1号，1947。

⑥ 黄惠贤：《中国政治制度通史·魏晋南北朝卷》，北京：人民出版社，1996，219页。

⑦ 严耕望：《中国地方行政制度史》，台北：台湾商务印书馆，1990，422页。

⑧ 参见窪添庆文《关于北魏前期的尚书省》文后注第8，《日本中青年学者论中国史·六朝隋唐卷》，上海古籍出版社，1995，49—50页。

⑨ 参见卢开万《代迁户初探》，《武汉大学学报》1980年第4期。

⑩ 俞鹿年：《北魏职官制度考》，北京：社会科学文献出版社，2008，18页。

年"八部"的记载，谨按时间先后注释排比，以期有所发现。

1.《资治通鉴》卷一一〇《晋纪三二·安帝隆安二年》："十二月，己丑，魏王珪(魏道武帝拓跋珪)即皇帝位，大赦，改元天兴……徙六州二十二郡守宰、豪杰二千家于代都，东至代郡，西及善无，南极阴馆，北尽参合，皆为畿内，其外四方、四维置八部师以监之。"胡注"八部师"云："《魏书》作'八部帅'。八部帅劝课农耕，量校收入，以为殿最。"①

按，胡注所云《魏书》"八部帅"记载当即《魏书·食货志》所记："太祖定中原……自五原至于棝阳塞外为屯田……天兴初，制定京邑，东至代郡，西及善无，南极阴馆，北尽参合，为畿内之田；其外四方四维置八部帅以监之，劝课农耕，量校收入，以为殿最。"②

2.《资治通鉴》卷一一一《晋纪三三·安帝隆安三年》："(道武帝天兴二年三月)甲子，珪(魏道武帝)分尚书三十六曹及外署，凡置三百六十曹，令八部大夫主之。"胡注"八部大夫"云："八部大夫，恐当作'八部大人'。魏王珪天兴元年，置八部大人于皇城，四方、四维一面置一人，以拟八座，谓之八国，各有属官，常侍、待诏直左右，出入王命。"③

按，《魏书·官氏志》云："(天兴)二年三月，分尚书三十六曹及诸外署，凡置三百六十曹，令大夫主之。大夫各有属官，其有文簿，当曹敷奏，欲以省弹驳之烦。"此处"令大夫主之"当即是《通鉴》所谓"八部大夫"。而"八部大夫"见于《魏书·官氏志》，其时在此前三月："(道武帝天兴元年)十二月，置八部大夫、散骑常侍、待诏等官。其八部大夫于皇城四方四维面置一人，以拟八座，谓之八国常侍。待诏侍直左右，出入王命。"④只是胡注以为"八部大夫，恐当作'八部大人'"颇不可解。此可结合下条即3进行讨论。

3.《资治通鉴》卷一一四《晋纪三六·安帝义熙二年》："六月……魏主珪(魏道武帝拓跋珪)规度平城，欲拟邺、洛、长安，修广宫室……于是发八部五百里内男丁筑灅南宫"，胡注"八部"云："魏先有八部大人，既得中原，建平城为代都，分布八部于畿内。"⑤

此处胡注明确指出所谓"八部大人"是在魏有中原之前的建制，所指当是统领八部的酋长之类，上2中胡注"八部大夫，恐当作'八部大人'"而"八部大夫"的职能分明是分管"分尚书三十六曹及外署"，与原为部落酋长的"八部大人"并无相同处。

---

① 《资治通鉴》，北京：中华书局，1956，3483—3485页。

② 《魏书》卷一一〇《食货志》，2849—2850页。

③ 《资治通鉴》，3488页。

④ 《魏书》卷一一三《官氏志》，2972页。

⑤ 《资治通鉴》，3591页。

4.《资治通鉴》卷一一〇《晋纪三九·安帝义熙十一年》:“魏比岁霜旱,云、代之民多饥死……(明元帝嗣)乃简国人尤贫者诣山东三州就食,遣左部尚书代人周几帅众镇鲁口以安集之。”胡注“左部”云:“魏初,四方四维置八部大人,分东、西、南、北、左、右、前、后,后又置八部尚书。”①

按,周几官职此处作“左部尚书”,《北史·周几传》与此记基本相同,周几官职亦为“左部尚书”。② 然考《魏书》卷三〇《周几传》:“周几,代人也……太宗即位,为殿中侍御史,掌宿卫禁兵,断决称职。迁左民尚书。”③此处周几官职作“左民尚书”;又,据《魏书》卷一一二下《灵征志下》:“太宗神瑞二年(415)十一月,右民尚书周几获白雉一于博陵安平以献。”④更出现了“右民尚书”。

考《魏书·官氏志》:“(太武帝焘)始光元年(424)正月,置右民尚书。”⑤早于此的“太宗神瑞二年”当无“右民尚书”之职,则《魏书·灵征志下》所记太宗年间的“右民”当为“左民”或“左部”,首先排除。又,严耕望先生指出:“(《北史·周几传》之左部)想应作左民”。⑥ 严氏“案:《宋书》有《官志》:‘魏世有吏部、左民、民曹、五兵、度支五曹尚书。’《晋志》,民曹作客曹。当以《晋志》为正,则仅有左民也⑦”,又“其时,燕为魏所灭,燕亦有民部尚书……程肇为吕光民部尚书……稍前,姚兴有左户尚书薛强……盖即左民之职也”。⑧ 其说可从。则周几官职当作“左民尚书”为是。胡注“左部尚书”当是“左民尚书”,《北史》卷二五《周几传》书“左民”为“左部”,当是避唐太宗讳之故。⑨ 由此推论,则胡注所云“魏初,四方四维置八部大人,分东、西、南、北、左、右、前、后,后又置八部尚书”当存在值得商榷处。

5.《资治通鉴》卷一三四《宋纪十六·苍梧王元徽四年》:“魏大司马、大将军代人万安国坐矫诏杀神部长奚买奴,赐死。”胡注“神部”言:“神部,八部之一也。”⑩

---

① 《资治通鉴》,3680页。

② 《北史》卷二五《周几传》:“周几,代人也……明元即位,为左部尚书,以军功封交趾侯。”(北京:中华书局,1974,912页)

③ 《魏书》卷三〇《周几传》,726页。

④ 《魏书》卷一一二下《灵征志下》,2964页。

⑤ 《魏书》卷一一三《官氏志》,2975页。

⑥ 严耕望:《北魏尚书制度考》,《历史语言研究所集刊》第18本,1948,292页。

⑦ 笔者按,如前引《魏书》卷一一三《官氏志》:“(太武帝焘)始光元年(424)正月置右民尚书”,当亦有右民尚书,非仅有左民也,而左民尚书自周几以后不复见于记载;又《通典》卷二二《职官四》:“后魏有左民、右民等尚书,多领工役,非今户部之例”,然左民尚书、右民尚书仅见于魏初,孝文帝太和中又有左、右民曹,其主官为郎中而非尚书,当是左、右民曹为尚书郎曹而非尚书曹了。

⑧ 严耕望:《北魏尚书制度考》,292页。

⑨ 中华书局1974年版《北史》卷二五《周几传》校勘记(七)云:“明元即位为左部尚书。《魏书》卷三〇《周几传》‘部’作‘民’。《北史》避唐讳改。”(932页)

⑩ 《资治通鉴》,4187页。

关于神部，笔者已撰文论述。[①] 若仅就第4中胡注“魏初，四方四维置八部大人，分东、西、南、北、左、右、前、后，后又置八部尚书”，按文意极易理解为“八部尚书”也是依照前面的“八部大人”四方四维各一的模式建立的。但此处胡注以为“神部”为“八部”之一，则此“八部”非是四方四维各置一部了；又，神部可考见之职官有神部令、神部长及神部尚书，神部令在献文帝初年已有，万安国坐矫诏杀神部长奚买奴时在孝文帝承明元年夏，而神部尚书可见于孝文帝太和十五年，据此亦不为远，则胡注之“八部尚书”更不可理解为四方四维设置了八个方向的尚书。窃以为此处“分东、西、南、北、左、右、前、后，后又置八部尚书”其中的“，”改为“。”当更合文意，如此则是说先是按照四方四维各一的模式设立了“八部大人”，此后“又置八部尚书”非必是按四方四维各一的模式设立的；质言之，“八部大人”非是后置之“八部尚书”的前身，至少在设立模式方面存在差异。

今日学者关于“八部”的研究成果颇丰，可资借鉴。窃以为李凭先生在《北魏平城时代》中结合历史地理相关方法对八部大人和八部帅的考证更具说服力：

> 因为与自然地理上的区域不同，四方四维原本就是人为设定的一种方位概念，所以它既可以用来划分畿外，也能适用于畿内。《食货志》所言应是畿外的四方四维，而《官氏志》所言则是畿内的四方四维……如此说来，《食货志》与《官氏志》不仅不矛盾，而且两者可以互为补充地帮助我们了解经更选屯卫和计口受田后的京畿内外的情况。那就是：北魏建国之初将大同盆地及其周围山区划分为畿内与畿外两个区域。在畿内，安置的是内徙新民和经“离散”后的部民，他们在那里主要从事农业生产；在畿外，安置的是未被“离散”的游牧部落，他们继续从事游牧活动。无论是畿内还是畿外，都被划分为四方四维，畿内的四方四维归八部大夫管理，畿外的四方四维归八部帅监督……我以为，八部大夫和八部帅并不是一回事，前者的职权范围限于畿内，后者的职权范围限于畿外……又由于畿内和畿外都按四方四维划分，所以在“大夫”和“帅”前均冠以“八部”二字。以往将二者混淆的原因就在于将畿内与畿外的四方四维视为一体了。不过，由于畿外的地形很难严格的按照方位划分，所以八部帅各自监督的范围很可能只是一种笼统的划分……畿内则不同，由于新民已经计口受田，部民也已经分土定居，因此可以将他们活动的区域按照方位进行划分，便于北魏王朝实现直接的统治。[②]

① 刘凯：《北魏“神部”问题研究》，《历史研究》2013年第3期。

② 李凭：《北魏平城时代（修订版）》，上海古籍出版社，2011，53—57页。

今从此说。八部大人在畿内，史载其按四方四维设置且地理条件允许其如此设置。那么胡三省所谓"神部，八部之一也"，其中的"八部"当非是按四方四维设置的八部大人了；安置未被"离散"的游牧部落的八部帅在"其外四方四维"同样可以排除。那么胡注"神部，八部之一也"当是指上引通鉴材料之4"后又置八部尚书"中的"八部尚书"。

然而，关于"八部尚书"，笔者迄今未见任何直接论及之史料。"前史述北魏尚书分部与执掌之唯一史料"[①]是《南齐书·魏虏传》："佛狸置三公、太宰、尚书令、仆射、侍中，与太子共决国事。殿中尚书知殿内兵马仓库，乐部尚书知伎乐及角史伍伯，驾部尚书知牛马驴骡，南部尚书知南边州郡，北部尚书知北边州郡。"[②]《南齐书·魏虏传》所记有殿中、[③]乐部、驾部、南部、[④]北部五尚书，但考核史料，此时绝非仅此五尚书，见诸史料者尚有选部尚书、[⑤]右民尚书、[⑥]仪曹尚书、[⑦]太仓尚书，[⑧]又有增设的西

---

① 严耕望：《北魏尚书制度考》，《严耕望史学论文选集》，北京：中华书局，2006，340页。文章附记言明此文只是发表在《历史语言研究所集刊》第18本上《北魏尚书制度考》之一综述，非原文。

② 《南齐书》卷五七《魏虏传》，北京：中华书局，1972，985页。

③ 1987年山西灵丘出土的北魏《皇帝南巡之颂》碑（即文成帝《南巡碑》），所记时代稍后于拓跋焘，其上记有"宁南将军殿中尚书日南公斛骨乙莫干"，大致可佐证史籍记载。相关考证参见张庆捷《北魏文成帝〈南巡碑〉碑文考证》，《考古》1988年第4期。

④ 《汉魏南北朝墓志汇编·北魏》有《魏故使持节平北将军恒州刺史行唐伯元（龙）使君墓志铭》，铭文载其夫人洛阳纥干氏之"祖和突，南部尚书新城侯。"（赵超：《汉魏南北朝墓志汇编》，天津古籍出版社，1992，45页）严耕望先生《北魏尚书制度考》"尚书分部"节之"南部尚书"条未载。按元龙为平文皇帝六世孙，卒于正始元年，且据严耕望先生考证"南部尚书皆在太和十七年迁都改制以前"（《北魏尚书制度考》，283页）由此推算其夫人之祖任南部尚书之年代当大致在拓跋焘之时。又，《汉魏南北朝墓志汇编·北魏》有《故司空城局参军陆（绍）君墓志铭》，铭文云其"曾"祖大羽真南部尚书使持节散骑常侍都督诸军事定」州刺史酒泉公。"（235页）此曾祖当是陆丽，严氏《北魏尚书制度考》（281页）对陆丽任南部尚书有所论述，自太武帝至文成帝时任职，此墓志可佐证之。

⑤ 如《魏书》卷一四《神元平文诸帝子孙·长乐王寿乐传》："长乐王寿乐，章帝之后也。位选部尚书，南安王，改封长乐王。"（346页）《魏书》卷二九《奚斤传》："和观弟拔，太宗时，内侍左右。世祖即位，稍迁侍中、选部尚书、镇南将军，赐爵乐陵公。"（701页）《魏书》卷五一《皮豹子传》："皮豹子，渔阳人……世祖时……又拜选部尚书，余如故。"（1129页）《魏书》卷九四《阉官·赵黑传》："世祖使进御膳，出入承奉，初无过行……转选部尚书，能自谨厉，当官任举，颇得其人。"（2016页）

⑥ 如前引《魏书》卷一一三《官氏志》："（太武帝焘）始光元年正月置右民尚书"。（2975页）

⑦ 见《魏书》卷三三《谷浑传》："世祖即位，为中书侍郎，加振威将军。从征赫连昌，为骁骑将军。迁侍中、安南将军，领仪曹尚书，赐爵濮阳公。"（781页）

⑧ 见《魏书》卷二七《穆崇传》："翰弟顗……出为北镇都将，征拜殿中尚书。出镇凉州，所在著称。还加散骑常侍，领太仓尚书。"（675页）

部尚书。[1] 又，严氏认为“此时殿中盖为殿中之一部，其他诸部恐亦有此类者”，则八部尚书非是按四方四维设官执掌明矣，神部即是胡注所谓“神部，八部之一”中的一个；而此处“八部”当是指官制之有“八部”，确指“八部尚书”；[2]神部长、神部令当都是“神部”中的官职。[3]

① 见《魏书》卷四六《窦瑾传》：“迁秘书监，进爵卫国侯，加冠军将军，转西部尚书……征为殿中、都官尚书，仍散骑常侍。世祖亲待之，赏赐甚厚。”（1035页）笔者按，此处严耕望先生以为“太武一代任都官尚书之可考者仅得四人六任，其中二人四任皆云：‘殿中都官尚书’，而观其行文尤足知为殿中之都官尚书，非由殿中尚书迁都官尚书也”按严氏意“殿中盖为殿中之一部”，故此处窦瑾后被征任的“殿中、都官尚书”可归于《南齐书·魏虏传》所述“殿中尚书”。

② 不可否认，此时存在着以方位命令的尚书，诸如前叙南部尚书、北部尚书及增设的西部尚书，然此处所论者是《通鉴》胡注所云之“神部，八部之一也”中的“八部”，以明晰“神部”一名，胡注既云神部为八部之一，则此“八部”必不以方位明之则是可肯定者，故以方位命名之诸尚书当应在胡注“八部”所云之外。

③ 《通典》卷二二《历代尚书》云：“后魏初有殿中、乐部、驾部、南部、北部五尚书。其后亦有吏部、兵部、都官、度支、七兵、祠部、民曹等尚书。又有金部、……仪曹、右民、宰官、……祈曹、神都、仪同曹等尚书。”注云：“自金部以下，但有尚书之名，而不详职事。”（王文锦、王永兴等点校：《通典》，北京：中华书局，1988，602—603页）其中值得注意者当是“祈曹”“神都”两曹尚书，由字意推断此两职以宗教信仰相关字眼命名，似与祭祀之职事相关；尤可注意者是与本文所论“神部”相近之“神都”，按下文所论，“神部”设有“神部尚书”一职，而此处则有“神都尚书”，二者是其实本异？还是因书写之讹误分为二呢？窃以为书写讹误的可能性极大，但因史料所限，真实情况目前尚无法详考，谨于此提出，妄备一说。

磨笄山与代王夫人信仰研究札记

宋燕鹏

（中国社会科学院中国社会科学出版社 北京 100720）

一 磨笄山的地点

代国，是商周时期诸侯国之一，位于今山西大同和河北蔚县一带，春秋末期为赵襄子所灭。有关代国的事迹，以赵襄子灭代的事迹最为著名。最早可见《吕氏春秋·长攻篇》：

> 赵简子病，召太子而告之曰："我死，已葬，服衰而上夏屋之山以望。"太子敬诺。简子死，已葬，服衰，召大臣而告之曰："愿登夏屋以望。"大臣皆谏曰："登夏屋以望，是游也。服衰以游，不可。"襄子曰："此先君之命也，寡人弗敢废。"群臣敬诺。襄子上于夏屋以望代俗，其乐甚美，于是襄子曰："先君必以此教之也。"及归，虑所以取代，乃先善之。代君好色，请以其弟姊妻之，代君许诺。弟姊已往，所以善代者乃万故。马郡宜马，代君以善马奉襄子，襄子谒于代君而请觞之，马郡尽，先令舞者置兵其羽中数百人，先具大金斗。代君至，酒酣，反斗而击之，一成，脑涂地。舞者操兵以斗，尽杀其从者。因以代君之车迎其妻，其妻遥闻之状，磨笄以自刺，故赵氏至今有刺笄之证与"反斗"之号。

这个记载，交代了赵简子如何暗地里教赵襄子吞并代国，以及实施的过程。在《史记·赵世家》，这个记载简化为："襄子姊前为代王夫人。简子既葬，未除服，北登夏屋，请代王，使厨人操铜枓以食代王及从者。行斟阴，令宰人各以枓击杀代王及从官，遂兴兵平代地。其姊闻之，泣而呼天，磨笄自杀。代人怜之。所死地名之为磨笄之山。"注《括地志》云："磨笄山，亦名为山，在蔚州飞狐县东北百五十里。"《魏土地记》云："代郡东南二十五里有马头山，赵襄子既杀代王，使人迎其姊，代王夫人曰：以弟慢夫，非仁也，以夫怨弟，非义也。磨笄自杀而死，使者亦自杀也。"在唐人记述里，已经出现了两种不同的记载。一说在蔚州飞狐县东北百五十里。李吉甫持此观点，

《元和郡县图志》卷十八："磨笄山　在县东北一百五十里，赵襄子姊为代王夫人，襄子既杀代王，迎其姊。夫人曰：以弟慢夫，非仁也；以夫怨弟，非义也。磨笄自刎。百姓闵之，为立祠。"就是代表。另一种认为是在代郡东南二十五里，以《魏土地记》为代表。《史记》与《魏土地记》两种记载的不同，已经造成了北魏郦道元的混乱。《水经注》卷一三在引《史记》记载后，加了一句"代人怜之，为立祠焉。因名其山为磨笄山"。如果此补充可以成立，那就是因对死者的怜悯而立祠。"案其山每夜有野鸡群鸣于祠屋上，故亦谓之为鸣鸡山。《魏土地记》云：代城东南二十五里有马头山，其侧有钟乳穴。赵襄子既害代王，迎姊。姊，代夫人。夫人曰：以弟慢夫，非仁也；以夫怨弟，非义也。磨笄自刺而死，使者自杀。民怜之，为立神屋于山侧，因名之为磨笄之山。未详孰是。"可见在郦道元的北魏后期，已经搞不清楚磨笄山是哪座山了。

《魏书》卷一三，高宗乳母常氏遗愿"葬于广宁磨笄山，俗谓之鸣鸡山"。"广宁"为今天何地？《魏书》卷一〇六《地理志上》有广宁郡，为"朔州"所辖，朔州原本为怀朔镇，孝昌年间改为朔州。孝昌是北魏的君主魏孝明帝元诩的第三个年号。北齐时期亦有广宁郡，治桑干县，而桑干县在今山西省山阴县东。[①] 山阴县东邻应县，南毗代县，西交朔城、平鲁二区，北与左云、右玉、怀仁接壤。但事实上北齐之广宁郡，已经不是北魏的广宁郡了，因为北魏末年六镇起义后，朔州就内迁寄治并州了。高欢建立东魏后，此地原本是桑干郡，因旧名改为广宁郡。所以"广宁"应该在怀朔镇辖内，而非今忻州境内。但是因为"广宁郡"有此地域变动，因此磨笄山、代国夫人庙也就发生了地域转移。也因此，磨笄山在北魏前期还没有什么认知上的问题，但因为政区的变动，北魏末年的陆恭之在编撰《魏风土记》的时候，就把磨笄山的地点搞混了。

我们看"飞狐县"，治今河北省涞源县，其东北紧邻蔚县，东北百五十里，磨笄山应在蔚县境内。这是《括地志》和《元和郡县图志》的记载。北宋的《太平寰宇记》"蔚州飞狐县"沿用。《太平寰宇记》卷七一《河北道二十》：妫州怀戎县"鸡鸣山在县东北七十里，本名磨笄山，昔赵襄子杀代王，夫人曰：代已亡矣，吾将何归？遂磨笄于山而自杀。代人怜之，为立祠焉。因名其山为磨笄山，每夜有野鸡群鸣于祠屋上，故亦谓之鸣鸡山。"怀戎县治今涿鹿县境内，涿鹿县在蔚县东北，因此亦符合飞狐县东北百五十里。

而北魏"代郡"为恒州治所，即今大同，下辖四县。"马头山"，现在大同辖区还有四个，其中浑源县的马头山在大同市区东南二十公里处，符合"代郡"东南二十五里的说法。当然，到底代国夫人是在代国国都附近自杀，还是走到半路自杀，现在已不可知。《太平寰宇记》卷五一《河东道十二》："按：代地本姜姓之国，周末强大，在七国

① 施和金：《北齐地理志》卷二《河北地区（下）》，北京：中华书局，2008，188 页。

前称王，以今云中、马邑、五原、安边、定襄皆为代国之地焉。”这段话说明，无论是飞狐县，还是代郡东南，其实都是在先秦代国的境内。也因此，对磨笄山两种不同的记载，都在代国范围内。

二　定襄七岩山圣母向代王夫人的转化

代王夫人磨笄自杀后，代人在磨笄山为她立祠。这是代王夫人信仰的开始。但具体的情况则由于秦汉以降文献记载的缺失，一无所知。更由于北宋时期蔚县归属辽国，记载更少。则代王夫人信仰长期处于地方信仰的层面。而在北宋时期，定襄出现一位圣母，经过几百年的变迁，逐渐变成代国夫人。

定襄七岩山圣母的记载最早是北宋真宗大中祥符三年（1010）刘仲堪所撰《七岩山娘子神记》，为叙述方便，迻录如下：

> 秀容之南，在战国，其晋赵之郊乎？凡有神福庇民间者，非当时忠臣则列女。去郡四十里，有山曰七岩，有神曰娘子。俗传赵襄子之女也，祀之颇恭。农蚕之将兴，疾沴之代有，必往祈焉。咸平四年，自冬及春，雨雪弗降。郡之官吏，遍走境内，而久无所应。越四月哉生明知太守事卢江何公，斋戒备牲醴，躬谒祠，仲堪时以宾席从。既至，止睹山之峰峦，回合秀绝。山半有岩，岩中为室以居神。神之前刻木为偶人，才三数寸，而巾服皆具。尸是庙者曰，但有所请，即掌而祷之，必自然偃仆，视其数，乃谕其意，百无差跌。何公于是易服，虔诚用其法以祈降雨之日，偶人乃五仆于掌次。及仲堪仆之数如前。设既祀罢，何公顾谓仲堪曰，诚如神约，必假文以纪之。及期，雨大至，阖境几足。仲堪既异神之验，复不欲虚何公之请。按，《史记·赵世家》，襄子姊为代王夫人。襄子北登夏屋山，诱代王。使厨人以铜斗击杀之，遂兴兵并其地。其姊闻之，泣而呼天，磨笄自杀。代人怜之，仍以磨笄名其山。神之灵，其是欤？谓襄子之女，则无闻焉。盖传久而误也。况地去代不远，磨笄甚迩，又何疑乎？噫！生而贞烈，殁而历千百载，灵应若是，虽不系祀典，享庙食也无愧……①

刘仲堪交代了写碑文的缘起，即因无降水，知府何公带他去祈祷，幸运的是降水随之而来。因此他写碑文就是纪念此事，才有了我们可以关照七岩山圣母的历史演变的史料。从碑文可知，在北宋初期的时候，七岩山有神被称为娘子，民间传说是赵襄子

① 续俊谦、石效忠主编：《七岩山志 七岩山补志》，忻州日报印刷厂，2001，13页。

的女儿。作为文人，刘仲堪考证史书没有记载赵襄子女儿，而是记载了他的姐姐代王夫人的事迹。所以刘仲堪认为，这个娘子，有可能是赵襄子的姐姐代王夫人，而他的女儿则“无闻”，这是流传久远的误会。言之凿凿的说定襄七岩山距离代地不远，磨笄山又在附近，为什么还要怀疑呢？且代王夫人贞烈，千古流传，虽然此庙不在祀典内，但享受祭祀也无愧。这是官员附会民间神灵的表现。而从此七岩山娘子就开始从赵襄子之女，向赵襄子姐姐代王夫人的身份转化了。

在北宋崇宁年间，因该庙灵验非常，忻州知州就请赐额，于是朝廷赐庙额为“惠应”。事实在张完所撰的《忻州七岩山惠应庙记》中：

> 忻之属邑曰定襄。距邑之东南一十余里，有山曰七岩。群峰连延，参差峻拔，若植旌旗，若列屏帐，谷幽而岩虚，洞深而泉冽。中有七岩圣母之祠，其建置之始，久失其传。殆灵山之所治乎，抑神龙之所宅乎？故其威灵气焰，慑人精爽。造其庭者，不寒而栗。常时郡境，或遇旱乾水溢之患，而郡侯致诚以祷，则时雨时旸，求辄如志。故邦人仰神之灵，而奉之甚谨。则七岩为一方之望，其来尚矣。而好事者乃谓神即古者代王夫人之祠。赵襄子既戕代王于会，而夫人闻之，磨笄自刺，国人哀之，为立祠于此山，以奉事焉。谨按地志，今妫州有磨笄之山，妫水出焉。妫水之上。既有代王夫人之祠。而代之芜城，乃在妫、蔚之间，距兹东北五百余里。或以七岩为磨笄之山，岂其然乎？或者又谓，后人侨立磨笄之祠于此，皆不可得而考也……曩之守臣，仰神之灵，阴骘斯民，利泽一方。而祈祷之效捷若桴鼓。有请于朝，乞降庙额者，不可一二数也，皆寝而不报。崇宁改元之初，郡侯王公，以相门之胄来莅是邦。治尚清简，民用不扰，故神降之福，而风雨不愆，年谷屡稔。乃思其所以，报神之贶者，遂复上其事于部。使者因闻于朝，果蒙俞允，锡以显号。且神福吾民，今昔一也，而前则报罢，今乃始膺惠应之号，岂非废兴屈伸，自有时乎？神且如此，而矧于人乎？[①]

在张完看来，七岩山圣母之祠，建置起始已不可知。或者因“灵山”，或者因“神龙”。不管怎样，忻州遇到干旱水灾的时候，知州前来祷告，则时常灵验。所以七岩山成为“一方之望”。具体到圣母为谁？好事者说是代王夫人之祠。一百年前传说是赵襄子之女，刘仲堪说有可能是代王夫人。一百年后则当地已经径直说是代王夫人了。当然张完对当地的说法还是比较清醒的，他根据地志的说法，在妫州有磨笄山，距离七岩山东北五百余里。也有人说七岩山就是磨笄山，或者说这里是磨笄山代王夫人祠的行祠，这些都不可考。当然他只是提出疑问，并未直接否定。因为他写碑文的

---

① 续俊谦、石效忠主编：《七岩山志 七岩山补志》，15 页。

目的，就是要突出赐额七岩山圣母庙这件事，其他都是次要的。

元朝至正年间重修，当时的定襄县尹刘斐撰《重修惠应圣母庙碑》："古襄之南，有山名曰七岩。七岩之中，有庙名曰惠应圣母。或谓赵襄子之女，或谓代王之夫人，世代绵远，无所考据，其详不可得而闻之矣。但观乎旧碑，询诸故老，颇知其大概。夫圣母祠，亘古今，岁时祀之而不阙。及祭期无远，弗届境内，遇旱乾水溢之灾，或疠疫之疾，邑人必往祈焉。未前沐不敢造其庭，能致敬尽礼，祷雨即雨，祈晴即晴。意不诚，终日求之而不遂。"[①]在元朝末年的时候，当地依然继续流传赵襄子之女，和代王夫人两种传说。说明刘仲堪的辨别起到了效果，地方开始部分接受代王夫人的说法。虽然张完有过分析，但好像没起到什么作用。七岩山圣母向代王夫人的形象逐渐转化。

明代洪武十三年(1380)贾统《重修七岩庙记》："盖赵女磨笄者，前任叙之备矣。"此处一语带过。而朱钟铉《晋府重修惠应庙记》："相传圣母奶三晋赵简子之女，聪明正直，天遣为神。""晋府"即晋王府。这次重修就径直说七岩山圣母为赵简子之女，赵襄子之姐代王夫人。从此，这种说法成为定论。康熙《定襄县志》卷四《祠庙》："惠应圣母祠在七岩洞内。圣母即赵襄子姊，前卫代王夫人。襄子北登夏屋，请代王，使厨人操铜斗击杀之。遂兴兵平代地。乃使人迎其姊代王夫人曰：以弟慢夫，非仁也；以夫怨弟，非义也。泣而呼天，磨笄自杀而死。使者亦自杀。所死地名为磨笄山，襄人建祠洞内，宋崇宁间敕封惠应圣母祠。祠后有小石井，形圆而秀，水无消长，井中石子累累如卵，相传祈嗣者祷而摸索得石，乃应，否者爽……七月七日圣母诞辰，从朔日始四方士女车马络绎而来，拜寿七日，岂其灵感如此？"[②]甚至民国时期县人郭永垣撰碑文还有所解释。"世传圣母即磨笄夫人。夫夫人节义著于代，代人尊而祀之。考春秋，代地为今之蔚县，磨笄山在其城西北。而是山之所以祀夫人，盖亦景仰节义之意耳。"[③]在前人还在疑惑的时候，郭永垣顺利的回答了磨笄山不在此处，而为何祭祀代王夫人的问题。

从以上叙述，可知定襄七岩山圣母原来只是神女，当地人附会为赵襄子的女儿。北宋文人刘仲堪对史书的查证，说有可能是赵襄子的姐姐——代王夫人。当地人对刘仲堪考证的反应已不可知，但从张完的碑文来看，已经逐渐接受了这种有根有据的神灵传说，因为我们看到元代末年的时候，无论是赵襄子的女儿，或者是姐姐，在当地已经并行了。明代晋王府重修圣母庙的时候，就已经确定为代王夫人，并成为定论。历代记载磨笄山皆言之凿凿在今天蔚县东北，代王夫人的祠庙所在。因此清

① 续俊谦、石效忠主编：《七岩山志 七岩山补志》，16页。

② [清]王会隆等纂修：《定襄县志》，康熙五十年(1711)，《中国方志丛书》第413册，台北：台湾成文出版社，1976，242—243页。

③ 郭永垣：《重修七岩山祠碑记》，续俊谦、石效忠主编《七岩山志 七岩山补志》，21页。

代文人虽然皆知磨笄山不在定襄，但是依然将代王夫人磨笄山自杀的传说，和七岩山嫁接到一起。直至民国初年的本地学者，才用“景仰节义”的理由解决这一问题。从北宋开始，山西中南部的祠神开始出现附会古人的现象，无论是出于什么目的，这种附会成为一股潮流，并最终在明代全面坐实。从上古帝王，到历史人物，都成为各地绝好的附会资源，比如晋祠圣母在北宋附会成为周成王的母亲邑姜，就是最明显的例子，七岩山圣母也是其中成功附会的一个。

代地历史研究论著索引

王　萍

（中国社会科学院研究生院　北京　102488）

一　专　著

作者	著作名	出版社	出版时间
河北省蔚县地名办公室	蔚县地名资料汇编	河北省蔚县地名办公室	1984年2月
王恢	汉王国与侯国之演变	国立编译馆	1984年4月
周振鹤	西汉政区地理	人民出版社	1987年8月
蔚县地方志编纂委员会	蔚县志	中国三峡出版社	1995年12月
李晓杰	东汉政区地理	山东教育出版社	1999年4月
沈长云	赵国史稿	中华书局	2000年11月
黄绍雄	代国代郡通志	中华书局	2008年8月
后晓荣	秦代政区地理	社会科学文献出版社	2009年1月
张立柱	古国寻踪：冀域方国、王国、诸侯国	文物出版社	2010年12月
后晓荣	战国政区地理	文物出版社	2013年3月

二　论　文

作者	论文名	杂志名	刊期
曾庸	安阳布的铸地	考古	1962年第9期
曾庸	若干战国布钱地名之辨释	考古	1980年第1期
周振鹤	与满城汉墓有关的历史地理问题	文物	1982年第8期

张家口考古队	蔚县夏商时期考古的主要收获	考古与文物	1984 年第 1 期
刘敬扬	春秋代布考	中国钱币	1984 年第 3 期
蔡运章、韩维亚	《春秋代布考》商榷	中国钱币	1985 年第 2 期
张家口考古队	蔚县夏家店下层文化颅骨的人种学研究	北方文物	1987 年第 1 期
黄盛璋	新发现之三晋兵器及其相关问题	文博	1987 年第 2 期
李孟存	“简襄功烈”述评	陕西师大学报	1988 年第 4 期
雁侠	先秦赵的疆域变化	赵国历史文化论丛	1989 年
张忠培	论蔚县周以前的古代遗存	中国原始文化论集	1989 年
严宾	赵武灵王长城考	中国历史地理论丛	1989 年第 2 辑
曹尔琴	论秦郡及其分布	中国历史地理论丛	1990 年第 4 辑
雁侠	先秦赵国疆域变化	郑州大学学报	1991 年第 1 期
张庆捷	汉初代王刘仲分封时间考	文献	1992 年第 2 期
刘建华	张家口地区战国时期古城址调查发现与研究	文物春秋	1993 年第 4 期
靳生禾、李广洁	赵无恤述论	史学月刊	1993 年第 5 期
杜呈辉	代王韩信考辨	雁北师院学报	1995 年第 2 期
韩立基	历史文化名城——蔚州	文物春秋	1995 年第 2 期
杜呈辉	代王韩信考	沧桑	1995 年第 5 期
杜呈辉	代王韩信考辨(二)	雁北师院学报	1995 年第 5 期
安介生	代郡武川辨析	历史地理(第 13 辑)	1996 年
韩立基、贾晓	代王城城址调查报告	文物春秋	1997 年第 3 期
仇凤琴	河北境内秦皇史迹考	文物春秋	1998 年第 4 期
李九元	文化名城蔚县行	大舞台	1999 年第 1 期
孙继民	赵桓子都代考	河北学刊	1999 年第 1 期
李九元	蔚县,一部考古学教科书	乡音	1999 年第 2 期
赵凯	论汉初赵、代二国政治地位的沉浮	河北学刊	1999 年第 4 期
李逸友	中国北方长城考述	内蒙古文物考古	2001 年第 1 期
乔晓金	臆说安阳布	内蒙古金融研究(增刊)	2002 年
李晓杰	战国时期赵国疆域变迁考述	九州(第三辑)	2003 年
郭爱	赵国安阳布的铸地应在哪里——与《臆说安阳布》商榷	内蒙古金融研究	2003 年第 S2 期
吴良宝、邓成龙	燕国“安阳”布币补说	社会科学战线	2003 年第 3 期

张文芳	战国"安阳"、"戈邑"布币铁范新发现及其相关问题探源	内蒙古金融研究	2003年第S4期
高鸿宾	张家口战国赵长城考	文物春秋	2003年第6期
何景成	无终铜器研究	中国文字研究	2004年第0期
周晓陆等	于京新见秦封泥中的地理内容	西北大学学报	2005年第4期
周晓陆、孙闻博	秦封泥与河北古史研究	文物春秋	2005年第5期
马兴	无终新考	首都师范大学学报	2005年第6期
吴良宝	燕国安阳布币补说	《内蒙古金融研究》钱币文集(第七辑)	2006年
白国红、陈艳	试论赵简子的"北进战略"	河北师范大学学报	2006年第3期
梅洁	文化名城,为什么是蔚县	乡音	2006年第3期
宋超	汉文帝与代臣——兼论昌邑王刘贺与昌邑臣	晋阳学刊	2006年第6期
尹钧科	永定河流域的古都城、古城堡文化	北京历史文化研究	2007年第3期
张龙凤、马保春	由考古资料看"摩笄山"之地望	北方文物	2007年第3期
陈新海、贺军妙	试论赵文化形成的地理背景	廊坊师范学院学报	2007年第4期
田小娟	先秦马政地理问题探究	秦汉研究	2008年第0期
朱郑勇	西汉初期北部诸郡边界略考	中国历史地理论丛	2008年第2辑
任晓晶	论春秋时期晋国与戎狄的民族融合	沧桑	2009年第1期
张小锋	吕后出宫人与代王刘恒"独幸窦姬"发微	晋阳学刊	2009年第1期
张志忠	秦汉代郡平邑城址初探	文物世界	2009年第1期
李文龙	河北北部赵、燕、秦长城的调查与研究——兼议赵北、燕北长城与秦始皇长城的关系	中国长城博物馆	2009年第3期
王仁磊	试论河北地区对北魏统一北方的农业与军事贡献	农业考古	2009年第4期
赵勇等	历史文化名镇规划编制内容与方法研究——以河北省蔚县代王城历史文化名镇为例	南方建筑	2009年第4期
田永翔、郭宝祥	代王城历史的画卷——寻访河北古村村镇(十五)	当代人	2009年第6期
张畅耕、张海啸	代郡叁合考	三晋文化研讨会论文集	2010年
常文鹏	代郡桑干城考	河北北方学院学报	2010年第1期

殷宪	代郡卫氏书事活动及其意义	文艺研究	2010 年第 2 期
雷鹄宇	略论战国时期赵国对代地之经营	邯郸学院学报	2010 年第 4 期
乔军等	发现蔚州	河北画报	2010 年第 7 期
袁广阔、马保春	首都师范大学博物馆藏汉代铜匜	文物	2010 年第 8 期
雷鹄宇	试论战国时期代地地理及相关问题	赵光贤先生百年诞辰纪念文集	2011 年
胡明	赵长城东端考实	中国长城博物馆	2011 年第 2 期
雷鹄宇	从玉皇庙文化看东周时期代戎之社会经济	文物春秋	2011 年第 3 期
王杲升	“代县古为代国”之商榷	五台山	2011 年第 7 期
雷鹄宇	代戎族源考	西华师范大学学报	2012 年第 1 期
冯小红、刘书增	先秦赵国代地民风研究	河北学刊	2012 年第 3 期
孙靖国	中古时期桑干河流域农牧环境的变迁——兼论为何北魏定都平城	南都学坛	2012 年第 3 期
杨丽	论西汉时期并州的物产与农业之关系	农业考古	2012 年第 6 期
潘莹等	河北历史文化村镇景观资源及其保护策略——以蔚县为个案	Proceedings of 2013 Internationa Conference on Psychology, Management and Social Science	2013, Volume 18
陶宗冶	谈玉皇庙文化的几个问题	文物春秋	2013 年第 1 期
陶宗冶、王培生	对代国与燕、赵两国关系的探讨	文物春秋	2013 年第 6 期
常文鹏	代郡马城考	北方文物	2015 年第 1 期
林献忠	战国时期赵国两“番吾”地望探析	历史地理	2015 年第 2 期
孙玮志	特色鲜明的蔚州历史文化探析	唐山学院学报	2015 年第 2 期
卢爱军、娄海波	代王城，一代君王的背影	乡音	2015 年第 4 期
张龙凤	赵国历史地理研究综述	邯郸学院学报	2015 年第 4 期
李树林	秦“还攻代，虏代王嘉”史地考——燕辽东“真番障塞”线赵国考古现象分析	通化师范学院学报	2015 年第 7 期
张渭莲、段宏振	东周赵国考古学文化的演进历程	中国国家博物馆馆刊	2016 年第 1 期
孙继民	春秋战国东代城地望蠡测	石家庄学院学报	2017 年第 1 期
袁延胜	“代马依北风”简析	石家庄学院学报	2017 年第 1 期
蔡万进	窦太后“籍赵”、“籍代”及相关问题	石家庄学院学报	2017 年第 1 期

贾丽英	“代马丞印”小研究	石家庄学院学报	2017 年第 1 期
冯金忠	汉景帝时匈奴诸王入附考	石家庄学院学报	2017 年第 1 期
曾磊	飞狐道与汉代军事交通	石家庄学院学报	2017 年第 2 期